谨以此书献给原沁阳师范学校的所有毕业生！
同时献给与他们有着同样命运的一代中师生！
借此,向那些常年坚守在农村地区,
尤其是边远、贫困地区的乡村教师表示崇高的敬意！

本书系河南省高校哲学社会科学创新团队（教师教育）
（2021—CXTD—10）的阶段性成果

中师教育回响

高闰青　著

河南大学出版社

·郑州·

图书在版编目(CIP)数据

中师教育回响 / 高闰青著. --郑州:河南大学出版社,2023.4

ISBN 978-7-5649-5422-2

Ⅰ.①中… Ⅱ.①高… Ⅲ.①师范教育-研究-中国 Ⅳ.①G659.2

中国国家版本馆CIP数据核字(2023)053291号

中师教育回响
ZHONGSHI JIAOYU HUIXIANG

责任编辑	席　兵　马元珍
责任校对	白　冰
封面设计	翟淼淼　张　康

出　版	河南大学出版社
	地址:郑州市郑东新区商务外环中华大厦2401号　邮编:450046
	电话:0371-86059701(营销部)
	网址:hupress.henu.edu.cn
排　版	郑州市今日文教印制有限公司
印　刷	河南瑞之光印刷股份有限公司
版　次	2023年4月第1版　　印次　2023年4月第1次印刷
开　本	710 mm×1010 mm　1/16　印张　23.5
字　数	272千字　　　　　　　　　定价　69.00元

(本书如有印装质量问题,请与河南大学出版社营销部联系调换。)

序 言

胡德海

在中国古文献中,所谓"师范",意为"可以师法的模范"。西汉杨雄在《发言·字行》中说:"务学不如务求师。师者,人之模范也。"最早把"师范"二字合用的,见于《后汉书·文苑传·赵壹》,内云:"君学成师范,缙绅归慕。仰高希骥,历年滋多。"世人遂把教师职业的特征概括为"学高为人师,身正为人范",这也便是当代教育史上国人把教师教育称之为师范教育之由来。

近代肇始,1897年洋务运动的中坚人士、清大理寺正卿盛宣怀秉承"人才之盛皆由于学堂"的思想,在上海创办中国第一所师范学校——南洋公学师范院(今上海交通大学前身),开创了中国师范教育的先河。1902年,清末甲午科状元、我国近代著名政治活动家、实业家、教育家张謇,在江苏南通创办"通州师范学校"(今南通师范高等专科学校),这是我国第一所私办和独立设置的中等师范学校。由此,我国的中等师范学校在神州大地如雨后春笋般应运而生。民国年间至新中国成立后再至改革开放前,中等师范学校在历史的大潮中历经沧桑、几经沉浮,为我国基础教育培养了大量的师资力量。

改革开放以来,党和政府为了办好师范教育,建设好中小学教师队伍,再次大力发展中等师范教育,规模空前的一代中师生再次应运而生。据统计,当时的中等师范学校一度高达1000多所。20世纪末,为了大力实施科教兴国战略,主动顺应知识经济的新挑战,1999年教育部印发了《关于师范院校布局结构调整的几点意见》,明确提出由"三级师范"向"二级师范"过渡。由此,中等师范学校逐步退出历史舞台。但是这对闰青来说,中师教育却是她一生从教生涯中很值得回眸的一页。

闰青曾经作为改革开放后我国中等师范学校之一的沁阳师范的教师,有幸在波澜壮阔的改革大潮中参与了"一代中师生"的培养工作,在她宝贵的教师职业生涯中有幸遇见了"一代中师生"。在培养"一代中师生"的"激情燃烧的岁月"中,闰青风华正茂正当时,学生不负韶华不负己,在美丽的沁阳师范校园相遇,师生共同学习、共同进步、共同成长,为改革开放以来我国的基础教育教师队伍的培养做出了自己的积极贡献。

九年义务教育是党和政府实施"科教兴国"战略的奠基工程,关系着每一个人、每一个家庭,乃至关系到国家和民族的前途命运。从某种意义上而言,"一代中师生"作为特定年代而出现的"符号",在过去的历史岁月中,他们用自己大好的青春年华,用自己的责任担当,用自己的聪明才智,很好地完成了国家交付的历史使命,可以称得上是当之无愧的时代奉献者。可以说,"一代中师生"加入基础教育的行列,是国之大幸、民族之大幸、未来之大幸。正是有了这批"麦田里的守望者",我国的基础教育才能稳步前行,走向远方。他们中有相当一部分人,常年坚守在农村地区、边远贫困地区,为农村教育做出了卓越贡献。在

序 言

此意义上而言,我们应该向这个平凡而伟大的群体致以崇高的敬意,为他们点赞、为他们加油、为他们喝彩!

沁阳师范和许多中等师范学校一样,在完成光荣的历史使命后,合并到焦作师专,闫青也随之到该校任教,在日常工作、学术研究和教师继续教育培训中,继续和她的"一代中师生"保持着良好的联系,并把他们作为学术研究的"样本",进行"解剖麻雀式"的解读和研究,认真汲取"一代中师生"培养的"经验"和"范式",为基础教育师资培养培训,特别是小学全科教师培养提供了非常有针对性和可操作性的意见和建议,得到了学界和教育部门的一致首肯和好评。可以说,这不仅是闫青深厚教育情怀的真挚体现,也是她对中师教育以及"一代中师生"的深刻眷恋,还是她对当下小学全科教师培养模式的深入思考,更是她对乡村教师队伍建设的热切期盼。

闫青在繁忙的教学、行政工作中,专门抽出时间对她的"一代中师生"进行"记述""深描""画像",既是她对学生的那份"放不下"的真挚情感使然,也有她对自己多年专业成长的体悟与反思,更有她对当下和将来我国基础教育教师队伍建设特别是乡村教师队伍建设的那份责任、执着和担当,这或许就是我们教育学人的职责和使命所在。

2022年4月,教育部等八部门印发《新时代基础教育强师计划》,要求提高基础教育教师的专业水平,并且提出了具体的措施和要求。我觉得这是教师教育改革的契机,师范院校要认真落实文件的精神和要求,继承过去中师的优秀传统和经验,加大小学教师培养的改革力度,尤其是要加强对农村小学全科教师的培养。我国的中师既有革命的基因,又有创新的精神,重视小

学儿童教育的特点。基于此,要弘扬中师的优秀传统,促进高等学校小学教育专业的改革,培养更多的卓越小学全科教师,提高小学教师,尤其是农村小学教师的专业水平,为振兴乡村教育提供人才支撑和智力支持。

在新时代背景下,我们关注"一代中师生"的专业发展,是对中师教育的回响,也是对当下教育的启迪,更是对乡村教育振兴的期盼。期待此书的出版不仅能够给"一代中师生"带来心灵上的慰藉,而且为高师院校的人才培养模式带来一些思考,还能够唤起更多的教育人一起更加关注乡村教师队伍建设,争做教育奋进路上的筑梦人,在实施乡村振兴战略的道路上为振兴乡村教育贡献自己的热血和汗水!

是为序!

2023 年 3 月于兰州

(胡德海系我国著名教育学家,西北师范大学教授、博士生导师)

遇见他们，也遇见了成长的自己
（代前言）

影片《老师·好》有段经典台词："我坚信，青春不会消亡，它只是躲在某片绿荫下，慢慢疗伤。岁月凝成一颗珍珠，却无法拥有，丢在地上冰凉，握在手里滚烫。我想拥抱它，却扑了一个空，它化作一片杂物，散落在桌上。泛黄的日记本，气数已尽的铅笔，褪色的发卡，还有一个空空的背囊。那年，铅笔在日记本上写道：真好，我没有去打搅你的暗自芬芳；真好，你也没有戳穿我的刻意坚强。人生就是一次次幸福的相聚，夹杂着一次次伤感的别离。我不是在最好的时光中遇见了你们，而是遇见了你们，才给了我这段最好的时光。"每每读到这段话，我都颇为感慨。它生动地展现了一位老师与他的学生美丽邂逅、共同成长、共同进步的宝贵人生经历，流露出真挚的师生情感。

我非常感谢命运的垂爱，有幸从事教师这个职业，在过往的人生经历中有幸遇见成百上千的学生，我的人生因他们而更加绚丽多彩、更加富有价值和意义。尤其是他们——一代中师生，曾经与我有过14年的不解之缘，给了我生命中一段最美好的时光。遇见他们，我也遇见了成长的自己。因此，我时常想起那所

位于城乡接壤处的乡村师范学校——河南省沁阳师范学校(以下简称"沁阳师范"),时常想起那些只有十五六岁就怀揣教育梦想的青涩少年,以及他们毕业之后的命运和专业成长之路。还会联想到那些常年坚守在农村尤其是偏远贫困地区的乡村教师,以及他们对乡村教育的那份坚守和执着,心中充满了对一代中师生的无限敬意。他们也带给了我教育学术研究的灵感,拓展了我学术研究的视野,延伸了我学术研究的触角,让我的学术研究更加丰盈、更加厚重。

一、肩负教师培养重任的中师教育

清朝末年,废科举、兴学堂,我国出现了专门培养师资的师范学校。1897年(清光绪二十三年),盛宣怀创办了中国近代史上第一所师范学堂——上海南洋公学师范院,这是我国独立师范教育的起点。1902年(清光绪二十八年),张謇创办的私立通州师范学校(今南通师范高等专科学校),是中国最早的私办和独立设置的中等师范学校(以下简称"中师"),它是我国师范教育专设机构的起点,也拉开了我国中师教育的序幕。新中国成立后,国家对中师学校进行整顿和改造,中师的教学和管理工作逐步走向正规,并形成了一定的规模。1966年文化大革命爆发,中师学校被迫停办、停招、合并和搬迁,到1969年,全国中师学校由原来的1900多所减少到373所。1972年中师恢复招生,中师教育开始复苏并获得新的发展。①

1978年10月,原国家教委颁发的《关于加强和发展师范教

---

① 席梅红.聚力办好地方师范院校:新中国成立以来中师教育发展启示录[J].高教探索,2020(4):41—47.

遇见他们，也遇见了成长的自己（代前言）

育的意见》明确指出，各地要努力办好中师教育。1980年6月，国家教委召开了改革开放后第一次全国师范教育工作会议，确立了中师、专科、本科的三级教师教育体制，中师主要培养小学及幼儿园师资。为了缓解中小学校师资缺乏问题，国家出台了新的招生政策，从初中毕业生中选招优秀毕业生上中师，给干部身份、城市户口、正式编制，实施"两免一补"（免学费、住宿费，发放生活补助）政策，学习三年后，回到乡村学校当教师。一时间，上中师，成为不少初中毕业生，尤其是农村地区学生的最佳选择。同年，国家教委出台了《关于办好中等师范教育的意见》，中师迎来了快速发展的春天。可以说，在滚滚的历史大潮中，随之而变革的中师教育，给身处其中的中师生打上了深深的时代烙印。据统计，从1980年到2000年，二十年的时间，全国有400多万优秀初中毕业生，通过中招考试成为中师生。[①] 经过三年的学习，他们像蒲公英的种子一样，撒向广大的乡村教育一线，撑起了乡村教育的一片天空，并有力提升了小学教师队伍的整体水平。据统计，1980年，全国有小学教师549.3万人，但其中只有49.8%的小学教师学历合格。经过中师十几年的不断努力和建设，到1995年，小学教师学历合格率达到88.8%，使小学教师队伍的质量得到很大提升。[②]

1999年，教育部颁发了《关于师范院校布局结构调整的几点意见》和《面向21世纪教育振兴行动计划》，明确提出对师范教育的布局和层次结构进行调整，由三级师范走向二级师范。这一

[①] 20多年前的中师生，可能是中国素质最好也最可惜的一代教师[EB/OL].中小学学习站,2020—08—25.

[②] 刘敏华.中师教育50年回顾[J].保定师专学报,2000(1):98—101.

政策的出台,使中师的境况急转直下,迅速失去了以往的优势与吸引力,生存与发展问题开始突显。21世纪初以来,按照教师教育发展需求,在"升、并、转、挂、撤"的结构调整中,各地的中师完成了自身的转型或再生,开启了各自内涵不同的发展新路径。其中,"升"指中师升格为师范专科学校,"并"指将中师并入高等院校,"转"指转成中学或其他中专学校,"挂"指中师挂靠在高等院校下办学,"撤"指撤掉建制停止办学。① 但无论采取哪种方式,走什么样的路子,归到何种类型,都意味着中师教育正式退出历史舞台。

  尽管如此,但中师生培养模式的印迹却永远镌刻在了教育发展的历史进程之中,为当前的师范生培养提供了可资借鉴的经验。尤其是"中师教育有一套成熟的办学思想与育人模式,中师管理严密有序、讲求细节、春风化雨,中师校园秩序井然、生动灵气、人文氤氲,中师毕业生因其有着突出的教学能力和优良的综合素质获得了社会的高度美誉。80年代流传的'全国教育看中师'绝不是一个愿景与虚名"②。可以说,中师教育是我国师范教育史上的一笔宝贵财富,创造了"优秀生源,全科教育,重视教师养成,强化教师专业训练,强调一专多能和综合素质培养"为特点的"中师模式"与成功经验。它独特的办学经验、多年的传统积淀、鲜明的文化特色,对中国当下教师教育改革发展具有积极的启迪意义,对当下师范院校的人才培养模式改革具有重要的资鉴价值。

---

① 黄友初、柴亦犀.中师教育的历史变革与现实传承[J].教育评论,2021(4):116—122.
② 王建平.论中师教育传统的当代价值[J].教师教育研究,2016(4):37—41+56.

遇见他们,也遇见了成长的自己(代前言)

二、素质能力过硬的中师生

中师教育是特殊时代的产物,以其"短平快"的人才培养模式,培养了素质能力过硬的一代中师生。

扎实的文化基础。当年,报考中师生的门槛是比较高的,需要提前选拔。中师生的培养机制是"县来县去",各县要根据教育行政部门分配的名额进行预选(后被废止),预选上的才有报考资格,选拔程序可谓非常严格。中招考试后,中师优先录取,根据成绩排名而确定面试名单,面试合格后再根据成绩进行投档录取(后期面试被取消)。所以,当年中师的录取分数线比县里的重点高中还要高,文化课的基础很扎实,学生们在初中就有刻苦学习、奋发图强的学习品质,学习行为也很自觉,能够快速汲取新知识,常常一点就通,有力地调动了教师课堂教学的积极性,老师们经常为能教授这样一群态度认真又天赋极高的学生而感到骄傲。

深厚的教育情怀。教育是有温度的事业,既需要对教育事业有崇高情怀,也需要有献身教育的满腔热情,更需要具备精心呵护孩子的高尚品德。1980年原国家教委颁发的《关于办好中等师范教育意见》明确指出:"中等师范教育的任务是培养具有社会主义的政治觉悟、辩证唯物主义的世界观、共产主义的道德、中等文化水平与教育专业知识技能、身体健康、全心全意为社会主义教育事业服务的初等教育和幼儿教育师资。"[①]为此,中师教育十分注重学生职业品格的养成和教育情怀的渗透,对学

[①] 《中国教育年鉴》编辑部.中国教育年鉴(1949—1981)[M].北京:中国大百科全书出版社,1984:194.

生的言行举止有明确的规范和要求,在校园文化建设和课程体系的构建中得到彰显和体现。校园中处处可见"一进师范门,便成教育人""学高为师,身正为范""教师是太阳底下最光辉的职业""千教万教教人求真,千学万学学做真人""明日教师,今日做起""请讲普通话,请写规范字""终身之计,莫如树人"等名句标语,孔子、鲁迅、苏霍姆林斯基等名人画像、耸立的陶行知雕像等在校园随处可见。这些具有导向性的校园精神文化,无不规范、暗示、熏陶和渗透到广大中师生的身心之中,影响着他们的价值观、职业理想和教育情怀的养成。① 可以说,当年的中师教育把中师生的思想道德、师德师风和意志品质等职业品格和教育情怀放在了人才培养的首位。

良好的行为习惯。陶行知先生说过:"行动是思想的母亲。""身教最可贵,行知不可分。"教育就是要把学生培养成为具有良好行为规范习惯的人,中师教育特别注重良好行为规范的养成训练,1990年原国家教委专门颁布了《中等师范学校德育大纲(试行)》《中等师范学校学生行为规范(试行)》两个文件。《中等师范学校德育大纲(试行)》旨在通过中师阶段教育,使学生初步形成科学的世界观,具有坚定正确的政治方向、高尚的道德品质、良好的个性心理品质和为人师表的文明行为;具有艰苦奋斗、开拓进取的精神和一定的道德判断能力、自我教育能力,成为在品德、智力和体质方面全面发展的合格小学、幼儿园教师。《中等师范学校学生行为规范(试行)》是党和国家对中师学生在行为习惯方面的基本要求,是德育大纲的具体化,包括仪表端

---

① 程水栋.百年中师德育传统经验对当代高师教育的启示[J].高教学刊,2017(14):4—8.

庄、举止文明、自尊自爱、勤奋学习、关心集体、尊敬师长、爱护儿童等内容。可以说,当时的中师教育,把学生行为规范的养成训练贯穿于思想政治工作、教学及管理的全过程,有力地促进了学生良好行为习惯的养成。

综合的职业素养。中师的办学定位十分精准,即"面向小学、面向农村、面向基层"的办学出发点和培养目标,以"培养农村合格小学教师为己任",①主张"全面发展,一专多能"。"一专"指的是小学教师应当具备教育专业知识、技能和素养,"多能"指的是具备综合的知识素养和职业能力,能够胜任小学多学科的教学,具备从事综合教育的能力。1989年,原国家教委颁发的《三年制中等师范学校教学方案(试行)》(简称《方案》)明确提出:"实行义务教育、提高基础教育水平……坚持为基础教育服务,为农村教育服务",全面进行中师教育改革。②《方案》要求:"根据中等师范教育对未来小学教师进行职前教育的需要,科学地安排文化课、教育专业课、艺体课和教育实践,贯彻理论联系实际的原则,加强实践环节,注重能力培养和训练,使学生全面掌握从事小学,尤其是农村小学教育工作必备的中等文化知识、专业知识、技能技巧以及科学的教育教学方法。"该文件对中师生专业知识和专业能力的要求非常明确,注重对其进行综合培养,学习科目也基本上涵盖了小学阶段开设的所有课程。"选修课作为中等师范学校教学活动的重要组成部分,有力地加深和拓宽了中师生的知识面,发展了他们广泛的兴趣和特长,也进一

---

① 王淑芬.百年中师优良传统:解析与承续[J].河北师范大学学报(教育科学版),2012(6):24—28.
② 刘敏华.中师教育50年回顾[J].保定师专学报,2000(1):98—101.

步培养了中师生从事小学教育工作的能力,特别是担任多学科教学的能力,增强中师毕业生实际工作的适应性。"[1]1993年出版发行中等师范学校14门必修课学科新教材,各科课程齐头并进,没有主科副科之分。通过这种广而博的方式,培养的教师能适应乡村学校办学和教育发展需要,使中师生既有深厚的科学文化基础知识,又有分析问题和解决问题的能力,同时又具备小学教师的各种基本技能,毕业后能够较快胜任小学的各项工作。[2] 同时,课程设置还注重培养师范生艺术体育方面的爱好和特长,将师范生培养成为既具有健康的体魄,又具有较强的审美能力和创造能力的综合素质较高的人才。[3] 其目的就是希望中师毕业生在工作岗位上能够做到"丢了钉耙拿扫帚,放下语文上体育,吹拉弹唱样样上,主科副科门门熟"。[4]

娴熟的教学技能。有效发展学生的教学能力是中师教育的一个重要特色,而教学能力的提升既需要理论的指引,还需要技能的训练,更需要实践的锻炼。当时的中师教育就是把学生的教学技能训练作为日常教学来抓,除了设置专门的课程外,还规定了日常化的训练时间。比如,每天晚自习半小时的三笔字训练,每天早读的普通话训练,以及定时练琴等,都是常规性的必修内容,校园里大练基本功的氛围十分浓厚,这为中师生良好的教学技能、教育能力的培养奠定了坚实基础。从培养效果来看,

---

[1] 赵金坡.声音与回响:我国农村中师毕业生的考察(1979—2009)[D].上海:华东师范大学,2011:105,98.

[2] 施良方.关于现行三年制中师教学方案的思考[J].华东师范大学学报(教育科学版),1996(3):47—51.

[3] 席梅红.聚力办好地方师范院校:新中国成立以来中师教育发展启示录[J].高教探索,2020(4):41—47.

[4] 江苏省阜宁师范学校.瞄准农村办师范[J].师范教育,1991(1):11—12.

遇见他们,也遇见了成长的自己(代前言)

当年的小学教师教学设计能力、"三字一话"等教师基本功也是相当扎实。

正是这代中师生,让中国教师教育的发展有了一段辉煌的历史,对于中国基础教育,尤其是农村中小学教育具有里程碑的意义。他们的知识、情怀、教学技能等素养,成为一个时代教师专业发展的标杆。

三、有幸遇见中师生

我与中师教育的缘分好像是"命中注定"的。1990年我大学毕业时,特别期待能够到沁阳的最高学府——沁阳师范任教,可当时阴差阳错未能如愿。然而,1991年9月,在中学当了一年多老师后,我有幸被邀请到沁阳师范做代课教师,从此与它结下了一辈子的不解之缘。当年11月份,我正式调入沁阳师范工作。

沁阳师范坐落在古怀庆府所在地沁阳县(1989年改为县级市)城西。沁阳市位于河南省西北部,夏为覃怀首邑,汉设野王县,隋改河内县,明清为怀庆府府治所在地。它北枕太行,南瞰黄河,悠悠沁河水依城而过,人杰地灵,是全国首批"千年古县",素有"覃怀古郡,河朔名邦"的美誉,唐代著名诗人李商隐、闻名世界的自然科学家朱载堉、狼牙山五壮士之一的宋学义都出生在这里。

沁阳师范历史悠久,前身为创办于1907年(清光绪三十三年)的"怀庆府师范学堂",是河南省最早创办师范教育的学校之一,享誉中原,素有小学教师的摇篮、豫北革命的发源地之称。栉风沐雨,百年沧桑,然几度曲折,数度辉煌,其盛衰荣枯总是和国家命运紧密相连。1980年11月,河南省人民政府发文重建沁

阳师范,1981年开始招生,2000年招最后一届中师生。重建20年间,学校为原怀庆府所属各县、原新乡地区,乃至山西省晋东南地区的基础教育培养了一大批优秀师资。

沁阳师范校园环境优美,文化底蕴深厚,一条宽阔的乡村公路,由县城通往学校,两边栽着高大的杨树,周围是一片片的田地。走进学校的大门,迎面便会看见人民教育家陶行知的塑像,塑像正面下方的石墩上,镌刻着陶行知先生的生平简介和教育贡献。任何一个走进沁阳师范校门的人,都会强烈地感受到乡村师范学校特有的文化品位,尤其是在这里生活、学习与工作的师生,也会不由自主地把自己的职业与乡村教育、乡村教师等教育理念和教育志向紧密联系在一起。在塑像的两边栽着两棵银杏树,往南走,就是教学主楼,东西两侧是与教学楼相连的实验楼和图书楼,再往南走便是师陶阁(乡村教育馆)和大礼堂。大礼堂的两边分别是学生宿舍和教工休息室,再往前是一个大型的操场和篮球场,篮球场和围墙之间是一个小花园,还有一个培育苗圃的花房,也是学生劳动技能课的一个实训基地。可以说,整个校园从布局到结构,从建筑到环境,都让人强烈地感觉到,这里是读书的圣地,是滋养精神的天堂;这里是育人的场所,是培养老师的摇篮。从现在的校园建设来看,它的占地面积并不算大,只有100多亩,但在当时当地而言,这就是最大的一所学校,也是唯一拥有400米跑道的学校。

从气质神韵上来看,当年的沁阳师范,给我的感觉就是"农村"。一是位置在农村,位于当时沁阳县城西北角,在距离县城有两公里的亢庄村,除了后面的村庄,周围都是农田,出门见到的大都是农民。二是生源大多来自农村,是农家子弟;即便是教

遇见他们，也遇见了成长的自己（代前言）

师子女，也多是农村教师的子女，身上都有股"土气"。三是为农村培养教师，这是国家招生政策的要求，所以毕业生大多被分配到农村，尤其是去乡村学校任教。正因如此，当时的沁阳师范和全国大多数的师范学校一样，把我国著名教育家陶行知先生的"捧着一颗心来，不带半根草去""千教万教教人求真，千学万学学做真人"等教育名言篆刻在学校教学楼或者图书楼比较醒目的地方，尤其是对陶行知先生的乡村教育思想，更是奉为办学的基本理念，并持之以恒加以践行。陶行知先生曾言："我们不要以为把师范搬到乡下去就算完成了乡村师范学校。不能训练学生改造眼前的乡村生活，绝不是真正的乡村师范学校。"从这个角度而言，沁阳师范是当时真正的乡村师范学校。曾经有人这样评价当时河南的中师教育："城市师范学郑师（郑州师范），农村师范学沁师（沁阳师范）。"无论这个评价是出自官方还是来自坊间，从一定程度上而言还是非常中肯的。我虽不能在这里一一列举沁阳师范曾经的"丰功伟绩"，但是我还是非常认同沁阳师范的人才培养理念和模式，因为我见证了它的发展历史，参与了它的教育教学管理，经历了我国三级师范向二级师范过渡的教育转折，目睹了它培养的毕业生在基础教育发展中所做出的突出贡献。特别是在1989年实施中师三年制新教学方案后，沁阳师范的教学改革更为彻底，包含必修课、选修课、课外活动、教育实践四大模块的教学模式正式形成，从中师二年级起，建立以语文、数学、自然、体育、音乐、美术为主要选修内容的学科侧重班（以下简称"体育班""音乐班""美术班"……），同时开展"三字一话"、数学作图为主要内容的应知应会基本功达标训练，强化了中师生的教师教学技能。

在此期间,我承担过舞蹈、体育、形体与礼仪、职业规划等课程的教学任务,也做过班主任,晋升了副高职称,获得了专业上的快速成长;同时,我在学生处、团委、招生办担任过职务,从一名普通教师成长为一名副处级干部;我攻读了河南大学教育学硕士学位,收到了西北师范大学教育学博士生录取通知书,实现了我人生中学历教育的最终梦想,找到了自己专业成长的发展路径和努力方向。

在沁阳师范任职期间,我参与了中师生招生、管理、思想政治教育、课程教学的每一个环节,可以说亲历了一代中师生在校期间的所有教育教学过程,对他们一点一滴的成长与进步看在眼里,对他们的一言一行记在心头。正是这段中师的任教经历,让我对一代中师生的那份情怀至今仍在。因此,对那代中师生,我有着十分特殊的情感,尤其是对他们走向社会后对教育的那份坚守与执着,充满着深深的敬意。

2002 年,沁阳师范与焦作师范、焦作教育学院合并组建焦作师范高等专科学校(以下简称焦作师专);2005 年,原沁阳师范整体搬迁到焦作。至此,学校完成了它作为中等师范教育圣地的任务,校舍转交到地方政府举办职业教育。这样算来,我在沁阳师范度过了 14 年的时间。14 年,放在历史的长河中不算长,但对于一个人的专业成长来说,真的不能算短,占据了一个人一生在职工作时间的三分之一还要多。2005 年 8 月,在别人为搬到城市工作与生活而欢欣鼓舞时,我的内心却失落满满。好在校舍刚好转交给了我大学毕业分配到的职业高中,从情感的角度来讲,我内心有了些许的释然。非常值得庆幸的是,那时我正要到西北师范大学攻读教育学博士学位,归来已是三年之后,让我

遇见他们，也遇见了成长的自己（代前言）

有了一个心理上的适应期和精神上的过渡期。可以说，沁阳师范对于我的人生发展来说极其重要，因为它是我教育学学术成长的开端之处，也是我专业发展的重要站点，更是改变我命运的祥瑞之地，为我之后的专业成长奠定了坚实的基础。

2005年至2008年，我做博士论文期间，曾多次到中小学调研，见证了农村中小学一线教师默默坚守的艰难，了解到有大量的师资都是当年的中师毕业生，尤其是在农村学校的乡村教学点。2008年博士毕业后，我回到原单位上班，参与迎接教育部人才培养工作水平评估时，展开过对毕业生的就业情况调查。调查结果显示：豫西北地区中小学师资队伍中70%的骨干教师、50%的中小学校长都来自焦作师专。在历年的焦作市中小学校长任职培训班上，每次都会有60%以上的学员是中师毕业生。可以毫不夸张地说，豫西北基础教育的长足发展离不开他们的心血和汗水。

我从一名中学教师到中师教师，再到大学教师，教过不同学历层次的学生，之所以对中师生念念不忘，有许多因素在其中。一是与他们当初在校学习的年龄有关。他们入校时只有十四五岁，毕业时十七八岁，可以说他们还是稚气未脱的孩子，无论是从身体还是从心理的成长来说，都是人生中最美好的年华，我能成为他们这段美好时光的见证者，深感荣幸。二是与我当时的年龄有关。当时的我大学刚刚毕业，正值意气风发、斗志昂扬的年龄，与我所教的第一届学生年龄相差只有三四岁，在见证他们成长的同时，我也见证了自己的成长。三是与那代中师生的"出身"有关。他们大多数来自农村，或出于梦想，或为了一张"粮票"，以最优异的成绩考入中师，不仅是"用最优秀的人培养更优

· 13 ·

秀的人"的真实写照,也是一代农家子弟为了端上"铁饭碗"所做出的"最佳"选择。四是与他们的工作与生活境遇有关。他们毕业后,主要工作在中国教育的最基层,其中大多数在农村的中小学,有的还扎根在偏远、贫困的山区,过着早闻鸡鸣、夜赶星光的日子,用自己炽热的教育情怀坚守在农村教育的第一线,用自己不懈的努力守护着农村孩子心中的梦想,成为农村孩子实现人生梦想的领路人、逐梦人。

无论是对于他们的成长,还是对于我自己的发展而言,与中师生相处的那段时间,是我生命中最美的时光:一是遇见了当时最规范、最具针对性的师范教育模式;二是遇见了整体素质最高、学习与生活最丰富、最具青春活力、朝气蓬勃的一群"青葱少年";三是遇见了与学生相依相存的具有满腔热情的自己。尽管后来我在大学的课堂上也遇见了很多优秀的学生,我相信在今后的课堂中还会遇到更优秀的学生,我也相信自己会坚持对师范教育的深厚情怀,但是,我真的无法再回到那个充满欢声笑语的体育课堂,与学生在体育课上一起打球、奔跑、跳操,更无法再回到那个回响着优美旋律的舞蹈课堂上,与学生尽情起舞、美美与共。岁月已逝,容颜已改,我只能梦回历史时光,重温当年的美好遇见。可以说,那些年、那些人、那些事,都是我生命中最美的遇见。

四、中师情缘的赓续与绵延

目前,中师教育虽然退出了历史的舞台,但我与中师生的机缘一直未断,尤其是中师的培养模式一直在赓续传承。2016年,河南省开始实施小学全科教师培养试点,我所在的单位非常荣

遇见他们，也遇见了成长的自己（代前言）

幸承担了此项工作。说实在的，一看到"全科教师"的招生模式，我首先想到了当年的中师教育，想到了那些扎根乡村、山区、贫困地区的中师毕业生，他们才真正是"下得去、留得住、教得好、有发展"的"全科师范生"。作为学校教学管理和招生就业工作负责人的我，深感责任重大、使命光荣，开始对其培养模式进行研究与探索。应该说，我对中师教育的这份情怀和对农村教育的那份情结，在小学全科教师的招生、培养过程中得到了很好的体现。在对中师生深厚的教育情怀、娴熟的教学技能、综合的职业素养、精湛的专业特长等方面总结的基础上，我不断地思考、研究和探索小学全科教师的培养模式、课程体系、评价机制等，力求能够培养更多"下得去、留得住、教得好、有发展"的乡村小学教师，为促进乡村教育发展贡献自己应有的力量。

在此过程中，我与原来教过的中师生有过不少的联系和交往，每次谈到上学的经历和工作后教学的感悟，他们都颇为感慨当年所接受的教育，这些教育不仅让他们能够胜任教学工作，也让他们养成了良好的教师修养，为他们的专业发展奠定了坚实的基础。每当谈到现在的小学全科教师培养模式，他们也会故作得意地问我："高老师，这不是当年培养我们的模式吗？"我笑曰："有点像，但不全是。"

时代在发展，社会在进步，教育在改革，现在的农村教育已不同当年，对教师素质的需求发生了巨大的变化，提出了更高的要求。同样是"下得去、留得住、教得好"的培养目标，其培养规格和角色定位的内涵发生了很大变化，尤其是现代教育信息技术的发展和课堂教学模式的变革，带来了人才培养模式的巨大革新。但无论时代怎样变化，教育如何改革，教师的地位与作用

不会改变。并且随着时代的发展,知识和人才的重要性愈发突出,教育和教师的地位会愈发凸显,那么师范精神血脉的传承就不会断,并且会愈发重要。不仅如此,随着历史的发展,其中蕴涵的师范文化底蕴会愈加深厚,也让我对"全科"的理解更加透彻。正因为这样,梳理总结中师人才培养模式,改革探索新的教师培养路径,一直是我近年来工作的主要任务和研究的重要视阈。2017年,以焦作师专为主持单位,协同濮阳县教育局、焦作市实验小学、濮阳县第五实验小学一起研究探索"高校(University)—教育行政部门(Goverment)—城市优质小学(School)—农村薄弱学校(School)"(简称"U—G—S—S")四位一体人才培养模式。2019年,我作为主持人申报的"小学全科教师'U—G—S—S'四位一体协同培养模式研究与实践"获批河南省高等教育教学改革研究与实践项目,于2021年10月顺利结项,并于2022年3月获得河南省高等教育教学成果特等奖。作为项目的支撑,我在《光明日报》《中国教育报》《课程·教材·教法》等报纸期刊发表相关文章数篇,其中在《光明日报》《中国教育报》上发表的关于小学全科教师培养的文章被中宣部学习强国平台全文转载推送,与同事合著的《小学全科教师人才培养模式研究与实践》在郑州大学出版社顺利出版。这些成果中,融入了我对中师教育的感念与眷恋,对培养农村小学教师的感喟与热爱。

其间,我看到了《中华人民共和国教师法(修订)》(草案)中"小学教师要有本科以上学历"的要求,这意味着焦作师专这所具有百年师范历史的学校,对于专科层次小学教师培养的历史使命即将完成。其实,于我而言,20多年前在中师教育完成历史

遇见他们，也遇见了成长的自己（代前言）

使命的那一刻，对于二级师范逐步向一级师范的过渡是有预知的，知道这是教师教育改革发展的必然趋势，也非常清楚小学教师本科化是基础教育改革发展的必然要求，结束普通专科层次的招生是高等教育改革的必然选择。所以，15年来学校五次升本历程中有四次我是分管领导，组织参与并亲历了其中的艰难，希望学校能够提升办学层次的强烈愿望不言而喻，热切希望师范的精神血脉尤其是"全科"培养小学教师的模式能够赓续传承下去。

五、为中师情缘的真情告白

2021年11月，我接到了教育厅教师工作处一位领导的电话，告知我2022年专科层次的小学全科教师不再招生，让学校提前做好招生计划的调整工作。尽管早有思想准备，但接到电话的那一刻，我心中的失落之感还是骤然而起；尽管我知道无力改变这个事实，但作为一个学教育、爱教育、从事教育的"内行人"，我还是很不理智地表现出了"外行人"的行为，以乡村小学教师结构性缺编严重、专科层次的学生能够真正下得去、还能留得住、保证教得好等为理由据"理"力争，希望能有个过渡时期，以延续焦作师专培养小学全科教师的"光荣使命"，其实也是想赓续学校百年师范的精神血脉。然而，历史的潮流不可逆转，取消专科层次的普通教育类专业势在必行。不过，也正是这件事，让我更加坚定了写作本书的决心与信心。

焦作师专110多年的师范办学历史，培养了成千上万的人才，就我自己课堂所走出的中师生也有数千人，他们在各行各业都做出了卓越的贡献。本书选取了笔者在原沁阳师范任教期间

所教过的一直坚守在教育一线的30多名毕业生作为主要研究对象,从守望乡村教育、传承中师精神、赓续师生情缘三个方面出发,以他们中师三年学习与生活的经历和收获,以及毕业后工作与生活的境况与遭遇为题材,通过叙事研究的方法,一叶知秋地将一代中师生这一特殊群体的学校生活、学习经历、职业心态、专业成长等方面进行叙事化呈现,重现20世纪八九十年代中等师范教育的招生、培养模式等特点,再现一代中师生追逐青春梦想的心路历程。每一个故事犹如一粒教育种子,在中师培养的沃土中生根发芽茁壮成长,也见证了我国师范教育发展的历史印迹。对这些故事的追溯与"深描",不仅是对中师教育、中师人的深切怀念,也是对自己专业发展之路的梳理,这是历史的回响,也是教育发展的回响,更是中师生专业发展的回响。在赓续传承师范教育传统中,寻找教师教育的"根"与"魂",并将之作为新时代教师教育改革的逻辑主线,让更多的青年教师了解"我从哪里来,根又在何处"①;在对他们毕业后的专业成长道路的描述中,探寻新时代教师教育人才培养模式改革新的立足点和着力点,有效解决"培养什么人、怎样培养人,为谁培养人"这一教育的根本问题。其主要内容如下。

1.不忘初心,坚守乡村教育:中师生的培养目的是为了缓解当时农村地区小学教师紧缺的状况,"县来县去"的本土培养模式,使当时的生源大多数来自农村,这些优秀的农家子弟以最优异的成绩考入中师。虽然当时这是一代农家子弟为了端上"铁饭碗"所做出的"最佳"选择,但令人欣慰的是,他们大多数人都

---

① 于漪.寻找教师之根[N].中国教育报,2013-09-02.

遇见他们，也遇见了成长的自己（代前言）

不忘初心，毕业后回到了家乡，回到了乡村，甚至签下了服务乡村的协议，用他们的坚守为中师教育做出了最好的报答。

2. 不负使命，传承中师精神：中师生毕业后，不负中师教育使命，把脚踏实地的学习态度与良好的学习习惯带到自己的工作中，把中师三年习得的扎实学识融入自己的教学实践与专业成长中，实现"用最优秀的人培养更优秀的人"的教师教育宗旨，用他们平凡的生活演绎着中师人的时代精神，用他们朴实的理念去追逐自己的教育梦想。

3. 最美遇见，赓续师生情缘：人与人的缘分，最美的就是相遇、相知，能以心交心，以情暖情。老师与学生在课堂的相遇，就是最美的遇见，也是精神的传承。最为珍贵的是，有不少中师生从学校毕业走向社会后，依然与我延续着师生之间的交往，或成为朋友，或成为同事，还有的成为我孩子的老师，用不同的身份和方式赓续这份珍贵的师生情缘，成为一种宛转轮回的教育佳话。

随着岁月的流逝，历史将慢慢地消融掉一代中师生的历史痕迹，但是有了这本书，我与他们的缘分就永远不会断。所以，从某种意义上来说，这本书名义上是想给一代中师生进行"画像"，其实是对中等师范教育在中国教师教育发展史上所作贡献的感念，也是想以一种特殊的方式给焦作师专这所百年师范学校为基础教育所作贡献的告慰，更是对一代中师生的优秀素质和教育情怀的一种真情告白，以及对那些常年坚守在基础教育一线的教师的一种敬意。当然，这也是对我自己在从事教师教育历程中所获得成长的一个阶段性总结和历史见证，以实现"教学相长"的目的。这本书表面看起来是在写一代中师生的别样

芳华，其实也是在观照我自己的成长和期待。无论我今后会面对什么层次的学生，从事什么样的教育研究，但从事中师教育的这段经历、与中师生的这份情结永在，因为这曾是我生命中十分重要的一段旅程：遇见一代中师生，也遇见了成长的自己。

由于本人学养有限，书中难免有疏漏之处，敬请各位前辈和专家批评指正。

高闰青
2023 年 4 月

目 录

第一章 不忘初心：坚守乡村教育 ……………………（ 1 ）

"初心"虽改却矢志不渝 ……………………………（ 3 ）

信任是师生关系的一把"良钥" ……………………（ 14 ）

吾爱吾师 但更爱真理 ……………………………（ 26 ）

"贫穷"不能限制成长 ………………………………（ 35 ）

青春逐梦的"绚丽之花" ……………………………（ 44 ）

劳动委员的别样成长 ………………………………（ 53 ）

"青梅竹马"的良缘 …………………………………（ 62 ）

四肢发达头脑并不简单 ……………………………（ 73 ）

刻在心中的"乡村教师协议" ………………………（ 82 ）

用语言禀赋助力专业成长 …………………………（ 93 ）

教育涵养出的"幸运"之路 …………………………（105）

第二章 不负韶华：传承中师精神 ……………………（115）

看见教育最美的样子 ………………………………（117）

把100米当成110米跑的数学老师 ………………（126）

点亮学生成长的星光 ………………………………（137）

坚持到底就是胜利 …………………………………（144）

"霞"光永驻的军嫂 …………………………………… (154)
豆蔻年华初长成的"小精灵" ……………………… (164)
微笑是送给学生最好的礼物 ……………………… (173)
梦想之光照进现实之路 …………………………… (182)
三尺讲台旁的静静绽放 …………………………… (191)
书写《暮江吟》的学生会主席 …………………… (198)
撒播在三晋大地上的教育种子 …………………… (211)
不畏风雪归途的追梦人 …………………………… (222)

第三章　最美遇见：赓续师生情缘 …………… (233)

师道精神的传承 …………………………………… (235)
"眼界"成就教育梦想 ……………………………… (245)
热爱是一种力量 …………………………………… (255)
传言中的"姑侄"关系 ……………………………… (267)
宛转轮回的师生缘 ………………………………… (279)
"第一学历"与教育追求 …………………………… (289)
从中师生到博士生 ………………………………… (299)
长大后他就成了你 ………………………………… (310)
"草根"本色的勤务员 ……………………………… (321)

后　　记 …………………………………………… (330)

主要参考文献 ………………………………………… (342)

第一章　不忘初心：坚守乡村教育

  乡村学校是乡村文化的重要载体，它既是乡村文化的见证者，也是乡村文化的传承者。乡民的日常起居作息与乡村学校也保持着"同频共振"的步调，他们伴着学校的上下课铃声出工、收工，随着学校琅琅的读书声燃起生活的希望，看到了孩子的未来乃至家庭的命运，那也是他们辛勤劳作的不竭动力和单调生活的殷切寄托。没有学校，乡村就失去了灵魂，缺乏灵性，乡村的家庭和孩子就失去了希望；有了学校，乡村就更富有文化气息，更有生机和活力。

  改革开放后，中等师范学校的恢复重建就是为了缓解乡村中小学师资严重缺乏的状况，让乡村学校能够为乡村的家庭和孩子带来对美好生活的憧憬与向往。所以，当年中师生的培养目标就是为农村地区，尤其是乡村小学培养一批"下得去、留得住、教得好"的教师，让乡村学校肩负起培养时代新人的重任。一代中师生为了响应国家号召，手捧青春，心怀梦想，以最优异的成绩考入中师；毕业后，"童稚未去"的他们不负韶华，坚守初心，走向乡村，怀揣"捧着一颗心来，不带半根草去"的赤子之心，穿上整洁的衣服，拿着书本站在讲台前，面前是如曾经的他们一样渴求知识的目光，用粉笔在黑板上写下一段又一段传递知识

的文字,让歌声与琴声在乡村的校园响起。他们像一粒粒蒲公英的种子,播撒向乡村的各个角落,在那里生根发芽;他们像一颗颗启明星,点亮了农村孩子成长的天空;他们用稚嫩的肩膀为我国乡村教育的发展撑起了一片蓝天,用朴实但不平凡的教育生涯演绎了一代中师生成长的心路历程,践行了他们从事乡村教育的无悔选择。可以说,没有他们的坚守,就没有中国乡村教育发展的今天。因为他们不仅是科学知识的传授者,也是乡村文化的传承者,还是乡村建设的引领者,为乡村教育发展贡献了青春和力量,为乡村建设和振兴发展提供了重要的智力支撑和人才保障。

第一章　不忘初心：坚守乡村教育

"初心"虽改却矢志不渝

教师的职务是"千教万教，教人求真"；学生的职务是"千学万学，学做真人"！

——陶行知

人们常说："人不可貌相，海水不可斗量。"但我更相信"相由心生"。一个人的个性、心理状况与行为方式，是可以通过面部特征表现出来，让人一目了然的，因为我们的面相与我们的性格之间有着密切的联系。从这个角度而言，李西保一看就是一位憨厚纯朴的人，加之他平时待人和善、好学上进，所以，他上学期间人缘颇好，自然也深受师生的喜爱。

其实，李西保在中师上学时，我与他的交集并不太多，只是给他上过一学期的选修课而已，但他却是90级学生中我印象比较深刻的一位。这不仅是因为他作为农家子弟身上所表现出的憨厚纯朴与踏实认真的特质，还因为他在学校期间刻苦学习及小有名气的音乐特长表现，更有他在班级和学生会工作中的一丝不苟与任劳任怨。相比较而言，他中师毕业之后留给我的印象比在学校时更为深刻，不仅是由于我们之间的交流、交往比在学校时更多，还因为他毕业之后在教育之路上所获得的专业成长与能力提升带给我身为人师的自豪感，更有他在乡村学校30

年的默默坚守与无私奉献对我心灵上的触动。

后来我才知道,李西保之所以有这样的品质,与他自己的家庭遭遇有关。初二时,他的父亲因病去世,母亲带着他们兄弟姐妹五个艰难度日,所以,他比别的孩子过早地懂得人情世故,更明白只有好好学习才能改变自己的命运、改善家庭的状况。初三毕业时,李西保成绩优异,但中招志愿上并没有报考中师,而是中专。虽然当时上中专、中师都相当于上大学,毕业后都会有一份稳定的工作,但中专毕业的大多数能进入政府机关、行政事业单位,这对于当时的农家孩子来讲,更有吸引力。然而,他当时的班主任很有教育情怀,希望他将来能够传承"师业",也当一名老师,就没有和他商量,直接把他的中招志愿改成了沁阳师范。这种现象在现在看来是一种"侵权",但在当时看来,老师的用心可谓良苦。被沁阳师范录取后,李西保曾经有过一段时间的犹豫和纠结。从内心来讲,他有点不甘心,还是希望能够读高中上大学,今后的选择会更多一点。但母亲苦苦相劝,对他说家里条件不好,上中师不用缴学费,国家还补贴生活费,毕业后有正式工作,也就是有了铁饭碗,尤其是当老师比较体面,好好去上学吧! 经母亲这么一说,他觉得也挺有道理,加之父亲离世,母亲就是他的主心骨,她的话是断然要听的。想到这里,他就断了自己上大学的念头,心甘情愿地做好了上师范的准备。多年后谈到上师范的"初心",李西保觉得有点戏剧性,谈吐间还有点调侃,但他还是非常感谢当初改了他中招志愿的班主任,感谢他让自己成为一名教师,并在教育这条道路上找到了自己的精神归宿,体现了自己的人生价值。

对于上中师的经历,李西保首先想起的就是面试时发生的事情。那时候上师范的录取模式是学校先进行面试,面试合格后按照分数进行录取(面试项目有仪表、口才及体音美特长等)。其实,那时候大多数考生是从农村来的,没有参加过像现在所谓的专业辅导班,没有任何体音美的基础。所以,学校名义上是面试,其目的也就是看看学生有没有明显的身体残疾、口齿不清、语言表达不流利等不适合当老师的因素,如果有特长,当然是会给录取增分的。

当时,李西保和大多数农家孩子一样,为此感到忐忑不安,因为他自己没有什么特长,担心面试难以过关。尤其是音乐面试需要视唱一段简谱,这对于土生土长的一个农村孩子来说非常困难,因为当时的他根本不认识简谱。"临阵磨枪不快也光。"在参加面试的前一天晚上,带他们去参加面试的初中老师把他们几个集中起来,教他们认识简谱。而这次的"临阵磨枪"很有作用,对于李西保的专业成长来说也很重要,不仅让他知道了自己平时非常熟悉的"1、2、3、4、5、6、7",在识谱时的发音竟然是"do、re、mi、fa、sol、la、si",这大大超出了他的想象,也激发了他对音乐的极大兴趣。在面试的时候,李西保小试身手,自我感觉发挥得还不错,把头天晚上学到的知识全部用上,幸运地通过了面试。因此,他对那位老师深怀感激,也对自己侥幸过关有些窃喜。

听了李西保讲述的面试经历,我感触颇多,尤其是对那位老师,非常敬佩。我故意调侃他,说:"其实你不识谱也没有关系,面试不是看你识不识谱,而是考察你唱歌的音准,看看你是否五音不全。"听了我的话,李西保先是一愣,然后腼腆地笑了。不过他转而语气坚定地跟我说:"无论那次突击识谱对我通过面试有

没有起到作用,但那次面试的经历对我来说都意义非凡。一方面,我非常感激我的老师,他为了学生成长而无私奉献的精神感染了我,让我对教师职业有了新的认识,所以我下决心一定要上师范,将来当一名老师,也为自己学生的成长做出奉献;另一方面,它为我上中师后选择音乐侧重班奠定了基础,也为我后来的专业成长指明了一条道路。"

1990年,李西保像其他考上中师的农家子弟一样,带着家人的深切嘱托,带着初中班主任老师的殷切期望,满怀着对未来生活的无限憧憬与期许,来到了沁阳师范,开始了他的中师生活。他当时所在的班级是90(4)班。上学期间,尽管三年换了三个班主任,但他在班级里担任班干部的情况并没有受到影响,并且随着年龄的增长,他的能力也越来越强,先是担任了一年多的劳动委员,后来担任班长到毕业,还走到了学生会干部的位置。由于他憨厚踏实、为人和善,深受学生处和保卫处老师的喜欢,所以还有机会在学生会劳卫部和保卫部同时兼职:在保卫部干了三年,在劳卫部干了一年多,这种情况在当时是很少见的。所以,他的学习与生活节奏是比较紧张的,但是他收获颇丰,也留下了许多难忘的回忆,对此他内心非常满足。

"中师三年,最难忘的是跟着保卫处的老师一起在节假日值班,以及与不法分子斗智斗勇的经历。记得第三年的春节,别的学生放寒假都回家了,我却因为是保卫部负责人而要留在学校值班。那是我有生以来第一次不是在家而是在学校过的春节。除夕之夜,听着噼里啪啦的爆竹声,看着空空荡荡的校园,我非常想念家里的老母亲,可以说是百种滋味在心头,但想到肩上的责任,我那躁动不安的心也就逐渐平复下来了……"谈到在学校

第一章 不忘初心：坚守乡村教育

的这段经历，李西保毫不掩饰地向我表述了自己内心的感触，从他的语气和眼神中，我再次感受到了一个农家孩子憨厚纯朴的本分与踏实，以及他对这段美好生活的无限留恋和深切怀念。

当时的90级没有设置侧重班，只有每周一下午的选修课，李西保毫不犹豫地选择了音乐。因为他在这方面有些天赋，同时又是学生会干部，比较懂事，表现积极，所以他很受音乐老师的喜欢。他不仅自己发挥特长积极参加合唱队，还主动协助音乐老师组织学生排练大合唱，更让不少老师和学生都认识了他。当然，在此过程中他也受益匪浅，不仅组织协调能力得到了充分发挥，音乐素养也得到了有力的提升，曾经两次代表学校到焦作参加大中专学生合唱比赛，为学校争得了荣誉，也多次在学校的文艺演出中崭露头角，自然也"圈"了一些"粉"。直到现在提起这些事，李西保还小有得意，脸上会不时地露出他特有的憨厚笑容。

我与李西保的交集就是因为他选修音乐而产生的——我教他们的儿童舞蹈课。当时选修音乐的女生居多，而男生一共也就十来个人，自然在课堂"氛围"的营造上不占优势，经常被女生抢了"风头"。尤其是学跳儿童舞蹈时，男生更是畏畏缩缩。一方面是因为大多数的学生都没有舞蹈基础，另一方面是因为不少男生动作不协调，更主要的是他们有点害羞，不好意思。"高老师为了锻炼我们的胆量，让男生在大餐厅舞台上跳，女生在下边看。台上的场面可想而知，简直是'群魔乱舞'，惹得台下的女生捧腹大笑。尽管当时有点尴尬，却让我们练就了胆量！"谈到学习舞蹈的这段经历，李西保满脸笑意，他已经没有了往日的羞涩，但笑容里仍不失他的那份憨厚与纯朴，只是比学生时代更多了几分成熟，让原本憨厚的他显得更加可爱。

"中师三年,我最大的收获有两个方面:一是上师范后,学的知识涉及面非常广,除了通识课程外,还学习了体、音、美、口语等教师专业技能,尤其是三笔字和普通话的训练,为我毕业后从事教学工作打下了良好的基础;二是中师的自我管理模式,让我的毅力得到了锻炼,培养了我面对困难的勇气和处理问题的能力。还有在保卫部'摸爬滚打'的锻炼,让我炼就了一身正气!这些都是在书本上学不到的,为我后来走上学校管理岗位积累了宝贵的经验。"其实,李西保所谈到的收获,正是当年中师教学与管理模式的宗旨体现,也是所有中师生的学习收获。

于李西保而言,无论是善良敦厚的内在品质,还是憨厚纯朴的外在形象,都是奠定他成长之路的宝贵资源;无论是努力认真的学习态度,还是踏实肯干的工作精神,都是铺就他后来专业成长的坚实基础。由于他品学兼优,得到师生的一致认可,所以他在毕业前被发展为中国共产党预备党员。用他自己的话来说:"那一刻,突然觉得三年的中师学习变得更为神圣与光荣,它赋予了我更为重要的责任与使命。"

毕业后,李西保带着自己的使命,带着老师的嘱托,还有当年初中班主任的殷切期望,回到了家乡的一所中学,教了六年语文,同时还教过地理、音乐、体育等课程,担任班主任送了两届学生。他多次获得市优秀教师等荣誉称号;所写论文、所主持的课题多次获省、市级奖……后来,由于工作出色,他被任命为学校的教导主任,兼任初中政治课教学工作;再后来,他被任命为一所乡村初中的校长;2021年被任命为乡中心校的校长,兼任乡第一初级中学的校长。

于李西保而言,30年的乡村教育生涯中,从事过多个岗位的工作，但他最怀念的还是他当老师、当班主任的那些时光。1995年8月，刚毕业不久的李西保第一次当上了班主任，还是初中毕业班，这对他来说十分幸运，但压力也很大。当时学校条件很简陋，一些离家较远的同学为了能够有更多的学习时间，要求在学校住宿。因为学校没有宿舍，他就只好想办法找了个空教室作为宿舍，让学生自己从家里拉床就寝；学校没有围墙，为了学生的安全，他每天晚上都和学生一起住在学校；冬天没有热水，他就在办公室用蜂窝煤烧热水供学生洗漱用。一个学期相处下来，他和学生成了无话不谈的朋友。"那一年是我付出最多、收获最多、最难忘的一年。每天早上五点多起床，带着学生一起跑操，一起吃饭；周末有时村里放电影，学生给我搬凳子，我们一起看电影；学生和家长之间有小摩擦，我到学生家里和家长沟通。一个多月相处下来，我得到了学生的认可，他们有什么心事都愿意和我交流，让我真正体会到了什么是'亲其师，信其道'。这些年的教育工作让我感觉到，当老师还是要当班主任，虽然辛苦，但是当得到学生和家长的尊敬时，这是任何行业都不可能有的收获。"回忆起那段经历，李西保十分动情，不过他很开心，因为有付出就有回报。通过他"陪伴式"的教育教学方法，他所带的班级在中招考试中获得了大丰收，班里40多名同学，考入县一中和中师的有10多名，这对于一个乡村初中来说实属不易。

在他毕业16年之后，也就是2009年，他回到焦作师专参加校长培训班，我们才再次相遇。说实在的，他能当校长，我一点都不惊奇。他问我为什么，我告诉他："在通往你梦想的道路上，迈出的每一步都不会白走，一步一风景，一步一收获。"这话听起来似乎有点俗，但是一点也不假，是颠扑不破的人生哲理。无论

是在学校的学习和工作,还是他为人处世的方式方法,抑或是他内在的品质和修养,都注定他会在自己的工作中尽心尽力,所以,当上农村学校的校长,对他而言再正常不过了。

那次见面,我们只是在课间聊了几句,后来的联系并不多,但是师生之间一直相互关注。2019年的校长培训班,我们再次见面,不过他已经又换了一所学校。当时我讲授的是《校长领导力与教师专业发展》,比较切合他们的工作实际。尽管培训班的座位上都有名签,但我真的难以第一眼就能在100个人的班级中认出所有熟悉的人。不过,我还是认出了李西保,尽管10年没有见面,他身上特有的憨厚与纯朴一点没变。像往常为培训班上课一样,为了确定一下班里有多少个自己的学生,我故意调侃了一下:"凡是我亲学生的请举手,免得我讲案例时一不小心把你举了出来,大家都很尴尬。"这话引得学员们一阵哄堂大笑,班里立马高高举起了10多只手。这样的师生见面方式,带给我很多美好的回忆,再续师生之缘的课堂自然会更具情趣,他们也会让我的课堂生成更多的意义;这种人生的遇见会更加美丽,让我有了更多层次的成就感和自豪感。

从那以后,我与李西保的联系多了起来,每次见到武陟的学生,我都会问到他,因为我特别想知道他的工作和生活状况,不仅仅是因为我对乡村教育的那份情怀,更因为我对他常年默默坚守的敬佩;每次到武陟,无论哪一届的学生请我吃饭,我都会提出来让他参加,因为我想和他聊聊天,听听他又有些什么新收获。

2022年春节后,我到武陟办事,专门见了李西保。那次见面,我们谈了很多,他跟我谈了自己的办学理念和思路,以及他

第一章 不忘初心：坚守乡村教育

想做的一些改革。其间，李西保跟我谈到了许多农村老师最为关注的问题，就是留守儿童的心理发展状况。面对留守学生居多的乡村学校，怎样能给这些特殊群体的孩子最适宜的教育，让他们获得安全感、存在感，这是乡村学校应该考虑的。为了支持他的工作，也为了拓宽焦作市家庭教育研究与指导中心（以下简称"家教中心"）服务指导的覆盖面，更好地服务乡村振兴战略，我也把他所在的中心校作为家教中心的"家校社协同育人实践基地"，带领家教团队不定期到他们的学校开展家庭教育、家校合作等方面的公益讲座，为教师提供家校沟通策略，为学生家长提供科学育儿的指导，共同促进乡村学生的身心健康成长，帮助乡村学校焕发出应有的生机与活力。

能和自己的学生一起做一件事情，让我有一种很奇妙的幸福感。我从中体验到了一种共享共进的获得感。最让我感动的是，虽然在乡村学校工作了30年，但李西保从没有向我谈起过乡村学校生活的艰苦和条件的简陋，言语中没有一丝对30年来坚守在乡下的抱怨或者不满，神情中所流露出的都是自己对学校美好未来的无限憧憬与美好设想。

我曾经问过李西保："这么多年在乡下，一定吃了不少苦，有没有觉得太过艰难而想要放弃的时候？"他非常平静地说："说实话，毕业这么多年，没有感到日子有多么艰难。一方面，我父亲去世得早，生活的苦都吃过，所以自己能够当老师还是感觉很幸福的；另一个方面，我妻子也是咱们沁阳师范的毕业生，我们有共同的语言，她也很有教育情怀，对我的工作特别支持，所以，有时候即便是工作中遇到了困难，我也能够让自己正确面对。"我又问他："有没有想过回到县城的学校，生活可以方便一点，工作

的条件也会好一些。"他神情凝重,似乎若有所思,但非常真诚地说:"我生在农村,长在农村,工作在农村,了解农村的教育,更了解农村的孩子,并且已经习惯了农村的生活,农村的孩子也需要我,所以,我觉得在农村学校更能体现自己的价值。"

其实,如果他想回到城里,我也能够理解。中师毕业时,他们中的很多人对教育事业确实是热爱的,所以"下得去"是他们的自觉意识;献身乡村教育的情感也是真挚的,所以"留得住"是他们的教育情怀;教书育人的理想是支撑他们的强大动力,所以"教得好"是他们的职业追求。但是,在教育教学的过程中,乡村教学条件的清苦、日复一日的单调生活、城乡差距的冲击,这些都会不断地让他们在"丰满"的理想与"骨感"的现实之间进行抉择。因为他们不仅是"教师",也是"父母""子女",尤其是对李西保来说,当初并不想当老师,所以他选择回到城里也在情理之中。但是,他选择留了下来,并从30年的坚守中找到了自己的价值和意义,也生动诠释了"下得去、留得住、教得好"的中师精神。

谈到这些年的工作,李西保颇为感慨:"作为教师,首先要有责任心,要抱着对学生负责、对家长负责、对社会负责的强烈责任感去工作;其次,教师要注重自身素质的提高,教到老,学到老,才会永远站在教育领域的前端。回想自己30年走过的教育路,最幸福的事就是自己的付出得到了学生认可。"

虽然中招志愿让李西保的"初心"改变了,但是他对乡村教育的深厚情怀却让他矢志不渝地坚守了30年。这是对中师教育的有力回响,是一位教育人深厚教育情怀的真切体现。我不知道他所在的学校今后能够发展成什么样,或者他能够在乡村学校坚守多少年,但是我相信,他对乡村教育的这份真挚情怀与满腔热情不会消退,对学生的这份责任担当与仁爱之心不会减弱。

学生感言:

中师三年,我过得充实而美好,感谢当年命运的垂爱,让我来到了沁阳师范。每天与学识高深的老师和优秀的同龄人学习交流,理念和思维的碰撞,启迪了我的人生方向!为了不负这份美好,我一直在前行!接下来的日子里,我将一如既往,不断地充实自己,打下更厚实的专业基础,努力成为一名让社会满意的教育工作者!愿多年后再回顾,初心依旧,感恩常在。

——李西保

信任是师生关系的一把"良钥"

  信任不是强求得来的,只有坦率而真诚地参与所要交往的人的生活(指自己的学生的生活),并担负起因这样的参与生活所引起的责任,才能赢得他的信任。当教育者赢得了学生的信任时,学生对接受教育的反感就会被克服而让位于一种奇特的情况:他把教育者看作一个可以亲近的人。

——[奥]马丁·布贝尔

  《学记》有言:"亲其师,信其道。"一个人只有亲近、尊敬自己的师长,才会相信师长,学习师长所传授的知识和道理。对教师而言,让学生信任自己,这是一种为师的基本态度,需要教师在内心信任学生、肯定学生、鼓励学生,让学生有存在感,才能获得学生的信任;对学生而言,则是一种精神力量,会深深地植根于每位学生的内心,成为他努力学习的动力。可以说信任是建立和谐师生关系的基本准则,只有信任才能换来信任。因此我一直把取得学生信任作为衡量教师职业操守的一把标尺。它不仅是教师进行自我评价的一个维度,也是构建和谐师生关系的一把"良钥",更是激发学生学习兴趣的一个良方和鼓励学生战胜困难的强劲动力。

  申小光与李西保是同一届学生,并且来自同一个地方。俗

第一章 不忘初心:坚守乡村教育

话说,一方水土养一方人。他们俩身上有太多相同的地方,如憨厚、朴实。但他们也有不同的地方,在学校时,申小光比李西保表现的机会多一点。申小光出生在一个贫困的农村家庭,家里兄弟姊妹四人,哥哥姐姐初中毕业后就没再上学,全家人都把希望寄托在了他的身上。初三快毕业时,班主任老师动员他的父母,希望他能够报考中师。当然,老师在动员他的家长时,也道出了其中的好处——考上师范类学校不仅光耀门庭,还可以"跳农门",成为非农业户口,而且三年后可以直接当老师,端上"铁饭碗"。加上家里人多,生活比较拮据,申小光就顺从了父母的意愿,带着老师的期望,懵懵懂懂地选择了报考中师。

经过学校筛选、乡镇预选、县级选拔,申小光终于取得了报考中师的资格。又经过中招考试、师范学校的面试,最终被沁阳师范录取。这无论是对于申小光,还是他的家庭而言,无疑都是一次命运的转机。"我还清楚地记得,接到通知书后,家人的高兴之情溢于言表。虽然家里生活比较困难,但父亲仍然破例请人在家门口演了两场露天电影。村里的纸厂还举行了隆重的表彰大会,并奖励了我50元钱作为奖学金,这在当时真的算'巨额奖励'了。"谈到当时自己拿到中师录取通知书时一家人的高兴劲,以及村里人对他的羡慕,申小光如同孩童般地按捺不住内心的喜悦与激动,脸上流露出骄傲与自豪的神情。可见,对于那时的申小光及其家人而言,那张通知书何其珍贵。用他的话来说:"当时在村里引起的轰动,一点也不亚于现在谁家孩子考上了名牌大学。"他如是说,一点也不夸张。

对来自农村的申小光而言,上师范之前他从来没有离开过父母,也没有远离过家乡。所以,尽管拿到通知书时无比激动,

对师范新的生活也充满了向往。但冷静下来他才发现,自己对上师范也有着几分忐忑。"非常高兴的是,沁阳师范虽然管理严格,但是老师们和蔼可亲,同学们团结友善,使我在沁师的大熔炉中健康地成长起来。"这话听起来很普通,却是申小光内心最真实的想法,因为瘦弱内向的他在中师的学习与生活是比较平淡的。他没有仗剑天涯的豪情,也没有叱咤风云的胸怀;没有舞台上的炫技和潮酷,更没有所谓的"明星"光环与荣耀;不具备棋琴书画的天赋,也没有活力四射的激情,有的只是渴望成长的愿望。当然,他内心也有自己的向往与追求,尤其是对于学校所开设的各类课程,热爱学习的他更是如饥似渴,孜孜以求,对学校充满热爱,对未来充满期待。

1991年校庆之际,一向沉稳朴实的申小光却突发奇想,觉得应该做点事情来表达自己对学校辉煌历史的纪念。"刚好当时美术课是学习手工制作,我就和同班的孔永健、张红波、左晓领、谢素粉等同学商量,用美术纸制作沁师的校园建筑模型。说干就干,实地测量、规划设计、购买材料……经过近两个月的努力,学校模型终于在校庆前完成制作。教学楼、办公楼、宿舍楼、餐厅、操场……学校一幢幢建筑栩栩如生地呈现出来。一开始是在教室展览,后来在学校校庆展览馆里展览,当时吸引了不少师生前来参观,在学校引起了很大反响。"申小光谈到这件事时,脸上洋溢着兴奋与自豪,平常说话慢条斯理的他情绪显得格外高涨,甚至不停地用手比画着那些模型的大小和形状。在他描述的过程中,我也在回忆着那年校庆时学校举行的各种活动。名义上是校庆,其实是对全校师生进行师范教育发展史的教育,也是对学生教育情怀的培养,还可以为全校学生提供展示自己才

第一章 不忘初心：坚守乡村教育

能和发挥自己特长的机会。从某种程度上讲，当年校庆时学校举办的各种活动，其实就是一个很好的素质教育展示平台。

1992年10月底，我休完产假返校上班，被调到体育组任教，负责90级4个班的体育课，申小光当时是90(7)班的学生，我们在课堂上遇见。每周两次课、每次必点名的体育课，让我记住了每位学生的名字，但体育成绩平平的申小光并没有给我留下深刻的印象。但在毕业前，因为体育课程的考试让我对他有了一些了解。

考试前，我公布了体育课的考试项目。其中男子的考试项目中有一项是引体向上。一听到要考引体向上，男同学当即一片哗然。因为这是他们大多数人的弱项，尤其是瘦弱的申小光，当时就蒙了。我刚安排好同学们去练习，他就非常难为情地走到我跟前，说："高老师，引体向上我恐怕达不了标。"我知道，引体向上对臂力和腰腹力量要求都比较高，凭申小光当时的小身板，想要达标的确是不容易的。尽管如此，但我考虑到要鼓励他去训练、去完成，就故意严肃地问他："你平时练习过吗？你怎么就知道自己不行？还是说你不想毕业了？"我一连串的反问，让局促不安的他只好硬着头皮走到了单杠下面。但是，经过多次尝试，他怎么都做不好，所以就有点灰心，再次找到我，恳求道："高老师，我真的拉不上去，我能不能不考这一项？"我态度和蔼但语气坚定地对他说："你信我，我看好你，你一定行！按照我说的动作要领去认真训练，你一定能拉上去！"听了我的话，他脸上紧张的表情有所放松，又慢吞吞地走到了单杠下面。"之后的每次体育课，高老师都要问我训练的情况。一周、两周、三周，经过一个多月的训练，终于在体育课毕业考试时顺利通过。中间也

曾想过放弃,但想到高老师说的'你信我,我看好你,你能行',我又继续坚持锻炼,'你信我',一句普通的话语,却时刻萦绕在我的脑海里。30多年过去了,我还时常想起这句话,激励我不断进步。"

其实,申小光曾经找我说不想考引体向上这件事我有印象,但当时的细节以及我所说的话,我是真的记不起来了。因为体育课堂是锻炼身体、愉悦身心、充满欢声笑语、伴随高亢呐喊和热烈掌声的课堂,也是学生接受品德教育和意志训练的课堂。尤其是在学生遇到困难,动作有难度做不来时,作为体育老师,这时候必须让学生信任你,否则学生怎么可能克服恐惧跨越障碍呢?也有不少项目需要坚持不懈刻苦训练才能达标,体育老师必须肯定学生、信任学生,学生才能产生训练的动力和勇气。研究发现,一个念头就能引起肌体一系列的电反应。所以,选择对自己说"I can",对他人说"You can",对大家说"We can",能产生积极的聚力反应。① 在教育教学过程中,每一位学生都是一个鲜活的受教育者,一个独特的存在,都渴求老师的肯定、父母的认可。因此,教师选择"信任",是肯定学生存在与成长的最好方式,是在教育教学过程中建立良好师生关系、促进学生积极努力的一把"良钥"。基于此,"你信我,我看好你,你一定行",成为我在课堂上经常讲的一句话。非常欣慰的是,他把这句话记在了心里,也选择了信任我。

1993年7月中师毕业后,申小光一直在家乡的一所初级中学任教,在那里待了22年,曾经担任过初中语文和思想品德课,

---

① 刘厉红.选择相信:在心理实验中发现教育解困的密码[M].北京:中国轻工业出版社,2021:1.

第一章 不忘初心:坚守乡村教育

每三年教一届学生,从他的课堂上已经走出了四五百名农家孩子。"对于教师职业,从事时间长了,都会产生职业倦怠。但每当想起自己在沁师学习与生活的点点滴滴,想起自己肩上的责任,便会重新振作起来。长期在农村工作,学校的条件一般,无法让孩子们享有与城市孩子一样的资源,但我始终没有忘记中师三年对我的培养,始终铭记作为乡村教师的职责和使命,力求尽最大努力让孩子们有所收获。尤其是面对不少农村留守儿童,我都会尽可能去帮助他们。当学生面对困难踌躇不前时,我会积极鼓励他们克服困难,并坚定地告诉他们'你信我,我看好你,你一定行';当学生由于长年留守出现心理问题时,我也会积极帮助他们疏导,并告诉他们'你信我,我看好你,你一定行'。因为我就是在这句话激励下不断成长的,所以我也要用这句话激励我的学生成长。"

相比较而言,申小光是毕业学生中我来往较多的一位。2001年至2005年,我在原沁阳师范的招生办公室工作,每年都会到焦作辖区的县区去做招生宣传。当时中师不再招生,只能招收中专学生(非师范),所以学校的招生压力非常大,需要加大招生宣传力度。但无论怎样积极宣传,对于当时的沁阳师范而言,再招优质生源已是不可能了。为了尽可能提高生源质量,我带领招生办的同志到各个县区去做宣传,乡村中学是我们重要的宣传对象。但中专不再包分配后,都面临着招生的困境,不少学校采取深入初中学校进行宣传的措施,致使不少初中拒绝招生学校进校宣传,怕扰乱学校的正常教学。但凡这样的情况,我就提前打听学校有没有我们的毕业生,有的话可以把招生简章交给他们,让他们帮学校做宣传,因为他们本身就是最好的宣传

广告。一般情况下，为自己的母校做招生宣传，毕业生都会欣然接受这项任务，我们的招生宣传效果自然很好。为此，我每年都要去所在的初中，每次都要见到他，他也义不容辞地帮母校做宣传。

记得第一次去找他时，门岗师傅问我干什么，我告诉他要找申小光，我是他的老师。门岗师傅一听我是老师，马上喜笑颜开，边转身往教学楼走边说："老师来找学生，一定要让见。"看到门岗师傅一路小跑的身影，我当时觉得当老师很有"面子"，连门岗都这么尊重我。"当门岗师傅通知说沁阳师范的老师找我，我有点纳闷。到学校门口一看是您，我高兴得不得了。一见面，您就询问我的工作情况，让我非常感动。"申小光欣然接受了帮学校招生宣传的任务，还动员了不少学生报考沁阳师范。为此，我向他表达谢意。他却笑着说："高老师，母校的事就是我的事，这是我应该做的。再说了，薪火相传，把我的学生交给您，我放心，因为我信您。"听了小光的话，我感到非常的欣慰，没想到毕业这么多年，他还记得这句话。

2007年和2011年，申小光参加了两次在焦作师专举办的校长培训班，每次我都会给他们上课，我们也再次在课堂上相遇。之后的联系稍多了一些。我有时候做课题调研，会让他帮忙发问卷，或者做一些访谈，因此对他的工作和他本人的情况了解得也就多了起来。

2015年12月，申小光调到示范区宁郭镇北官庄小学工作，由原来的初中副校长改任为一所乡村小学校长。虽然是由副校长变为校长，但各方面与原来的中学相比，差距真的是太大了。他刚到学校时，教室、宿舍和食堂，还是20世纪七八十年代的瓦

第一章 不忘初心：坚守乡村教育

房,现在已经很难再看到了;校园地面凹凸不平,操场是真正的"水泥地",年久失修的厕所更是让人感到触目惊心……学校的状况,让他一下子难以接受,心理上有很大的落差。但他并没有退缩,而是苦苦地思索:如何改变学校的硬件设施？如何提升学校的教学质量？怎样调动学校教师的工作积极性……"需要考虑和解决的问题压得我喘不过气来,连续好多天让我体会到了失眠的痛苦滋味。"但为了改变学校的面貌,他不厌其烦地找镇中心校和区社会事业局的领导说明情况。为了取得领导的信任,他自己刻苦钻研,学着设计图纸、规划方案、预算经费,又找做这方面工作的朋友帮忙,找市里规划设计部门指导,重新加固维修教师宿舍和学校食堂,修建了150米的环形跑道、塑胶活动场地和篮球场,尤其是借着"厕所革命"的东风,学校厕所也"涅槃重生"……经过几年的努力,学校的面貌发生了翻天覆地的变化。

在谈到学校变化时,申小光谈得最多的就是他们学校的"厕所革命"。人的一生中大约有3年的时光是在厕所里度过的,如厕这一人们日常生活中的"小事",其实是天下的"大事",它折射出的是一个国家文明的尺度和社会发展的程度。2017年相关统计数据显示,全世界每年因环境卫生造成腹泻等疾病而死亡的儿童高达56万人,由此可见,"厕所革命"十分必要,也十分迫切。

近年来,随着我国社会经济的长足发展,城市的厕所环境已经得到很大改善,但是包括农村学校在内农村的厕所环境依然还有很大的改进空间。在乡村教育振兴的新时代背景下,大力实施农村学校"厕所革命"不但关乎农村学校校园环境美化,而且关乎农村少年儿童的健康成长,是一项功在当代、利在千秋的

大事、好事。因此,在包括申小光所在学校的农村学校大力开展"厕所革命"可谓正当其时、恰逢其势,而且必须持之以恒抓好,抓出成效。

2021年,为了响应"厕所革命"的号召,改善学校的育人环境,"厕所革命"成了宁郭镇北官庄小学的一件头等大事。申小光作为校长,带领老师们集思广益,通过各种途径收集厕所文化案例与改造方案,还组织学生也参与到厕所美化的工作中来,师生共同制定了《宁郭镇北官庄小学校园卫生公约》,以进一步强化学生对"文明如厕"的认识。同时,在厕所内张贴温馨提示语,督促学生养成良好的卫生习惯,营造"文明如厕"的良好氛围。在全校师生的共同努力下,宁郭镇北官庄小学这场"厕所革命"的效果立竿见影,不仅改善了师生如厕环境,校园面貌也焕然一新,师生的文明素养也大有提升。"厕所是最基本的公共服务设施,却能从一个侧面衡量文明的程度。学校最重要的功能是育人,因此如何通过厕所革命,优化校园环境,提高学校环境育人的功能,是我经常考虑的问题。这几年,'厕所革命'成为学校提升师生文明意识、养成良好行为规范的重要抓手,的确也收到了很好的成效。"讲到学校的"厕所革命",申小光还专门给我看了他们学校厕所的图片。在图片上,我看到了整齐摆放的一盆盆绿植、盆栽,色彩斑斓的墙面,墙壁上张贴的各种绘画……应该说,这是我见过的最漂亮的厕所。如果没有看到悬挂的标志,我真的难以想象这是厕所,更不会想象是农村学校的厕所。

后来,申小光特地邀请我去参观他的"厕所革命"成果。说实在的,现场看到的厕所环境比照片上更有视觉的冲击力,不难想象这场"革命"带给学校校园环境的变化、师生良好卫生习惯

第一章 不忘初心：坚守乡村教育

的养成和文明意识的提升。它不仅会为学生的身心健康成长营造良好的氛围，也会为教育教学的改革开拓新的思路与途径。因此，我对申小光的教育理念多了一分赞许，对他的管理能力多了一分认可。当我称赞他的理念和方法时，他却腼腆地笑了一下，说："这是中师三年行为规范养成带给我的启示和作用，也是新时代校园环境育人功能的体现，是全校师生的必修课。"

谈到这几年的工作，申小光先是摇头苦笑，然后是神采飞扬，他的情绪随着学校的变化而变化，流露出心中对学校的那份挚爱，那份把自己与学校发展密切相连的执着情怀。由于长年在农村学校任教，申小光思考更多的就是农村学生的身心成长和今后的人生道路。"知识改变命运"是他对自己人生的深刻理解，也是他教育教学的根本出发点，他用自己的成长坚守着"万般皆下品，惟有读书高"的信念。"从教30年来，我时常告诉我的学生：农村孩子，最好的出路就是孜孜不倦地学习，知识是改变命运的最强力量。"所以，让农村孩子通过读书改变他们的命运，成为小光教育教学的终极追求，他也为此付出了极大的努力。

2021年11月，我为省级骨干教师培训班上课，正要走进上课地点的大门时，听到有人喊我，一看是申小光。于是，我们再次相遇在课堂。在那次的课堂上，有三位是我教过的中师毕业生，所以，我讲了一句话："一个人的梦想是一点希望，一群人的梦想能够照亮前进的方向。"这句话是讲给在场所有老师听的，更是讲给我的学生听的。因为一想到他们与我是"同一群人"，和我有着同样的教育梦想，我有一种无法言表的满足与愉悦之感。但最让我激动的是那天申小光跟我说的一句话："高老师，每次看到体育比赛中的单杠项目，我就会想起您当年说过的一

句话'你信我,我看好你,你一定行'。虽然过去了30多年,但这句话时刻都萦绕在我的脑海里,激励我不断地进步。"虽然他是我的学生,但"青出于蓝而胜于蓝",30年的乡村教育历练,已经使他成长为一名优秀的教育工作者,他那常年坚守乡村的奉献精神与教育情怀早已远远地超出了我的职业情愫,某种程度上是他们的精神给予了我更多的激励。但当他说出这句话的时候,我仍然由衷地高兴,因为我也信他。

2022年春天,申小光带着他的同事,以及另外一名同学来找我,希望我能为他们的家校合作做一些指导。当他谈到农村家长的文化水平较低、平日忙于赚钱养家无暇顾及自我提升、有的常年在外务工无法参与家庭教育等一系列家校社合作共育方面所遇到的现实问题时,他产生了一些疑虑。我笑着跟他说:"在对待子女的教育问题上,中国的父母永远都是无条件的。你信我,家校社协同育人是新时代教育改革发展的必然选择,也是教育高质量发展的必由之路;我信你,通过家校社协同育人体系的构建,一定会助力乡村孩子的身心健康成长。"

为了能够更好服务地方基础教育发展,也是为了能够支持申小光的工作,我再次选择相信,把他所在的中心校确定为焦作市家教中心的"家校社协同育人实践基地"。从此,我们再次相遇在服务乡村教育的道路上,师生携手一起追逐我们心中的教育梦想,共同照亮乡村孩子前进的方向。

学生感言:

三年的师范生活虽然短暂,但充实而有意义。三年的沁师生活,难忘的事有很多。青春的我们充满了激情,有很多的机遇

第一章 不忘初心:坚守乡村教育

和未来,有很多的纯真和友谊。至今还很怀念上师范的日子,如果再来一次,我还会无怨无悔地选择师范。"落花不是无情物,化作春泥更护花。"沁阳师范学校虽已远去,并融入了历史滚滚洪流之中,但沁师精神、沁师力量却日久弥坚,影响深远!

——申小光

吾爱吾师　但更爱真理

　　我坚信,教育不仅是一门科学,而且是一种艺术,而教育艺术的全部复杂性,是善于感觉到一个人身上那种纯属个性的东西。

——[苏]苏霍姆林斯基

　　"吾爱吾师,吾更爱真理。"我非常喜欢古希腊哲学家亚里士多德的这句名言。这句话被书写在很多学校的教学楼、图书馆等散发着浓墨书香的地方,启迪着人们要敢于追求真理,学做真人。所幸的是,它也被写到了沁阳师范——这所具有悠久办学历史的学校阶梯教室的西墙上,同时也镌刻在每个沁师学子的心里——授业,传道,为师为范。沁阳师范有不少学生把这句话作为自己为人为师的座右铭,并践行于自己的学习、工作与生活中。93(3)班的张习磊就是其中的一位。

　　2013年的春天,一位同事在校园里遇见我,问我:"您有位学生在××学校任教?"我笑着说:"有好多学生,不知您说的哪一位?"原来,这位女老师到实习基地督导学生实习工作,有一次,正当她从一所学校出来准备去下一所学校时,碰见一位骑电动车的男子,对方非常客气地问她:"您是师专的老师吧?是不是要到××学校去看实习生?我正好去那里,可以带您过去。"同事一脸狐疑地看着他,那位男子笑了笑,说:"我以前是师专的学生,现在是××学校的老师。"同事问道:"你是哪一届的学生?"这位男子说:"我是93级的学生,高老师是我的班主任。"得知他是我的学生,同事这才放心地坐上他的电动车顺道而去。在路上,他们聊到了我。说到这里,我问同事:"他叫什么名字?"同事歉意地说:"不好意思,我没有记住。不过他说他很佩服您,认为您当班主任很有'一套'。当时他是班里最'乱'的学生,您让他当纪律委员。"我一下子就明白了:"他叫张习磊。"同事惊诧地问道:"您怎么记得这么清楚?"我十分肯定地说:"因为是张习磊,所以我肯定不会记错。"

1993年,新生入校时,我担任93(9)班的班主任;二年级分班时,我担任93(3)班的班主任。在我担任班主任期间,张习磊是比较特殊的一位。他的中招志愿报的并不是沁阳师范,而是焦作师范体育专业,文化课考得好像还很不错,但专项800米的成绩不理想,几经辗转被补录到沁阳师范。应该说,无论从体格,还是从性格上来讲,张习磊都是学体育的料。但是,因为他也喜欢美术,所以分班时他的第一志愿是美术班,第二志愿才是体育班,不过,最终他还是被我挑进了体育班。"当时也没有失落,因为自己喜欢的东西太多,没有哪一项有特别的优势,所以无论去美术班还是体育班,我都一样喜欢。"张习磊谈到分班时的想法,就像他对待人生的态度一样,非常淡然。他的适应性很强,很快就融入了体育班这个大家庭。从另一个角度讲,对他来说,无论学什么专业,都不难,都能学好。

体育班刚组建时,为了安定人心,也为了了解每个学生的特点,我开始首轮有针对性地谈心,张习磊就是我最先谈话的对

象。我之所以找他谈心，主要有两个原因：一方面，他在班级里看似话不多，但是"事"不少，时不时还搞点"糗事"；另一方面，他有点影响力，身边总是有"围观"的人。可以说，当时找他谈话我是有备而来，直到现在我还清晰地记得当时跟他谈话的情景——我站在走廊上，他的腿像灌了铅一样幽幽地来到我面前，凭直觉我可以断定，他当时心里是有点惶恐的，所以我微笑着向他招手，让他放松下来。快走到我跟前时，他嗫嚅地向我问了声："老师好。"我和蔼地问他："到了（3）班感觉怎么样？"他用低低的声音说："挺好。"我又问："有什么想法没？"我们都知道，初中和师范的学习方法完全是两种模式，学习状态也截然不同，这对于学习自主性和生活自律性都不强的张习磊来说，由于脱离了老师"保姆式"的约束，所以一直没进入状态，每天都是浑浑噩噩、随波逐流，不知如何是好。见我突然这么一问，他便脱口而出："想学点东西。"我好奇地问："想学什么？"他一脸茫然："不知道啊！"我笑着说："没关系，等你想好了告诉我，我一定会帮你的。现在我有几点想法跟你谈谈。"他马上站直，聚精会神地听我说："第一，我想让你担任咱班的纪律委员；第二，你要时时处处严格要求自己，做好表率。"他的脸上先是浮现出一副怀疑人生的表情，然后唯唯诺诺地说："老师，我不行呀，您换个人吧。"我见状便直接说："我说你行你就行，就是你了。"他见我态度如此坚决，就只好接受了。

时隔多年，谈到当年担任纪律委员这件事，张习磊连连说："感谢高老师给我机会，不仅让我管住了自己，也让我锻炼了能力。"我问他当时的真实想法："为什么没有极力反抗，而是接受了？"他眨眨眼睛，狡黠地说："虽然我自己一直觉得'我本善良'，但是，凭我敏锐的判断力，我立马觉察到老师说话的艺术性，虽

第一章 不忘初心：坚守乡村教育

然话语不多，但态度坚定。我一看这'架势'，马上就心明如镜，知道这纪律委员就非我莫属了，也不可能更改！当然，我也知道老师的真实用意，您是让我用班干部的身份约束自己。不过，我当时觉得不妨给自己一个机会，尝试着去挑战一下自我。"人如其言，张习磊确实是个很聪明的人，也是一个很善解人意的人，同时还是一个对自己很有信心的人。所以，在后来的学习与工作中，他都表现得非常好。

我没有看错张习磊，他真的很有号召力；他很自信但是并不盲目，的确有当班干部的资质。他也没有辜负我对他的器重，真的变了个人，不仅严格要求自己，也确实对工作尽心尽力。自从他当了纪律委员，班级变得"安静"了许多，这种"安静"一直持续到毕业。所以，我夸他当年管理有方，班级纪律一直非常好，作为班主任，我非常感谢他的辛苦付出。他却不好意思地笑了，说："我自己明白，我哪有什么'号召力'啊！而且，咱们班哪需要我来管理！我反而觉得大家都是我学习的榜样，是大家的自觉自律让我学会约束自己，让我自己成长了很多。再加上我们班学生会主席、团委的干部、学生会各部部长云集，我这个'弼马温'也就管个迟到、早退、请假、签到等，然后就是管好自己，偶尔再组织大家参加一些集体活动。不过，虽然我做的事情很平凡，但老师的教诲我始终记得：做好表率，吃苦在前。"张习磊真的是把这句话放在了心里，做好自己，"下力气"的事走在前，认真做好每件事。令我感到欣慰的是，他不仅把这句话记在心里，而且慢慢养成了习惯，一直保持至今。所以，无论在任何岗位上，他的责任心都驱使着他尽心尽力、脚踏实地完成自己的工作。这一点是毋庸置疑的。

尤为难得的是，张习磊动作协调性强，不仅体育的跑跳投项

目技能学得好,健美操也跳得很协调,我就把他招到了健美操队,还学习跳舞。张习磊练得非常刻苦,也表现得很出众,因此,他成为学校晚会上跳舞的男"C位",我曾经带他到部队演出。最令他难忘的是,我曾经带他到郑州参加河南省第一届中师生健美操大赛。这不仅是他们第一次到省城参加比赛,也是学校第一次组织学生到省城参加这样的比赛,所以,学校很重视,学生很兴奋。比赛地点在当时的郑州幼儿师范学校(现在的郑州幼儿师范高等专科学校老校区),住宿在离比赛地点不远的金水河畔。用张习磊自己的话来说,那个年代,一个农村娃能走到省城看一看,无疑是井底蛤蟆蹦上了天。对此,张习磊的感慨颇多:"一到郑州,好家伙,天真大,路真宽,楼真高,车真多,我真傻!每次走出宾馆我都'转向',而且每次转的方向都不一样,每每出门都会用一口地道的'地方普通话',外加 si、shi 不分的发音提醒转向的自己和伙伴们:东是西,西是东,左是南,右是北……"当时的参赛服是一件印有比赛 Logo 的白色 T 恤和一条束体的花色健身裤(张习磊称为"大花裤衩"),这是他们第一次穿这样的服装,也是全沁阳城少有人穿过的,所以他们最初还有点忸怩。为了让他们在心理上适应,能够自如地穿上这样"另类"的服装参加比赛,我还专门让他们在学校大礼堂当着前去餐厅(当时的大礼堂也是学生餐厅)吃饭的同学们的面穿了好几次,围观的人数和表情可想而知。

  谈到当时的比赛服装,张习磊调侃地说:"身着赛装,春光无限,羞羞涩涩,移出宾馆,而后昂首阔步迈过金水河,嘿嘿,看着满大街的白T恤和花裤衩。我不由得想起一句'名言'——不管你是什么'长',穿上大花裤衩大家都一样。嘎嘎!"多年后讲到这件事,张习磊非常感慨。这就是可爱的张习磊,他的内心总是有着孩童般的纯真。那次经历确实让他大开眼界，获得了精神上的快速成长。他满含深情地对我说："那一周的时间匆匆而过，却影响了我的一生，那是让我开阔视野、举目观天的第一眼，感谢恩师！"

毕业之际，一向潇洒的张习磊没有"莫愁前路无知己，天下谁人不识君"的豪情，也没有"无为在歧路，儿女共沾巾"的缠绵，有的只是对这段青葱岁月的恋恋不舍。他只是在心里与母校依依作别，便带着三年的积淀，匆匆地踏入了社会。毕业后，张习磊来到了沁河北的一所乡镇小学，主要教语文，也教过体育、英语、数学等课程。由于乡下学校学生人数极不稳定，他基本上就是三五年换一个单位，先在沁河北的学校工作了 20 年，2016 年调到了沁河南的一所乡村小学。听到他的工作经历和所教过的课程时，我调侃了他一句："革命战士是块砖，哪里需要哪里搬。"他笑着摇了摇头，没有说话。令我感到欣慰的是，尽管教学中有得有失，但他依然非常淡然。"吾爱吾师，吾更爱真理。无论成败，自己都安步前行。这种自信不屈的精神也成为我的人生态度，传给我的孩子，我的学子。老师曾给我留言：终有一天你会告诉我，学到了你想学的东西。老师，我学到了，尽管没学到我满意的程度，也没有达到令您满意的程度。"

我和张习磊有很多年未曾见面，但从别人口中，我得知这些年他经历了很多，甚至遇到了不小的挫折。毕业 20 年聚会时，我终于见到了张习磊。车刚到宾馆的路口，还没有下车，我就看见他带领同学们列队站在宾馆的门口等着我。他依然没有忘记自己纪律委员的身份，还在自觉维持着"纪律"，不让同学们大声喧哗。车刚停下，他就跑到车边帮我开门。他边鞠躬边向我问好："高老师好！"一开口，他的声音就哽咽了。不知道为什么，我当

时有一种莫名的冲动,想拥抱他一下,希望能给他一点力量,给他一些安慰。但我不想让当时的场面过于伤感,也不想让他有更为激动的情绪,就让自己先平复了一下心情,然后当着同学们的面拍了拍他的肩膀,故作轻松地说:"过得好吗?有没有想我?"他轻轻地点了点头,深沉地说:"想!非常想!"说着,他的眼眶已经变红。还没有来得及说更多,我就被其他同学围住嘘寒问暖,内心对他的关爱一时被师生相见时的激动与欣喜所淹没。但我知道,他的目光一直没有离开我,他的眼里有一种期盼。我想,他或许是期盼我可以与他有更多的交流,或许是想有一个向我倾诉的机会,或许是想从我这里获得只有老师可以给予学生的那种无条件的爱与信任的力量。

聚会仪式的第一项,是张习磊代表全班同学给我送花。我激动地从他手里接过鲜花,看着他一脸虔诚和真挚的神情,再环视同学们一个个正在激动不已地鼓掌欢呼,那一瞬间,感动、温暖、幸福等等情感从我心底油然而生。我强忍热泪,免得在学生面前失态,也不想给这样的场合增添煽情的气氛,但是,我真的从心底里感到很幸福!同时,我也对张习磊有种莫名的心疼,也为自己没有在他最需要的时候给予他一些安慰和帮助而歉疚。后来才知道,那天是张习磊主动要求代表同学们为我献花,他想把中师三年的收获、这些年的得失,以及想对我说的话,都融入这束鲜花中送给我;同学们也理解张习磊的用意,也知道他在我心中的分量,也理解我对他的牵挂。遗憾的是,那次聚会,我一直被同学们久别重逢的喜悦与热情所裹挟,没有更多单独的机会和他交流,因此,那次聚会后,我心里一直感到有点不安。

之后,我专门给张习磊打了一个电话,我们聊了很长时间,

第一章 不忘初心：坚守乡村教育

聊的内容很多，虽然大都是家长里短，但内容还是围绕着他的工作和生活。从聊天中，我能够感觉到他对生活的无限感慨，更能体会到他对人生的深刻感悟。虽然我用了非常隐晦的话语去表达自己对张习磊的关心与鼓励，但我相信聪明的张习磊一定会听出其中隐含的意蕴，还像当年上学时一样。我不想直白地探寻张习磊曾经经历过什么，也无法预测他将来会遇到什么，但我知道他有一颗"赤子"之心，喜欢用淡然处之的方式去面对生活中的喜怒哀乐；我相信他有一份真挚之情，愿意用理性的心灵掸拂去空气中的尘埃。无论过去还是将来，他都是我心目中的优秀学生，也坚信他能做一名优秀的老师。其实，张习磊已经用他自己的实际行动向我证明，他学到了他想学的东西，并且学得很好，27年来对乡村教育的坚守就是最好的证明。

吾爱吾师，吾更爱真理。这是张习磊的座右铭。我想对他说，人生的道路很长，需要学习的东西很多，如果他以后还有什么想学的，只要能力可及，我还会像当年那样一如既往地关注他的发展，见证他的成长。

学生感言：

刹那芳华，恰是同学少年。三年的中师生活，积淀了我之后的成长之路。没有花香，没有树高，我就是一棵名字叫教书匠的小草。没有荣誉和地位，有的是我对教育工作的热情。27年的一线耕耘让我更切身体会到陶行知先生的理念之真，更深刻地明白教育的根本目的是让天下莘莘学子成为一个个真正的人，以德而行天下，毕生所学才堪大用。每每教书但凡有励志、爱国的切入点，我都会不自觉地充分利用，教孩子要有浩然正气，立

志报国。我知道自己行如蝼蚁,声如游丝,但我不遗余力。吾爱吾师,吾爱吾师之精神,吾更爱自信、励志之真理。陶公的话也一直铭记于心:千教万教教人求真,千学万学学做真人。

——张习磊

第一章 不忘初心:坚守乡村教育

"贫穷"不能限制成长

> 教育没有了情爱,就成了无水的池,任你四方形也罢、圆形也罢,总逃不出一个空虚,班主任广博的爱心就是流淌在班级之池中的水,时刻滋润着学生的心田。
>
> ——夏丏尊

最近有句话很流行:"不要让贫穷限制了你的想象力。"这句话常常被穷人用来自嘲有钱人的世界,他们的生活我们一般人根本难以想象。看似一句玩笑话,其实它有两层意思:其一,假如一个人很穷,可能会对很多当下的人、事、物来不及了解,对不断发展变化的新事物更是无法想象;其二,既然是想象,穷人或许可以通过提升认知、增强内力来提高个人境界,以此获得自己想要的东西,并不一定非要通过积累财富,让资本达到一定程度才能突破想象的极限。第一层意思非常明确地告诉我们,日常吃馒头就很好的孩子根本想象不出满汉全席的味道,因为没有尝过。当人的梦想能够保证温饱时,他很难有更大的梦想,比如去周游世界等。也就是说,贫穷会限制一个人的想象力,会影响他追求梦想的能力。第二层意思恰恰相反,贫穷不是限制想象力的终极因素,我们可以通过提升自己来摆脱周围环境的束缚,从而获得成长的力量,实现自己的梦想。其实,这里的贫穷不仅

指的是一个人的物质贫乏,还指一个人视野有限,资源有限。就拿上学这件事来说,有不少农村的父母是因为"贫穷限制了想象",追求"短视效应",让孩子选择最"实惠"的路径,而放弃追求远大的理想。在当时的中师生中,有许多优秀的孩子是因为家庭贫困,受到父母的"逼迫"而放弃读高中、上大学的机会,上了中师后成为一名乡村教师的。93级的原玉洁就是其中的一位。

原玉洁来自农村一个普通的农民家庭,父母都是老实本分的农民,家里有一个小她四岁的弟弟。像大多数农民一样,原玉洁的父母也是因为"贫穷限制了想象",未能让她如愿上高中,而是让她报考了中师。当时在父母看来,如果能考上师范,不仅原玉洁自己的生活费有了着落,而且一毕业就可以挣工资贴补家用,还能供弟弟上大学,所以,父母极力主张她上中师。就这样,她来到了沁阳师范,与93(3)班结下了深厚的情谊,也与我结下了具有精神血脉的师生缘,当然还与教师这个职业结下了深厚的情缘。

原玉洁比较瘦小,农村女孩子涉世未深的胆怯与青春少女的羞涩在她身上体现得特别明显。尤其初到学校时,她并不起眼,只是一副乖乖女的形象,我甚至从没有听到过她大声说话,即便是看热闹也不会往前挤,仅仅站在一旁静静地看着。"我第一次去县城还是因为参加中招考试,所以,没见过世面,什么也不会的我一下子看到这么多优秀的同学,只好胆怯地站在他们身后,远远地看着老师和同学们,远到老师看不到我。"这是原玉洁谈到刚进师范学习时的切身感受。虽然已经过去了30年,但是从她的语气中,我还是听出了她对自己当时的表现仍有不满,甚至有些自责。其实,对于当时只有十四五岁且来自农村的小女孩来说,出现这样的情况是很普遍的。就我带过的几届中师学生来说,不止原玉洁一个人是这样的,有的比她还要胆怯,甚至会自卑。那时候的学生虽然都是学习上的"拔尖生",但无论是从农村学校的教学资源还是他们自身的家庭条件来说,能够促使他们全面发展、见多识广的环境和物力都不具备。他们除了学习成绩优异以外,其他方面真的少有拿出手的"东西"。而且这些孩子大多是第一次离开父母、远离家乡,到了学校以后,看到那些城里来的孩子接受过一些"素质教育"的训练,多多少少会跳个舞、弹首曲子,便会引起他们的羡慕,所以当时他们那种"举目无亲、孤陋寡闻、胆怯自卑"的心情我是深有感触,也是十分理解的。

谈到分班时的想法,原玉洁羞涩地笑着说:"我从小除了课本,读书少之又少,在写作方面自然不占优势,首先放弃语文班;想到自己数学基础差,音乐、美术又没有天赋,上课就像受罪,绝对不能选;自然班经常做实验,我动手能力差,肯定不会青睐它;听说体育班每天上体育课,不用写作业,正合我意。就这样我便选择了体育班。"可以说,选择体育班,并不是原玉洁在体育方面有特长,更不是她喜欢体育,而是为了减轻学习负担,因此,没有任何体育特长的她,对自己选择体育班并没有遗憾。相反,一向内向的原玉洁谈到分班的想法时不仅滔滔不绝,甚至有点沾沾自喜,好像占了多大便宜似的,时不时露出满意的微笑。

其实,当时像原玉洁这样选择体育班的并不是个别现象,也正是这种心态,让他们中的一些人刚进体育班时有点不适应,甚至有些人还有点失望。"可是进入体育班后,发现班主任高老师虽然是体育老师,但对我们的要求却一点也不放松。记得当时老师再三强调:体育生要有体育生的样子,要有良好的精神面

貌,敢于拼搏,在体育特长上有所突出;体育班要有体育班的特色,班里每一个同学都要和睦相处,亲如兄弟姐妹,体现出团结友爱的良好班风,在各项评比中勇争一流……"不过,与其他人不一样的是,看到这些严格的班规,原玉洁并没有打退堂鼓,而是像找到了家的孩子一样,越来越爱这个团结向上的大家庭,所以她的心态也发生了很大的变化,不再是选班时为了轻松的心态,而是变得积极上进,也渐渐喜欢上了这个班集体。"我庆幸自己选择了体育班,不仅让我学到了健美操,还让我接触到了以前从没听说过的伦巴、恰恰、三步舞、四步舞等等。虽然我学艺不精,但也为我以后的工作和生活带来了方便和乐趣,最重要的是让我改变了自己的心态,并提升了自己的审美能力。"

其实,和许多学生一样,原玉洁总觉得自己相貌平平,才不出众,不会引起老师和同学的关注;在她看来,我平时要求太严格,万一自己哪方面做不好或者说错话会挨批评,所以从来不敢靠近我,甚至有点"怕"我。"虽然我很努力地在改变自己,但我仍平凡得像一颗尘土,难以引起老师的关注。老师的一颦一笑却深深地吸引着我,我不敢靠近她,怕打扰到她,又怕老师不认识我,令我感到尴尬,矛盾的心情使我从来没敢大胆地走到老师面前向她敞开心扉,直到现在我还后悔不已。"原玉洁谈到当年对我的看法以及自己的表现时,不由得长长地叹了一口气。虽然事过多年,但我仍然能感觉到她内心的遗憾。欣慰的是我总算有机会听到学生讲出了自己内心的真实想法。但我也有一些自责,为什么会有那么多的学生说我严厉,认为我不关注他们?其中有我的责任,的确是对学生有些严厉,这一点我必须承认。其实,这么多年来,我对之前的学生是有歉意的,因为我当时太年轻,教育教学的经验不足,尤其是对学生要求过于严格,批评得似乎多了一点。所以每次见到他们,我都要道歉,请他们原谅我当年只会一味地要求他们好好学习,用各种规章制度约束他们的行为,没有给他们更多的自由发展的机会。令我感到欣慰的是,尽管他们的文化课基础比其他班稍差了一些,但我从来没有歧视他们,更不会忽视他们。

同时,我也不能否认,其中也有些是学生自己的主观臆断,认为老师只会喜欢或者关注有"特色"的学生,觉得自己不够"优秀",不够"突出",不会引起老师的关注。好在原玉洁没有一直这样下去,还是欣喜地看到了我对她的关注,那就是一张贺年卡。当班主任期间,每年的元旦,我都会给全班同学每人送一张贺年卡,亲手写上我对他们每个人的"新年寄语",表达老师对他们新年的真诚祝福,体现一种"过年"的仪式感。每张贺卡的内容我写的都不一样,是根据当时每个学生的特点有针对性写的,目的是让他们获得在老师心目中的存在感,从而建立和谐的师生关系。"那年寒假,老师给我们每位同学送了一张贺年卡,从高老师在上面写的鼓励我'忘记生活中的不愉快,勇敢面对生活'等温暖的话语中,我突然感到老师对我像对其他同学一样的熟悉、关心,着实让我感动。"听到这里,我为自己当年的"贺年卡管理办法"感到欣慰。从那以后,原玉洁渐渐变得活泼开朗了很多,不仅能和同学们打成一片,也能积极参与到班级的活动中来了。

"老师、同学和寝室姐妹们的陪伴和关心我至今难忘,让我从一个孤独的小女孩变成了一个活泼开朗的大女生,使我从原来的日夜想家到后来的不想离开学校。毕业前夕,我抵挡不住同学们的劝说,竟然喝了点酒,这对之前的我来说是想都不敢想

的事情,到现在我还有点不知道自己哪来的胆量。酒精过敏的我只喝了一点点就神志不清,只记得自己一遍又一遍地重复着一句话:不想毕业,不想毕业……到现在想起来都觉得自己非常可笑。"在说到毕业之前发生的事情时,原玉洁"忘形"地大笑起来,并不断地自嘲当时的行为,质疑自己当时的胆量。虽然她当年的"得意忘形"大大超出了我的想象,但我却认为那正是她天性的流露、成长的经历、成熟的标志。

中师毕业后,原玉洁回到了自己的家乡——一个偏远的小村庄,回到了自己曾经的母校,从此开始了自己的职业生涯,并一待就是将近 10 年。其间,她曾经教过数学、英语、体育、音乐……样样课程都是拿得起、教得好,受到学校领导、同事和学生的称赞和肯定。后来,由于种种原因,她又辗转了几所学校,都是乡村学校。然而,无论到哪所学校,她都是兢兢业业,努力做一个好老师。用她自己的话来说:"不管走到哪,我都没有忘记自己是沁阳师范的学生,是 93(3)班的学生,是高老师的学生!工作这些年,我既没有给学校丢脸,也没有给班级抹黑,更没有让高老师没面子,踏踏实实在村里教学,安安稳稳做一名教师。"

原玉洁能如是说,我真的很高兴。她中师三年所习得的综合素养在她的工作与生活中得到了很好的体现。在学校她成了学生们尊敬的好老师,在家里她成了左邻右舍羡慕的"别人家"的孩子,父母的脸上也多了几分光彩,她感到无比的自豪。尤其是在她的努力下,所带班级的成绩迅速提升,让她成为学生家长青睐的好老师。

2017 年春天,当原玉洁收到班级聚会的邀请时,一向沉稳低调的她激动得几天睡不着觉。一想到终于可以见到久别的老师和同学们,她辗转反侧,期待着与大家的相见。聚会那天,她在发言时还掉下了激动的泪水。也正是那次聚会,让她完全放下了心中一直对我的那种疏离感,拉近了我们师生之间的关系。阔别20年,我一看到她,就亲切地喊她的名字,她非常惊喜。尤其在我说她比在中师稍微胖了一点时,她激动地告诉我:"高老师,其实我刚生完孩子160多斤,为了让自己瘦下来,我每天坚持跑步,现在90多斤。这是我在体育班收获的自律和毅力带给我的'福利'。"听了她的话,我很是钦佩她的精神和毅力,远远超出了当时她留给我的"柔弱"印象,并号召几位体重超标的同学向她学习。那一刻,我看到她的眼中泛起了亮光,那是一种被赏识、被肯定的幸福愉悦之光。

"毕业20年聚会时,我觉得自己想多了,高老师把我们每一个人的名字都记在心里,从来没有嫌弃我们这些天资不够聪颖的学生。当我们从四面八方又回到老师身边时,我们真切地感受到了作为学生被老师牵挂的那种幸福。那次聚会也让我了却了一桩心事,其实老师一直在关注着我,是我自己想多了。"原玉洁的话,倒让我的心放下了许多。因为她天资足够聪颖,不然她也考不上中师,只是她是个非常内敛、内秀的孩子。虽然她由于家庭贫困"被迫"上了中师,但她并没有为此抱怨和遗憾,而是爱上了沁阳师范,对三年的中师生活无限眷恋。"27年来,我曾经在梦里一次次又回到学校,见到熟悉又陌生的广播楼;回到大餐厅里吃着物美价廉的饭菜,周末晚上和同学嗑着瓜子,看着电影;下课后,教工之家里挤满了人,大家在买各种零食。操场上,高老师教我们跳健美操、交谊舞、恰恰、伦巴。晚上,我们体育班的同学们还在昏暗的灯光下一遍遍地练习着白天课堂学习的健

美操……"原玉洁激动地向我诉说着毕业以后她对学校生活的怀念,以及中师三年所经历的点点滴滴。

2022年2月,我专程到武陟去了一趟,特意通知她和金艳芳。师生见面,嘘寒问暖自然是情理之中,相谈甚欢中,我看到了她们的成长。几年不见,原玉洁俨然更加成熟,早已不是那个胆怯的小姑娘,并且变得十分健谈,笑起来的样子依然甜美可爱,不大的眼睛闪烁着幸福的光亮,尤其是她身上由于常年坚守在乡村学校沉淀而成的淡然与醇厚,让我内心感到无比的欣慰和自豪。

更让我欣喜的是,那天我也见到了她的爱人,非常巧合的是,他的爱人我认识,是沁阳师范94级的毕业生,在学校时是学生会保卫部的干部;尤为值得我敬佩的是,他也是在乡村坚持了20多年的一位小学校长。看到她爱人一脸的纯朴,我拍了拍她的肩膀,笑着说:"你和他在一起过日子,我很放心。"转而对她的爱人说:"尽管我很放心,但我还是希望你们相互支持,共同成长,在某种程度上,你要更爱她一分。"他爱人连连点头,憨厚地笑着说:"放心吧,高老师,我一定会的。"

其间,他爱人接到一个电话,要提前离开,原因是学校申请了一个项目,可以获得3万元的资助,资助人要来看看学校的实际情况。看到他一脸激动和急切离开的神情,我反倒有点心酸。3万元,这对于我们好多普通家庭来说,都不是什么巨额的资金,但对于一所农村学校来说,却是如此的弥足珍贵,足以让校长兴奋到这样的程度,可见农村学校办学经费窘迫的状况,教育资源缺乏的程度。

原玉洁看出了我的心事,淡淡地笑了笑,说:"高老师,现在农村学校的条件好多了,虽然与城市相比还有一定的差距,但只要我们努力,会越来越好的。"她的一番话,让我释然了很多,因为她的内心没有受"贫穷"的限制,而且对未来充满了希望。

其实,从很多人的成长经历和心路历程来看,贫穷并不是限制人想象的终极因素。正如原玉洁所言,无论是家庭的贫穷,还是她自己当时精神的匮乏,都没有限制和影响她的成长。经过三年中师的学习与多年教学的历练,她不再胆怯与自卑,爱上了教师这个职业;通过不断提升自己,她成长为一名优秀的"全科"教师。但我想对像原玉洁这样的学生说,因为你们曾经有过担心自己没被老师关注而不敢靠近的心情,并带给你们自卑,所以在你们的教育教学过程中,更要多关注学生。哪怕是一个眼神,一个微笑,一个点头,一声轻轻的问候,一句励志的鼓励,一个温暖的拥抱,都会让学生获得成长的巨大力量。不要因为我们的忽视而限制了学生的成长。

学生感言:

沁师生活是我人生中宝贵的财富,也是沁师成就了还算不上优秀的我。蓦然回首,一切尽在灯火阑珊处。27年来,我虽然在工作中不是最优秀的,但没被挫折吓倒过,没被胜利冲昏过头脑。是体育精神影响了我,是勇于拼搏、敢于争先的信念时刻指引着我,使我遇到困难也不会气馁,不会放弃。这辈子最骄傲的事就是遇上了93(3)班的每一个同学,遇上了可亲可敬的老师们,遇上了教师这个职业!期待着与你们再次相逢!

——原玉洁

青春逐梦的"绚丽之花"

> 梦想是生命的灵魂,是心灵的灯塔,是引导人走向成功的信仰。有了崇高的梦想,只要矢志不渝地追求,梦想就会成为现实,奋斗就会变成壮举,生命就会创造奇迹。
>
> ——[美]罗伯·舒乐

或许是当老师的原因,我比较喜欢谈理想、谈梦想。一个人只要心中有梦想,脚下就会生发出前进的蓬勃力量,同时还会在成长过程中具有别样的行动意志,从而促进自己梦想的实现,使自己的人生也因此而变得富有诗意和绚丽多彩。至于一个人如何为实现梦想而披荆斩棘,如何在风雨中保持定力,则取决于自己的行动力。说实在的,在20世纪八九十年代,青年人对理想追求的境界要比现在的人纯朴一些,所以对当时的中师生来讲,他们把青春与梦想紧紧地联系在了一起。

一提到梦想,我就想到了张丽花,她报考中师的梦想源自她的家庭。由于她的三个姑姑都是教师,在这种家庭环境里耳濡目染,她从小就把当老师作为自己的梦想,所以在中招填写志愿时,她毫不犹豫地报考了沁阳师范——以当时的学制来看,这是她实现梦想的捷径。这个梦想,不仅为她中师三年的学习与生活奠定了坚实的心理基础,也为她日后的专业成长提供了强大的精神力量。当然,上中师不需要花钱、学校会发放生活补贴、可以减轻家庭负担、毕业后直接分配工作等优惠条件,对她来说,也是一条比较实用的生存与发展之路。

从小学到初中,张丽花一直学习很好,还有很强的管理能力,所以总是担任班长。可以说,她一直是老师眼中的宠儿,同学心中的偶像,从某种意义上来说,她有一种优越感。但上了中师后,她没在班级中担任任何职务,也不再受"宠"。尤其是上中师的第一年,她不仅在班上表现平平,就连她一直引以为豪的写作能力也没有表现出来,她的作文不再是全班同学的范文,这让她在心理上产生了很大落差,甚至产生了自卑情绪。

在中师一年级时,张丽花是93(5)班的学生。在开学的迎新篮球赛上,因为在球场上的突出表现她给我留下了深刻的印象。二年级分班时,爱好体育和文学的张丽花,第一志愿选择了语文班,结果却被分到了体育班。在分班前,我让各班班主任把有体育特长的学生名单给了学生处,而后由我挑选体育成绩优秀的学生进入体育班,张丽花就是被挑中的学生之一。"因为听说高老师特别严厉,所以我心里有点害怕高老师,不敢去体育班。后来开学了,我到体育班去报到,全班50多名同学,我找不到一个原先(5)班的熟悉面孔,一下子就蒙了,失望、失落、伤心、孤独、无助……各种滋味一起涌上心头。面对这样的情况,我的第一个念头就是:'我要换班!'"

张丽花之所以这样想,是因为当时分班时学校有规定,给同学们三天的考虑时间,如果在新班级不适应可以申请调换班级。但为了稳定"军心",让同学们能够留下来,我在新班级组成后的第一次师生见面会上,给同学们做了一番思想工作。"高老师说

了这样一句话:'能来这个班的同学都是经过我精心挑选的,请大家既来之则安之。'这句话至今让我记忆犹新。我静下来仔细想了想,既然体育班是学校从各班挑选出的体育成绩优秀的同学组成的,那说明我就是这些优秀同学中的一个。人总是需要被赏识、被认可与被鼓励的。就这样,经过一番思想斗争,我就留了下来。"张丽花说到分班时的想法,并没有抱怨,而是非常坦然,并且能够从积极的一面去考虑,这对于一个当时只有16岁,仍处于青春期的女孩子来说,是非常难能可贵的。由此可以看出,她具有积极良好的心理品质,是个很有品行和修养的人,也是一个很豁达、适应性很强的人。

与张丽花聊天时,她谈到了上学时老师对她的影响,或影响了她的兴趣爱好,或改变了她的思想观念,或坚定了她的理想信念。用她的话来说:"对那时的我们来说,老师们就像轮回的日月,也像满天的星辰,出现在我们学生时代的不同空域,不遗余力地照亮我们前进道路上的每一个角落。"说到中师时的任课教师,张丽花对每个人都是满怀感激。这就是她的积极品质,她总能抓住事物中美好而积极的一面,所以,从没有听到过她对老师的"吐槽",对同学和生活的抱怨,无论什么时候都是积极向上,满满的正能量。

张丽花做事认真的态度表现在方方面面,即便是朗读课文这样的日常小事,她都非常用心投入,每次都读得有声有色。这样的学习态度,不仅提高了她的学习成绩,也培养了她对朗诵、主持的兴趣,养成了一个很好的读书习惯。"在一次普通话测试课上,我选的朗读题目是戴望舒的《雨巷》,我读完之后,我们的口语老师高兴地评价说:'小姑娘读得真好!语气、语速把握得

第一章 不忘初心：坚守乡村教育

很恰当,感情很到位。'我从口语老师的眼神和表情中能看出,老师对我的朗读很满意。"谈到当年的这些事情,她仍然历历在目,绘声绘色地讲述着自己的深切感受。直到现在,她依然喜欢朗诵、主持,并经常参加这类活动,享受着这份兴趣特长带来的幸福感。

张丽花虽然做事认真,功课也好,但是作为一名体育班的学生,她参加运动会的积极性却并不高。1996年春季运动会,体育委员给她报的项目是女子800米、100米,但她当时有点想"偷懒",不想参加运动会。后来,体育组的徐老师知道了这一情况后,把她叫到了操场上,跟她谈心,动员她要积极参加,并语重心长地对她说:"今年你们就要毕业了,这是最后一次参加运动会的机会,况且你有实力取得好成绩,不要有任何思想包袱,轻装上阵就好。不要让自己后悔,不要带着遗憾毕业。"她有点难为情地说:"老师,参加运动会实在是太累,跑完后嗓子冒烟,真难受,我不想参赛,只想休息。"徐老师说:"这样吧,下周体育测试,如果800米测试你不能得100分,我就同意你不参赛。"在体育测试时,本性不服输的张丽花还是在800米测试中跑出了100分的成绩,所以她只能履行诺言,如期参加运动会,并在春季运动会上获得了全校女子800米的冠军。"徐老师当时还开玩笑地嗔怪我:'白送给你的冠军都不想要!'毕业之际,徐老师在我的毕业留念册上写下了这样一句话:金子埋在沙土里是不会放光的。"对于这件事,张丽花铭记于心,并把"金子埋在沙土里是不会放光的"作为之后激励自己成长的座右铭。

张丽花天生就是个当老师的料,对于教法课很感兴趣,也得到了任课老师的认可。在二年级的教法课上,老师让学生写一

篇教案,这是他们第一次写教案,她就把当时和洪莫老师讲的《荷塘月色》进行了整理,完成了一篇教案。后来,和老师当着全班同学的面表扬了她,说这是全班最用心的一篇作业。因为她的语文好,经常得到当时承担文选与写作课的和洪莫老师的表扬和鼓励。"我在参加春运会时,和老师在操场跟我谈心,他对我说了很多很多,我记忆最深的一句话就是:'小姑娘,你很优秀,很有上进心,参加工作以后再经过不断学习,你一定会成为一名优秀的教师。'这句话对我影响很大,当时我就暗暗下定决心,一定要当个好老师。"

我们也谈到了当时的新年贺卡。"高老师在新年贺卡上给我写过一段话:'你是一个做事认真、有责任心的人,你要做好自己的本职工作。'高老师的话,让我看到了自己的优点,提升了我的自信心。"张丽花和其他同学一样,提到当年的贺年卡,依然十分激动。当时给学生们写贺年卡,一来是为了送给他们一个新年祝福,二来也是为了鼓励这些孩子,当时真的没有想过他们会一直记着,更没有想到会对他们产生如此深远的影响。于我而言,这件事我虽然还有印象,但具体到给每个同学写了什么内容,我确实想不起来了。不过我得承认,当她谈到贺年卡时,我还是颇有些成就感的,也感谢她还能记得上面的寄语,让我感到自己曾经用这种方式如此深刻地影响了我的学生。诚如张丽花所言,她的确由此受到了启发,后来在班级的各项活动中尽量发挥自己的特长,比如:在运动会期间,她积极为班级写通讯稿;学校举行演讲比赛时,她主动为选手写演讲稿;等等。在我看来,张丽花并不是光环耀眼的"班星",可她是有着暖光的人,虽然看起来并不耀眼,却让人感到很亲切,也很温暖。

第一章 不忘初心：坚守乡村教育

在我的印象中，中师时的张丽花是一个天真纯洁、诚恳真挚的小女孩。我在担任班主任期间，每周三下午，都会给班里的女生举办讲座，包括礼仪教育、人际交往、心理健康教育等方面的内容。当然，面对这些正值青春期的小女生，我也会讲一些关于爱情、友情的话题，目的是要帮助他们树立正确的恋爱观、交友观。在一次讲座中，我提醒那些青春萌动的女孩子，要处理好友谊与爱情的关系，注意保护好自己，不可轻易"谈情说爱"。我还宽慰他们，师范学校男女生比例悬殊，不要看到一条小溪就以为见到了大海，不要看到一棵树木就以为这是整片森林。言外之意就是，不要轻易谈恋爱，外边的世界大着呢！"这是在潜移默化地帮我们树立正确的爱情观，多么有智慧的高老师呀！"当张丽花说到这件事时，我真的有点汗颜，因为那不是智慧，那只是我当时想阻止学生谈恋爱的方法和策略。如果现在当班主任，我可能就不会天天想着怎么能阻止学生谈恋爱，而是会教他们如何正确对待自己的感情，如何正确处理爱情与学习之间的关系，如何正确对待爱情与友情之间的区别，等等。但无论如何，让学生树立正确的恋爱观还是必要的。

在当时组织的一次辩论会上，我拟定的辩论话题是"男女同学之间是否存在真正的友谊？"张丽花作为正方第四辩手，现身说法地给大家举了一个真实案例，来证明男女同学之间存在着真正的友谊：在一次体育课上，她在练习跳鞍马时不小心扭伤了手腕，李景慧同学带着她去医务室看病，为此她一直感激李景慧同学，并与他成了好朋友。除了这件事，她还举了其他几个例子来证明自己的观点。张丽花在回忆起这段往事时，觉得自己那时候真是有点"幼稚好笑"，但是我印象中她为自己的观点认真

辩护的样子却十分专注可爱！在那个时代,那个年龄,谈及这样的话题,持有这样的观点,是再正常不过的事情了。她大方而清晰地表达了自己对这件事情的看法,不仅表现出她的坦诚和率真、纯朴和厚道,而且展现出她事事认真的风格和品质。

张丽花不但体育好、学习好,而且个人修养也很好。她既没有太多的闲言碎语,也从不与人斤斤计较,还乐于帮助他人。当时,梁小艳800米测试总是不及格,所以,她对跑800米产生了恐惧感,每次到800米测试她就害怕。在毕业体能测试时,梁小燕和张丽花分到了一组,还没上跑道,她就跟张丽花说,她害怕测试通不过。张丽花紧紧拉着她的手,不停地鼓励她,说:"没事儿,我带你跑,你只要跟着我跑就行,只要坚持下来,一定能及格。"为了带动梁小艳,她稍微放慢了一点速度,为梁小艳领跑,还一边跑,一边回头给梁小艳鼓励加油。就这样,梁小艳的800米在测试时成绩上升到良好。测试结束后,梁小艳激动地跳了起来,拉着张丽花的手连声说谢谢,张丽花并没有为自己未能跑出最好的成绩而感到遗憾,而是与梁小艳一起欢呼、庆祝。

在当时,不仅是老师,几乎所有的同学也都相信,她一定会成为一名好老师。"在我的毕业纪念册上,同学们也纷纷为我写下'愿你成为一名优秀的教师,愿你桃李满天下'等留言。在同学和老师的鼓励之下,我一步步地朝着优秀努力,让自己不断成长。"回忆起中师的学习与生活,张丽花感慨万千,尤其是对同学们的寄语,她一直难以忘怀,并把它带到了自己的工作中,成为自己专业成长的不竭动力。

毕业后,带着老师的嘱托和同学们的祝福,张丽花来到了一所农村小学,正式成为一名人民教师。从教第一年,她担任四年

第一章 不忘初心：坚守乡村教育

级数学课程，在她的努力下，班级成绩大幅提升，她所带班级中有6名学生在学校举办的数学竞赛中进入前10名。由于教学成绩优秀，一个学期之后，她被调到另一所学校任教。临走之前，她给全班同学写了一封离别信，班主任老师在班上给同学们念了她的信，孩子们都哭了，并给她写了一封回信。学生在回信中说："老师，我给您准备了好吃的，等您回来给我们上课呢，结果等了一天又一天，这些食物在冰箱里都放坏了；老师，咱们说好的一起去放风筝的……"初为人师的张丽花读着学生们的来信，泪流满面，带着学生的这份真挚情感，开始了她新的教育教学工作，在乡村小学一待就是25年。2021年，县教育局通知取缔10人以下的小学，由于她所在的学校生源越来越少，也被列入取缔范围，于是，她被调到县城的一所小学。但是，在我和张丽花聊天时，她并没有回县城的欣喜，而是告诉我特别怀念在乡村的那些日子，也很想再回到乡村学校，那里有她很多牵挂的东西，我把它称为"教育的乡愁"。

参加工作27年来，张丽花曾经教过语文、数学、英语、体育、音乐等多门课程，主讲的《五彩池》《什么比猎豹的速度更快》等小学语文课获得优质课；制作的课件《九寨沟》获省级优秀课件奖；主持的科研课题《在班级管理中采取激励性措施方法研究》获省市级奖励……可以说，小学教师的全科素质在她身上体现得淋漓尽致。由于她教学成绩优秀，曾经获得省级骨干教师、县杰出青年等荣誉称号，默默地用课堂教学回报了中师三年的教育洗礼，传承了百年中师的文化精神。心中有梦想，眼里有光芒，脚下有力量。张丽花怀揣着自己的教育梦想走上了教师的职业之路。她没有辜负自己的梦想，没有辜负自己三年中师所

付出的努力,没有辜负老师对她的期望,没有辜负同学们留言册上的期待,成长为一名优秀的人民教师,使自己的梦想之花在乡村教育这片沃土上得以绚丽绽放。

学生感言:

参加工作27年了,我和我的学生始终保持着联系。每逢节假日,我总能收到学生和学生家长发来的祝福短信,有些在外地求学的学生,放假时会到学校找我聊天,让我感到无比的欣慰与自豪。母校难忘,难忘母校!三年中师生活,我收获的不仅有知识,还有许多为人处世的道理,让我学会了珍惜,懂得进取,"学为人师,行为世范",我至今铭记在心;师恩难忘,难忘师恩,恩师的教诲永远铭记在心,它像一盏明灯,永远指引着我前进的方向!梦想成真,成真梦想!在今后的日子里,我会一如既往地努力,赓续我拼搏的力量!

——张丽花

第一章 不忘初心：坚守乡村教育

劳动委员的别样成长

劳动是具有神奇力量的民间教育学，给我们开辟了教育智慧的新源泉，它是书本教育理论所不知道的。我们深信，只有经过汗水，有老茧和有疲乏的劳动，人的心灵才会变得敏感、温柔。通过劳动，人才具有用心灵去认识周围世界的能力。

——［苏］苏霍姆林斯基

劳动教育是学生德智体美劳全面发展的主要内容之一，其目的是使学生树立正确的劳动观点和劳动态度，热爱劳动和劳动人民，崇尚劳动精神和劳动品质，养成劳动习惯，它直接决定着学生的劳动精神面貌、劳动价值取向和劳动技能水平。在学校教育过程中，班级劳动是劳动教育的主要方式，劳动委员是班委的重要成员之一，其主要任务就是督促检查学生的班级劳动，包括督促同学保持教室整洁，养成整洁卫生的良好习惯；安排每天的值日生和督促、检查每周一次的班级大扫除；组织同学搞好卫生包干区的打扫和其他公益劳动，负责劳动工具的借还；负责保管教室的清洁工具，并固定放置在适当的地方；等等。所以，劳动委员是很辛苦的一份差事，只有具有吃苦耐劳和乐于奉献精神品质的人才能胜任。王小俊就是一位很称职的劳动委员，也因为担任劳动委员使她获得了锻炼，并影响了她以后的专业

品质。

王小俊也是因为想当老师而报考的中师,所以她对中师的学习与生活适应很快。记得刚去报名的时候,我问她会不会说普通话,她信誓旦旦地保证:"会!"其实,从她一口浓重地道的怀川腔调夹杂着我们家乡方言的普通话中,我听出了她的普通话水平并没有她神态里所流露的那么高,但她的确很勇敢,在当时新生中少有人讲普通话的情况下,她讲的确实是"普通话"的字音。我问她有没有担任过学生干部,她又非常坚定地告诉我,自己一直担任班干部。无论她是否当过学生干部,当听到她回答问题时的语气,看到她回答问题时的神态,我就知道她应该是个很踏实、上进的孩子,也是一个干脆利落、有魄力的"女汉子"。因此,在选班干部时,我任命她为班上的劳动委员。

中师非常重视劳动教育。当时的沁阳师范,除了开设劳动技能选修课,每天早读后便是打扫卫生时间,每个班都划分有劳动区域,所以当时的班级劳动委员和学生会的劳卫部干部,都是很辛苦的差事。每天早上的大扫除,学生处劳卫部负责检查各班卫生区,并进行打分,其结果会作为学期末班级评比的重要依据。同时,大扫除也是对学生进行劳动教育的一种方式,班级每天的得分情况也是本班学生劳动教育积分的重要组成部分。为此,每次大扫除时同学们都很尽力,洒水、扫地、倒垃圾,整个过程有条不紊,合作得非常好。在这个过程中,劳动委员是最辛苦的,需要从头到尾进行监督,还要看看哪些没有做到位,并及时指出;有时候要随手捡起散落的碎纸片,甚至会拿着笤帚清扫角落里的灰尘,情急之下也会拿着簸箕帮忙倒垃圾;即使同学们打扫完都去吃饭了,劳动委员还不能走,需要等劳卫部的学生干部

第一章 不忘初心：坚守乡村教育

检查完、打过分、签好字以后才能走。检查需要有先后顺序，有时候排在后面的班级等检查完就快到上课时间了，所以，作为劳动委员，赶不上吃早饭或者随便吃个馒头对付一下也是一件很正常的事情，甚至有时候等检查完该上课了，连馒头也吃不上。可以说，王小俊就是这样早饭有一顿没一顿地在中师当了三年的劳动委员，但是，她不但没有抱怨，反而把它作为自己三年中师生活中非常有意义的一件事情。"正是当了劳动委员，才让我锻炼了自己的组织和协调能力，培养了自己吃苦耐劳的精神品质和乐于助人的奉献精神，学会了团结友爱、和谐相处的为人处世方式。"其实，王小俊本身就具有这些品质，尤其是她吃苦耐劳的精神，我们都是有目共睹的，因此，她担任劳动委员是再合适不过了。

作为劳动委员，王小俊对班级还有一个很大的贡献，就是带领同学们把我们的教室布置得非常温馨，很有文化气息。虽然我们班的教室只是一间普通的教室，并且在二楼最西端，看起来是一个不起眼的角落，并不会引起大家的关注，但王小俊带领班里的同学，把它装扮得温馨如家。我还记得教室的玻璃窗上总是贴着美丽的窗花，那是班里心灵手巧的女生们用吹塑纸剪下一些好看的图案贴上去的，五颜六色，煞是好看。在93(3)班，每过一段时间，教室就会变换一种风格，更换一些色彩，经常令人耳目一新，也让教室充满了生机。"我最喜欢看同学们剪窗花时专注的样子，嘴里不住地认真谈论，手中却在释放着自己的想象，让美丽的构思变成一个个灵动的图案，那种感觉真的很美好，也令人终生难忘。"谈到当时的教室环境，王小俊一脸的自豪，朴实的脸庞上露出了得意的神情。

谈到当年分班时的选择,王小俊坦诚地说,她是自愿到体育班的。说实在的,王小俊在体育方面并没有十分突出的特长,她能自愿选择体育班让我感到很好奇。我曾经问过她为何选择到体育班,她非常认真地跟我讲了三个方面的理由:"一是我在(9)班时您是我们的班主任,其他的老师我又不熟悉,所以就不想去其他班;二是我们宿舍有4个姐妹去了体育班,我也动心了;三是刚入学时,由于那年学生招得多,宿舍楼没有床位,让我们住在教工宿舍101,您的住室在106,我们在一个楼道,你经常去我们宿舍与我们聊天,还给我们送吃的,感觉特别亲近,所以我们才在分班时去了体育班。"说实在的,最后一个理由有点出乎我的预料,怪不得姚静曾说过她非常羡慕王小俊的宿舍,老师会经常去,还可以吃到老师带的零食,原来如此。

在我们的聊天中,王小俊提到了关于学生谈恋爱的事情,尤其对我不让他们谈恋爱这件事有看法。说到这件事,我印象比较深刻。当时学校有明确的规定,并且大会小会多次强调,禁止学生谈恋爱,一旦发现有谈恋爱的苗头,就要谈心谈话,用当时的话来讲,就是要把它"遏制"在萌芽状态。如果发现有"亲昵"行为,那是要受处分的。我之所以曾在多个场合要求学生不要谈恋爱,也是出于多方面的考虑。从学生管理的角度,我是班主任,服从学校的管理规定是义不容辞的,尤其是我在学生处工作时,贯彻学校的相关规定更是职责所在;从个人的专业成长来讲,当时的我已深切感受到,毕业参加工作后再想寻找大把的时间静心读书有多么困难,所以特别想让学生能够珍惜当时学习的大好时光,利用学校良好的学习环境和丰富的学习资源,多读书学习,为以后的专业发展打好基础。从当时的生源结构来讲,中师生男女比例悬殊,女生占到了七成以上。可以说,学校并没有多少男生,能够供女生"选择"的范围非常有限。

其实,那时他们正值青春期,由于生理和心理的发展而产生的与异性接触的欲望与行为是正常的身心需求,所以有不少人偷偷在谈恋爱。但不能否认,也有一部分人因沉醉于谈恋爱而影响了学习,耽误了功课。人生中每个阶段都有其特殊的任务,最美的青春不在于在校园里谈几场轰轰烈烈的恋爱,而在于保持和发展健康的身心。从另一个角度而言,有多少爱可以重来,而中师三年的时光与校园生活不会重来,所以,我真心希望同学们能够珍惜这三年时光,为自己今后走向社会打好基础,不希望他们因谈了几场"荒唐"的恋爱而荒废了学业,伤害了感情,影响了心灵。

"在如何对待恋爱问题上,老师讲的话中,我记得最清楚的一段话,也是现在我对学生进行青春期教育时经常说的话。大概意思是:我们不能在该学习的时候去谈恋爱,因为我们的圈子太小了,你可能在我们班看有些同学比较优秀,但是你把他放到整个年级10个班去看,也许他就没那么优秀了;倘若再把他放到整个学校去看看,也许他就很一般了;如果把他放到更大的地方,或许他真的就更不起眼了;如果你很优秀了,那么到了你谈婚论嫁的时候肯定会遇到更好的、更适合你的人。当时我们有很多人不太理解,等我走上了工作岗位才明白了老师当年的良苦用心。"我不知道王小俊为什么会对这件事记忆犹新,甚至感慨万千,是不是我的话戳中了她当年的痛点,还是她有过亲身的经历和体会。我曾经带着自己的疑惑问过她,但她却笑着矢口否认,而把话题转移到她的学生身上。

"我一直担任小学毕业班的班主任,虽然学生只有十二三岁,但受各种网络媒体和周围环境的影响,现在的孩子成熟得比较早,小学已俨然到了情窦初开的阶段,甚至有的孩子有早恋倾向。此时特别需要老师的正确引导,这样孩子们才能把更多的精力投入到学习上,才能正确处理自己的情感问题。所以,我现在特别理解高老师当年为什么一直引导我们,不让我们谈恋爱。"我不知道王小俊是在安慰我,还是真的认可我的观点,但我感觉她上学时不一定是这样想的。

就当时的情况而言,在学生谈恋爱这件事情上,老师和学生是持不同意见的。从学生的角度来讲,一个年龄段有一个年龄段的情感认知,一个时期有一个时期的情感表达方式,青春萌动的他们追求爱情,向往美好,都是无可置疑的。但从老师的角度来讲,一个年龄段有一个年龄段的事情,不能在动脑子的年龄选择动感情,否则会受伤害的。所以,老师和学生都没有错,只是站在了不同的位置。就我自己的认知来讲,当年不支持他们谈恋爱,再回到30年前,一样不支持,但我会换一种观念去正确看待这件事情,也会换一种方式去引导他们如何正确处理情感问题。

谈到中师三年的生活,王小俊告诉我,她最难忘的就是我送她的贺年卡。听学生再次提到贺年卡,我不禁为自己当年的管理艺术暗自欣喜,于我而言,管理班级需要方法,但最好的方法就是让他们有存在感,用这种充满温度的特有方式来表达自己的心情,也想把它作为当时班级管理的一张标志性名片。于学生而言,他们可能会收到很多贺年卡,但老师送的贺年卡,会让他们知道自己在老师心中的位置,会让他们感到开心。

"在我的记忆中,贺年卡、明信片都是学生赠送给老师,表达学生对老师的敬重和祝福,或者同学之间相互赠送,表达与同学的友谊,但老师送学生贺年卡,这是我见过的第一次,所以我觉得特别有意义。在我的贺年卡上,除了新年祝福外,还多了一句'注意多训练',我知道这句话的针对性,因为您是体育老师,而我的体育成绩不是太好,老师是把对我的要求写在贺年卡里了。同学们当时收到贺卡后,相互传阅,别提心里有多高兴了。因为这是我第一次收到老师的祝福,所以特别珍惜,到现在我都一直收藏着,并且成为我毕业后教育管理学生的'秘籍'。所教的前几届学生,我也学着高老师的做法每年给自己的学生送贺年卡,学生对我非常喜欢。"王小俊在谈起当年贺年卡这件事时,依然十分激动。

说实在的,谈起当年送贺年卡这件事的不止王小俊一人,但我听到的能把它作为最难忘的经历并在工作中效仿的只有她。在当时我真的没有想到,这件事对他们的影响会有这么大,也没有想到这种影响能够持续这么久,更没有想到她会这样一直保存着那些贺卡,并把这种影响力传递给她的学生。

没有任何一种行为是没有原因的。王小俊说这与她对当年的贺卡和老师送贺卡这件事的认同有关。在我看来,她之所以这么想,一方面是因为送贺年卡这件事对她有意义,另一方面是对送贺年卡这种现象的怀念。随着通信技术的发展,我们在跨年之际也会收到来自亲朋好友的祝福,但都是电子的,像这种"纸短情长""见字如面"方式的祝福已经很少见了。其实,在教育学生的过程中,有的问题不便于口头交流,或者口头交流未收

到预期的效果，老师可以通过书面语言表达出来，用书信或写纸条的方式跟学生交谈，这种方式有时比面对面的说教更为有效。因为纸质的文字交流往往伴有一定的感情色彩，更容易进行情感上的沟通，更能引起学生的重视，能使其认真反复体会老师的心意，让教育情理交融、春风化雨，达到动之以情、晓之以理的效果，在教育中有着特殊的作用。

如今，信息发达，生活节奏加快，"鱼雁传书"式的交流早已被即时的通信方式所取代，它所承载的历史与情感的双重记忆正渐行渐远。可是，人们过于直白粗陋的表达难以收到优雅和庄重的效果，那种床头触字、欣闻墨香的美感也不复存在。因此，在智能通信工具日益普及的时代，把纸媒作为人与人间沟通交流的一种载体，仍不失为一种有效的沟通方式。它不仅能提升沟通与教育效果，更能为学生的成长留下一笔宝贵的文化财富。

中师毕业以后，王小俊回到家乡当了一名小学老师，在那里一待就是27年，曾经教过体育和数学等课程。虽然只是一名普通的乡村教师，但在工作中，她依然保持着当年担任劳动委员时质朴与勤劳的本色，对待工作一丝不苟，踏踏实实，任劳任怨，用自己对教育的那份炽热情怀演绎了一代中师生最真实的教育现实和生活境遇，用自己对乡村教育的那份默默坚守阐释了一代中师生的专业成长和心路历程。她曾多次获得市委、市政府和上级教育部门的表彰，曾获市优秀教师、市优秀班主任等荣誉称号，并于2021年顺利晋级小学副高级职称。可以说，27年的乡村教师生涯，她过得无怨无悔，劳动委员的朴实无华与吃苦耐劳精神仍然在她身上延续着，成为她专业成长的典型标志。

学生感言：

短短三年中师生活，凝固了人生中太多美好的回忆！如今的我，毕业已整整 27 年了，很多往事却似乎近在眼前。三年的生活，不管是对是错，是苦是甜，是欢笑还是泪水，是成功还是失败，于我来讲都是人生中一笔宝贵的财富！不求凌云多壮志，唯愿爱心惠人间。我们的青春岁月没有虚度，我们的贡献有人铭记，共和国的史册上将会留下这样一个名字：中师生！

——王小俊

中师教育回响

"青梅竹马"的良缘

  不能把教师对儿童的爱,仅仅设想为用慈祥的、关注的态度对待他们,这种态度当然是需要的,但对学生的爱,首先应当表现在教师毫无保留地贡献出自己的精力、才能和知识,以便在对自己学生的教学和教育上,在他们的精神成长上取得最好的成果。

——［苏］赞科夫

  "百年修得同船渡,千年修得共枕眠",这句话出自《增广贤文》,一般用来形容男女共结连理、相伴一生十分不易,这乃是修了千年的善事才换来的缘分,所以一定要好好珍惜。随着近几年与学生联系的密切,我非常欣喜地看到,有不少中师毕业生成双成对地走进了婚姻的殿堂。他们中有的来自同一所学校,还有的是同班同学,甚至有的竟然是同桌,最后结成了青梅竹马的伴侣。出现这种情况有多种原因:一是他们曾经接受过同样的教育,有着一样的心路历程,在未来专业发展的道路上也算是志同道合的"革命战士",容易找到相同的志趣和话题,也容易产生情感上的共鸣;二是当年的中师毕业生大多数回到了自己家乡的农村中小学当老师,"朋友圈"非常小,交际的范围非常有限,能够接触到的、可以相匹配的"资源"也非常少,所

第一章 不忘初心:坚守乡村教育

以也就只能找与他们身份相同的人"内部消化"了。但无论是哪一种情况,我都对他们表示深深的祝福,尤其是那些同校或者同班同学走到一起的,我更是对他们羡慕不已。尽管我也会在见面时故作一本正经地"责问"他们是不是当年在学校"违规"谈恋爱,但无论他们给予我怎样的回答,我都感到一种幸福,也为他们拥有这份"青梅竹马"的情缘感到庆幸,因为这样的缘分需要更长时间的修炼。

其实,20世纪八九十年代的学生,对于谈恋爱这个话题还是比较敏感的。当年的中师生,因为年龄小,以后要为人师表,所以在学校谈恋爱是不被允许的。尤其是学生干部,更不能谈恋爱,一旦被发现有这方面的迹象,轻者被领导、老师约谈,重者就会影响他的"进步"。所以,那时候但凡有谈恋爱的,也都属于"地下恋情",不敢"明目张胆"。

在担任班主任期间,虽然我严格要求学生要遵守学校的有关规定,不要谈恋爱,但我也知道这种事情是挡不住的,因为对于正值情窦初开的学生来讲,对异性的好奇心与渴望交往的心理需求是没有办法被遏制的。加之孩子们大多数是第一次离开父母独立生活,远在异乡的他们在孤独之时需要有感情寄托和精神依赖也是正常的心理需求,所以他们有一些青春的萌动也在情理之中。作为老师,我应当给予他们最大的理解,还通过各种形式给学生讲应该如何树立正确的恋爱观;作为班主任,虽然我不会无视学校纪律、不顾学校要求,大张旗鼓地提倡学生谈恋爱,但我不能否认自己内心隐隐约约有一种期待,希望他们中有人能在三年的学习与生活中结下深厚的友谊,彼此产生好感,毕业以后可以相恋、相爱,并携手走进婚姻的殿堂,做一对相亲相

爱的伴侣，拥有幸福的人生。但直到毕业，我都没有掌握这方面的准确"信息"。

令我想不到的是，毕业几年后，我的这个心愿真的实现了——93(3)班的酒利星与张艳萍就走到了一起。虽然我没有参加他们的婚礼，而是后来才知道的，但我仍然无法抑制内心的激动，很为他们感到高兴。常言道："不是一家人，不进一家门。"他们俩一看就像一家人，特别般配。我之所以这样想，一方面是因为他们俩天生就有夫妻相，无论从长相还是性格，尤其是身上都有着山里孩子的纯朴。另一方面，他们俩从小一块长大，一块从大山里走出来，从小学到中师都是同学，可谓真正的青梅竹马，堪称佳偶。所以，听闻他们俩走到一起，我特别开心，也特别放心。每次见到他们，不禁令我生发出许多对婚姻的感慨，也会多一份对青梅竹马缘分的羡慕："你们俩是多少年才修来的缘分，一定要好好珍惜。"

正因为这份情缘，所以每次见到他们两口子，我都是满心的欢喜，但是他们俩却都极力地向我解释，以各种事实来证明他们在学校真的没有谈恋爱。我打趣他们说："当年谈不谈不重要，重要的是你们现在走到了一起，所以再多的解释在事实面前都显得苍白无力。其实，老师也想让你们走到一起。"他俩再次辩解上学时只是同学加老乡的关系，是毕业以后才开始谈恋爱的，有时候还会拉着酒利星最好的朋友邓小伟为他们做证。但无论怎样辩解与证明，两人的脸上却总是氤氲着幸福的神色。

也许是因为有这样美好婚姻的滋养，张艳萍毕业后一直过着安定幸福的生活，工作也一帆风顺。她毕业后回到了村里的小学教数学，学校撤并后到另一个村小任教，在乡下待了13年，

第一章 不忘初心：坚守乡村教育

后来调到了城里的一所小学任教,过着相夫教子的安逸生活。2016年见到张艳萍时,她的变化非常大,"女大十八变,越变越好看"的俗语在她身上体现得特别明显。无论从发型、穿着和气质,她都远远超出了我的想象,尤其是她落落大方的仪表、谈笑风生的交流、干净利落的举止等,都让我对她刮目相看。不用多问,我就可以看出她已经成为一名优秀而又典雅的人民教师了。虽然她已经没有了乡村教师的"土味",但是内心的质朴与纯净依然能在她的言谈中流露出来。在她身上,我看到了成长的力量,也看到了幸福的魅力,还有爱情的魔力。我有时候会打趣她,是爱情的滋养才让她出落得如此落落大方。

相较而言,在他们上学期间,我对张艳萍的印象比酒利星要深刻一些。因为她有段时间身体有点虚弱,精神状态不是太好,我自然关注她要多一些。

当年第一眼见到张艳萍时,她给我的印象就是非常胆怯,平时话不多,说话的声音很低,也不敢抬头看我。每次看到学生有这样的表现,我都会鼓励他们,不仅要勇于表达,还要能有条不紊地表达自己的观点。因为老师是靠"讲"来传授知识的,说话的水平和艺术与授课的能力直接相关,与教育教学的效果直接相关,也是个人交往能力的体现。所以,我就多次鼓励张艳萍要多与同学交往,还经常在上课的时候让她发言。我在第一年给她的新年贺卡上写道:"你要相信自己,大胆地展现自己……"多年以后,在谈到当年的贺卡时,张艳萍还是十分动情:"老师的这一张贺卡,一字一句都饱含着对我的殷切期望和鼓励,让我觉得自己一直被老师关注着,心中无比欣喜,老师的话给了我很大的安慰,把我那颗由于自卑而受伤的、气馁的心带进了自信的天空

中,带进了浩瀚的海洋里,就这样激励着我在学习的道路上不断前行。"

张艳萍属于让我比较省心的学生之一,她的中师生活与她的性格特点及说话方式是一样的,非常地平静而淡然。2017年同学聚会时,上学时内向、羞涩、柔弱的她不仅形象上大有变化,而且举止也出乎我的意料,上来就抱住了我,不停地说着感谢的话,让我有点猝不及防。在同学们的发言环节,她动情地给大家讲述了上中师时发生的一件事。"一年级时,我因为经常头疼,备受煎熬,无奈之下去看中医,抓了好多中药,但是,对当时的我来说,熬药是个难题,没有办法,我只能求助于高老师。高老师知道情况后,不但很快给我找来了熬药的砂锅,还把自己的住室、火炉、煤球都让我使用。这对于我来说,真是雪中送炭,老师的关怀,让我感到无限温暖。中药很苦,苦得难以下咽,但因为有了老师的这份关爱,苦药就像加了蜜糖,让我一直记忆犹新,难以忘怀!"

张艳萍的讲述,勾起了我脑海深处沉睡多年的记忆,我在她的提醒下才渐渐想起了这段往事。记得当时中药味道比较大,惹得同幢楼的老师们经常向我提意见。为此,我还专门挨家上门道歉,并说明情况,取得了老师们的理解。对我来说,这样的事情都是老师应该做的,没有什么特殊之处,所以也从来没有放在心上。

"现在想来,当时备受病痛折磨的我,有了老师的关爱,那是怎样的一种幸福啊!可以这样说,沁师三年,我感受到的一切欢乐皆因老师的爱而起。沁师生活的点点滴滴,把我的生活点缀得精彩美丽,也让记忆变得刻骨铭心。这也使得我暗下决心,要像我的老师一样,做一名关爱学生的好老师!"因为这个原因,张艳萍在分班时,尽管没有体育特长,仍然选择了我带的班级。用她的话说:"与其说我是选择班级,不如说我是选择了老师。"其实,就当时分班的情况来看,对于任何一个选择体育班的学生,我都是心怀感激,是他们的选择让体育班组建了起来;感谢他们让这个班成为所谓的"明星班";尤其是那些选择我的同学,我更是感激不尽,因为他们让我获得了一种存在感,这种存在感成为我专业发展的强大动力,也让我的人生多了一份幸福感。

2019年,我不慎扭伤了腰,卧床在家。张艳萍知道后,立马从济源给我寄了两盒艾灸用品。我爱人问谁送的,我自豪地说:"亲学生。"我顺口就把当年的事情大致描述了一遍。我爱人感慨道:"送人玫瑰,手留余香。有学生真好!"我笑了笑,没有接他的话,心里早已被这种师生间互相牵挂的幸福感所填满。

想到张艳萍,必然会想到酒利星,因为他们两个是分不开的,这也是我把他们俩放在一起写的原因所在。

虽然酒利星的母亲当时是民办教师,但他依然是农家子弟,生活在大山里,是个放牛娃。在接到录取通知书时,他刚刚放牛回到家,看到一家人围着他欢呼雀跃,心里更是惊喜万分。于他而言,能够考入沁阳师范,意味着要走出大山,从此不再放牛;也意味着他的命运要改变,会由一个农家子弟变成一个吃"商品粮"的国家公职人员。

"踏入沁师的校门,优美的环境和严谨的校风使我们印象深刻。当时的教学楼、师陶阁、运动场、琴房等成为影响我成长的重要场所;三笔字、普通话、琴法等技能的日常训练为我们以后的工作打下了坚实的基础。现在回想起来感慨有很多,真的,沁

阳师范教会了我们太多太多……"回想起中师的学习与生活,酒利星由衷地发出了无限感慨。

酒利星是几经辗转来到体育班的。一年级时在93(8)班,二年级分班时和邓小伟去了93(4)班(自然班),后来他和邓小伟商量,又一起来到了体育班。正因为此,他们俩成为最好的朋友,上学期间形影不离,毕业后来往频繁。每次见到邓小伟,他都会给我说酒利星两口子的情况,这也是他们两口子为什么每次都拉邓小伟为他们做证的原因。用张艳萍的话来说,在上学期间,与酒利星志同道合、形影不离的是邓小伟,而不是她。

其实,从体育专长来说,酒利星的表现不是特别突出,但是他身上所具有的山里孩子的憨厚纯朴也一样让我从内心生发出一种怜惜。应该说,酒利星与张艳萍一样,属于班上让我比较"省心"的学生。在上学期间,我唯一一次批评他是因为请假的事情,也是他给我留下的最深刻的印象。

有一次,张艳萍因家里有事需请假回家,我在请假条上签字批准了。看到张艳萍的假条,他也突然想回家一趟,但又没有合适的理由请假,就突发奇想,自作聪明地把自己的名字添加到了请假条上,瞒过了我们班的纪律委员,但最终还是被我发现了。看到这种情况,我有点生气,在他返校后,就找他谈话。当时的谈话内容我已经记不清楚了,但酒利星却记忆深刻:"本以为您要劈头盖脸地批评我一通,可您并没有那样,简单的几句话至今我都记忆犹新:'你不应该欺骗老师,做人要诚实,做事要讲诚信,希望你以后都要记住这句话,下不为例。'"谈到这件事时,酒利星依然怀着内疚的心情向我道歉。我笑了笑说:"你那时还是个孩子,孩子犯错是正常的,也是可以被原谅的。再说了,我是

第一章 不忘初心：坚守乡村教育

老师,老师最欣慰的事情就是看到学生知错能改。所以,你也不必再为此道歉啦!"

"真的,这么多年过去了,这件事我清晰地记得,对我的影响很大。我一直把诚实奉为做人做事的根本,不怕犯错误,要知错就改。现在我们有孩子也有自己的工作,无论是教育自己的孩子还是学生,我都会把这种观念带给他们。"

其实,酒利星为人处世的方式比起他憨厚的外表来说要"老练"得多。他为人和气,慷慨大方,博学多才,所以他人缘很好,朋友非常多。"与他交流的过程中,感觉他就像《水浒传》中的'呼保义宋公明',只要同学有困难,他肯定出手相助。这种性格深深地影响了我,也使我在以后的教师生涯中结识了许许多多的良师益友,才有了今天的成就。"这是邓小伟与我聊天时对酒利星的评价。的确如此,酒利星的为人在学校得到了师生的一致好评。所以,在见到张艳萍时,我发自肺腑地对她说:"你找了一个让老师最放心的人,好好珍惜。"

说酒利星博学多才,那是相对于我们班学生而言。他虽然是个放牛娃,但幸运的是他有一位当老师的母亲,所以,他从小受过一些熏陶,素质比较全面,不仅掌握了一些乐理知识,而且也会一些乐器,对口琴、笛子、吉他都能进行简单的演奏。在他的影响下,班里许多同学也学会了这些乐器,还在班级的元旦晚会上进行表演,我们班的许多学生多才多艺也源于此。

中师毕业后,酒利星回到家乡的一所初级中学,教了五年的化学课。说实在的,当时我听了还有点吃惊,因为第一次听到"化学是体育班毕业的老师教的"。当然这也更加印证了当年中师毕业生的"全科性",也是他们"一专多能"的体现。后来,他去

了镇中心校工作,也就是原来的乡镇教育办公室,这一去就是20年。乡镇教育办公室也算是局里分设在各乡镇的教育机构,没有学生,没有升学任务,工作上更多的也只是上传下达,压力相对小一些。这样的工作环境,时间长了,他也就安于现状,但他一直兢兢业业,做好本职工作。"工作生活中我能以身作则,为人做事坚持做到诚实守信。这一点,我任何时候都不会改变。"其实,不需要他说,我相信他是这样的人,上学时是,现在也是,因为一个人骨子里的东西是不会变的。

  2019年,酒利星被调到坡头镇中心幼儿园工作,整个人从工作状态到精神状态,都有了很大的改变。"我突然找到了上学时的那种感觉,整个人的精神状态和工作动力发生很大的变化,一改过去硬套制度、缺乏人情味的管理模式,自我感觉现在的教师队伍整体相对稳定,状态不错。"我认为,他之所以能够在安逸20年后有了新的状态,与他在中师时打下的底色有关,因为有学生、有孩子的地方,才能唤起他内心的教育激情。我也相信他会把这种底色永远地保持下去,用幼儿园的发展和孩子们的健康成长去促进自己的专业发展,提升自己的专业水平,让中师三年的学习与生活在专业成长中得到更好的验证。

  2021年,一次偶然的机会,酒利星和我谈起他们的家庭生活,我由衷地对他说:"你们俩的缘分是前世修来的,有多少人羡慕。好好爱她,幸福一辈子!"如果说,人生若只如初见,是人生最浪漫而可遇不可求的事情,那么他们俩的缘分真的少见。两个人从小一起长大,从小学到中师上的都是同一所学校,从两小无猜到情投意合,从同桌的你到枕边的人。这种缘分始于初见,源于初心,终于白头。所以,我感叹道:"你们是中了人生的大彩票呀。"

在我们聊天的过程中,他非常诚恳地对我说:"艳萍与我讲起当时沁师的学习生活时多次提起您,尤其是每次说到煎药的那段经历她总是动容,借此机会,我也代表她向高老师真诚地说一声——谢谢!"我笑了笑,说:"如果你真要谢我的话,就好好爱艳萍。"我相信酒利星的话是发自肺腑的,但我还是想真诚地表达对他们的祝福:"永远幸福!让这份青梅遇竹马的良缘成为经典和永恒!"我也期待和祝福有更多的人能够拥有这样的校园爱情和幸福婚姻。

学生感言:

一路走来,成功、失败、欢乐、泪水,一应俱全,以前好多事情看不懂也想不明白,转眼也快到了知天命的年纪,原先的种种困惑也不再去纠结,更多的是想去忘记,也许众多的不完美才能算得上真正的人生。感谢生命中美好的遇见,感谢沁阳师范带给我们满满的正能量,我们会积极工作,开心生活,也会把它带给身边更多的人,做一个真正的传道、授业、解惑人!

——酒利星

光阴似箭,日月如梭,三年辛苦却美好的师范生活犹如漏斗中的沙石悄然流逝,千余个日日夜夜寄托着我的梦想。经年教益如清泉,涓涓细流注心田;殷殷师爱胜似母,眷眷情意记心间。老师们的谆谆教导,不仅教会了我专业知识,也教会了我以爱育

爱,使我以一颗赤诚的心走上三尺讲台,以满满的爱书写着我的热血青春!在以后的从教生涯中,我不仅仅要关爱学生,还要把积极乐观的处事态度、勤于锻炼的生活方式传递给学生,培养有爱有才有健康的新时代好少年!

——张艳萍

第一章 不忘初心：坚守乡村教育

四肢发达头脑并不简单

苟欲实践道德，宣力国家，以尽人生之天职，其必自体育始矣。

——蔡元培

随着年龄的增长，我很享受学生成长带给我的愉悦心情和精神力量，从内心来说特别想为他们做点什么。然而，我一直在学校工作，能为他们做的事情很少。近年来，由于职称晋级、职务晋升都需要学历认证，倒是为我带来了完成这一心愿的机会，我可以为他们的学历认证提供证明材料。作为他们曾经的老师，我很乐意为学生服务，也很享受为他们服务时那种被需要的存在感和价值感，所以同学们也都乐意找我帮忙，属于真正的互相需要吧。就这样，一传十，十传百，时间久了，教过没教过，认识不认识的原沁阳师范毕业生，都会找我办理相关手续，甚至还有学生调侃我，要"任命"我为"原沁阳师范驻焦作师专办事处主任"。这个"职务"虽然听起来不是多么"高大上"，但这充分说明我的存在让他们找到了组织，让他们在原有的母校被合并之后仍然能够在这个升了格的学校里有归属感，所以我很开心，也更加乐意做这件事情。每次学生给我打电话找我帮忙，我都是帮他们把手续办好，然后把材料的电子版发过去，有需要原件的，

就快递给他们。当学生感动得连说谢谢的时候，我都会笑着说："不用谢，这是老师应该做的。一日为师，终身负责，为学生的成长提供服务是我最大的快乐，感谢你们给了我能够为你们的成长提供服务的机会。"这话绝不是调侃，也不是冠冕堂皇的说辞，而是我的肺腑之言。从另一个角度讲，我为学生服务，学生获得成长，获得被老师重视的价值存在感，同时也让我回忆起和他们相处时的一些往事，带给我幸福感，"一箭双雕"，何乐而不为呢？

其中，崔亚芹的学历认证过程比较"折腾"。2021年7月，我接到崔亚芹的求助电话，需要学历认证的相关证明材料，我马上说："没问题。"到了11月份，她又给我打电话，着急地说："高老师，材料有点问题，学校要求出具相关证明，还要求证明人签字。"我马上给她回话："放心，我就是你的证明人。"她感慨地说："一直都有老师做后盾，真好！"崔亚芹说我一直是她的"后盾"，这让我心里一震，这是何等有分量的词语。能够做学生的"后盾"，一方面感到何其荣幸，另一方面深感责任重大，所以，我深深地告诫自己，只有一如既往地竭尽全力为学生的成长做好服务，才能配得上"后盾"这个充满力量与责任、温暖与信赖的词语。当然，她的话也使我不由自主地想起了她在中师学习的那些日子。

应该说，在93(3)班的女生中，崔亚芹是属于比较热爱体育的，所以分班选专业时，她便毫不犹豫地选择了体育班。刚进班时，曾经有位与她一起考上师范的初中同学劝她说："体育班就是跑跑、玩玩，能有什么出息？还常被人们认为'四肢发达头脑简单'。"她当时就反驳说："体育班为什么没有出息？是金子在哪儿都会发光！"

第一章 不忘初心：坚守乡村教育

其实，每次谈到体育班的学生，不只是崔亚芹的同学有这样的观念，很多人都会有这样的看法——头脑简单四肢发达。可以说，这是人们对经常参加体育运动的人或专业运动员的一种偏见。无论是从体育专业的学习经历，还是从教育学专业的学术成长来说，我都有深刻的体会，体育运动对人的发展，尤其是智力和心理发展的促进作用，是其他专业的课程无法比拟的，可以说，体育是最好的教育。事实上，"四肢发达"的人，头脑往往没那么"简单"。一方面，体育运动可以促进大脑细胞的发育，促进脑神经细胞数量的增加；另一方面，它可以使神经联系多元化。心理学研究曾发现：一个人所有的智力发展、心理发展其实都建立在身体发展的基础上。人的智力就是由神经细胞的数量和神经联系的程度所决定的，运动是促进细胞生长、刺激神经联系的最好方式，可以使人注意力变得更加集中，促进其智力的提升。正因如此，我经常给体育班的学生或者是经常从事体育运动的学生讲，体育是一种非常重要的教育，你们选择了体育班，就是选择了一条最好的成长之路。首先，体育运动是促进人智力发展的最好方法，因为"只有四肢发达，头脑才能更发达"。其次，长期坚持运动，不仅可以促进孩子的智力发展，还可以培养他的意志力，提升他的精气神，增强他的生命力，这些都是生存与发展的基础，也是最重要的基础。正如陈鹤琴老先生所说，"一个健康的人，他有理想，他乐观、积极、有毅力，他能担当起大事"，"惟具有健康的身体，才能担负起现代中国与世界给予我们的任务"。我们知道，经常参加体育运动的人，不仅练就了强健的筋骨和肌肉，同时也培养了吃苦耐劳、坚持不懈、顽强拼搏的意志。尽管崔亚芹当初还没有这样的高度，也没有这样的意识，

只是凭借自己的特长和爱好选择了体育这个特长班,但是她用自己之后的成长与发展证明了这个选择的正确性。所以,她从来没有为自己的选择后悔过。

进入体育班后,崔亚芹的性格在她的行为中体现得淋漓尽致,大大咧咧,嗓门比较大,有时候还咋咋呼呼。但是她很善良,很热心,热爱班集体,乐于主动为同学服务,人缘很好,所以她的中师生活过得比较开心。

虽然崔亚芹表面看起来是个粗线条的人,但是她的内心还是比较细腻的。她喜欢跳舞,每次上健美操、形体课她都很认真,特别想有上台展现自己的机会。但是,由于她的"块头"稍大了一点,站到队伍里与其他女同学不是太协调,所以,一直没有得到上台表演的机会。每次看到其他同学在舞台上演出,我都能感受到她眼神中流露出的对台上同学的羡慕之情,还有自己因不能上台展示而产生的失落之感。看到这些,我就特别想满足她的愿望,所以就积极鼓励她,一定要好好练习,将来会有机会上台表演的。

有一次元旦晚会,我给班级同学编排了一支舞蹈《篱笆、女人和狗》,准备参加学校的元旦晚会。为了能够让崔亚芹参加,我让她扮演男生。听到这个消息后,她非常激动,也很感动,所以排练非常刻苦。一分耕耘一分收获。在同学们的共同努力下,我们班的舞蹈在演出时赢得了观众的阵阵掌声,将晚会推向了高潮。尤其是崔亚芹的表演出人意料,她把自己的"男C位"跳得如此铿锵优美,舒展灵活,更是为我们的节目增光添彩。演出结束后,当年劝她不要去体育班的同学专门找到她,一脸羡慕地跟她说:"没想到体育班的学生也能把舞蹈跳得这么好!"崔亚

第一章 不忘初心：坚守乡村教育

芹跟我讲这件事时，脸上充满了自豪，还小有得意，边笑边说："这既是对我们体育班的肯定，更是对我们节目的赞扬。当时，我暗暗发誓，以后要做像您一样的老师，让每个学生都有表现的机会！"多年以后回过头再去看这件事，让我更加确信，每个学生都是一颗闪耀的星，需要老师有一双追光的眼睛。不可否认，听了崔亚芹的话，我也有点小得意。当然，我得意的不是亚芹对我编排舞蹈的评价，而是她的感受，以及这件事对她成长的启迪意义。其实，老师给学生表现的机会，就是在给他们成长的机会，也是在给自己成熟的机会。

教师是学生人生路上的启明灯、铺路石，每一位老师都会影响到学生的成长。无论是一次谈话，一个心愿的满足，还是一次成就的机会，对老师来说可能是不经意的，但对学生来说却意味深长，意义重大，不仅会为他指点迷津，甚至会影响他的人生发展。

我调到学生处工作后，体育班由翟老师担任班主任。当时翟老师40多岁，阅历丰富，富有爱心，干工作更是一丝不苟，非常负责任，尤其是她会像一个母亲一样耐心地教育学生，对学生百般呵护。毕业前的那个学期，亚芹的期中考试数学成绩不尽如人意，自己还不以为意，心想着等期末补考过关就行了。看出她的心思后，翟老师马上找到她，说："亚芹，以前从来没有考试不及格，最近怎么了？是有什么事情吗？"崔亚芹惭愧得不知说什么好，于是怯懦地低语道："老师，对不起，我最近情绪有些浮躁，上课有点不专心，学的知识懵懵懂懂！"听了她的话，翟老师并没有批评她，反而语重心长地跟她说："快毕业了，学习上来不得半点马虎，倘若补考再不及格，毕业时就拿不到毕业证，这样不仅

是在虚度年华,也会影响你以后的工作分配!"一语点醒梦中人,翟老师的话让崔亚芹意识到了挂科的后果,也让她认识到了作为学生,她的中师生活应该怎么过。

无论是我,还是翟老师,崔亚芹在谈到我们当年对她的教育时,所表现的态度都是很诚恳的,所以我相信她也一定会在自己的工作中践行。"从参加工作到现在,我一直把你们当榜样,带的每一届学生都倾注自己全部的爱,为的是让每一个孩子都能为这个社会所用,让自己这个老师当得无愧于心,这是我一直奉行的教育宗旨。"崔亚芹非常激动地跟我说了这些话,言语中也有许多的感慨。

只要是金子总会闪光的。不仅崔亚芹是这样说的,我在她身上我也看到了她"闪光"的地方。中师毕业后,她被分配到了家乡的一所乡中。刚参加工作时,校长给她分了一个全校成绩最落后的班级,第一学期期末考试全乡倒数第一名。作为新教师,接手这样的班级,她有点为难情绪,校长却笑着说:"虽然这班学生成绩差,但是你也不要有什么心理负担,尽力就好,况且我相信,在你们年轻教师手里,只要踏实肯干,成绩一定不会落后的。"校长的话给了她很大的自信,她下决心一定要干出成绩,不能辜负校长的信任。在老教师的引导和帮助下,她的教学成绩蒸蒸日上,所教班级由全乡倒数第一(26个班)进步到前12名。可以说,这么多年来,她没有辜负当年老师的谆谆教诲,也没有辜负她自己的辛苦付出,兢兢业业地教书,真真诚诚地育人,取得了一个又一个的可喜成绩,自己所教学科一直名列前茅,她教过的很多学生都以优异的成绩升入重点学校,毕业后走上了重要的工作岗位。为此,她多次受到乡、县、市里的表彰,以及学生和家长的广泛赞誉。

崔亚芹告诉我,在教学生涯中,最令她感到自豪的事情就是曾经获得过征文比赛的奖励。有一次,县教育局举办全县教职工"书海扬帆"优秀作品比赛,要求每位教师必须投稿。在常人看来,以往都是语文教师积极参加,获奖也大多数是语文老师的,她作为学体育教数学的老师,想拿奖不是那么容易,或者说基本没希望。但是,崔亚芹没有应付,而是认真对待,根据自己的切身体会写了一篇作品提交。"突然有一天,校长通知我:'恭喜你!你的作品获县级二等奖,今天下午3点去县文化馆开会领奖。'听了校长的话,我心里感到非常吃惊:我的作品获奖了?我没有听错吧?校长又说:'是的,你获奖了,我们乡只有3篇作品获奖,其中就有你的作品,看来数学教师也能写出好的作品来!'我还是不能相信校长的话,但已经有些激动,直到下午开会领了奖品,才知道这件事是真的。"这件事对她的鼓舞很大,现在讲起来依然是激动不已;这件事也增强了崔亚芹的信心,让她明白了只要努力就会有收获。当她讲到这件事时,我随即补充了一句为她助兴:"这是一个新的神话,学体育教数学的老师获得了征文比赛的奖励!"我的话音刚落,师生两人同时发出了爽朗的笑声。

"可喜之余,追根溯源,我的学生受益于我,倒不如说受益于当年使我自己受益的中师教育。每当我耳边响起'长大后我就成了你'的歌声时,我的眼前总是浮现当年老师讲课的身影,我也深刻领悟了'那块黑板写下的是真理,擦去的是功利……那个讲台举起的是别人,奉献的是自己……'这句歌词的深切含义。"

我曾经问过崔亚芹,为什么没有找个机会调到城里的学校。

她满怀深情地告诉我,她已经习惯了乡下的生活,让她的内心特别的安静;她也爱上了这里的学生,让她能够深切地体会到自己被需要的那种存在感。她想让自己的坚持帮助到更多的孩子看到更远更大的世界。

谁说学体育的人头脑简单?崔亚芹内心能够有如此细腻的情感,对教育有如此深厚的情怀,对学生有如此赤诚的关爱,这绝不是一个简单的头脑能够生发的。这不仅是真正的"不简单",也是一种高智商、高情商的充分体现。其实,无论学什么专业,能够当一名好老师,真的一点都不简单。不过,从另一个角度而言,当老师需要"简单",可以心无旁骛地专注于自己的课堂和学生。但教师的职业一点也不简单,它需要专业理念、高尚师德、专业知识、专业能力等职业素养,不是所有人都能具备的。所以,当有人调侃"数学是体育老师教的"的时候,我也会调侃一下,笑着说:"体育老师或许可以教好数学,但数学老师不一定能教好体育。"

我也相信,崔亚芹会在教育的这条道路上,用自己"简单"的心态,做出不简单的成就,为乡村教育的发展做出自己的贡献。

学生感言:

忆往昔峥嵘岁月稠。回想当年的师范生活,到20多年的为人师表,真是弹指一挥间!自己虽不能说是饱经风霜,但也有不少苦辣酸甜的感慨……是老师们的言传身教,使我学识日渐丰富,老师们的举手投足,都在我的脑海中留下深深的烙印,培养了我们如何为师的高尚情操,如何一丝不苟地敬业奉献,如何对待学生如慈父良母。桃李不言,下自成蹊。正是当年师范三年的受教育经历,给了我教育之路上的指南针,也给了我成长的原动力,才有了我今天课堂上的定力。抚今追昔,思念之情不胜言表,感谢母校,感谢恩师!

——崔亚芹

刻在心中的"乡村教师协议"

> 忠实于崇高的理想,是个人道德发展的顶峰。这种高尚的情感,是从对人的忠诚开始的,也是从爱戴与忠实于为使我们社会里自由的人能得到诞生、幸福、物质与精神财富的那些人开始的。
>
> ——[苏]苏霍姆林斯基

可能是没有上过幼儿园的缘故,对于幼儿园,我一直有种特殊的情结,每每看到那些色彩斑斓的建筑,听着那稚嫩的童声,我都会心生涟漪,甚至会童心再起;也许是童年时受一位在幼儿园当老师的亲戚的影响,对于幼儿园教师,我心存敬畏,甚感神圣。每当谈起幼儿园教师,我就会联想到年轻漂亮,能歌善舞,多才多艺,轻声慢语,满脸微笑,朝气蓬勃,富有爱心、耐心与责任心等这些美好的字眼。总之,在我的印象中,幼儿园是一个非常神秘且令人向往的地方,幼儿园教师是一个非常神圣且令人羡慕的职业。

我怎么也没有想到,有一天,我竟然幸运地与幼儿园、幼儿园教师结下了不解之缘。专业使然,幼儿园教师成为我研究的主要对象,幼儿园教师队伍建设成为我主要的研究视阈。为此,我调研走访过成百上千名幼儿园教师,与他们一起探讨幼儿园

第一章 不忘初心：坚守乡村教育

教师的个人成长,关注学前教育的专业建设。而真正让我对学前教育研究有迫切之感的,是沁阳师范93(4)班的慕彬彬。

慕彬彬出生在一个农村家庭,与其他农村家庭孩子不一样的是,他母亲是本村的初中数学教师,这让幼时的他与别的孩子相比有一种优越感。他虽然比同龄人早一年上学,但在班里的成绩总是数一数二,这主要来自他母亲的影响与教育。望子成龙的母亲对孩子的教育比较严格,希望他可以通过读书改变自己的命运。为此,母亲为他买了很多书,小时候的他总是被母亲要求去背书,自然而然养成了读书的习惯,在学习上也没有因年龄小而落后,反倒总是名列前茅。

慕彬彬之所以上中师,很大一部分原因是受母亲的影响。从小的耳濡目染,使他对教师职业的认知定位是神圣的。尤其是从母亲身上,他看到了拥有知识,就会拥有地位和尊严。"因为母亲是老师,周围的人见了她都很客气,很尊重她。我从小就看到,母亲平日里和其他女人的生活方式不一样,除了做家务就是看书、备课。所以,我希望自己也能做一个像母亲一样的人,获得周围人的尊重。其实,当时中招有个报考条件也很诱惑人,就是教师子女报考师范类学校可以加10分。于我而言,这是一份很大的福利。所以,填报志愿时,母亲征求我的意见,我不假思索地回答道:'沁阳师范。'母亲听了很满意,全家人也都很高兴,因为当时家里老小七口人,只有母亲一人有工作,他们都希望我考上中师后,能为家里减轻些负担。"于是,在慕彬彬的中招志愿书上,除了"沁阳师范",压根就没有第二志愿,可见他当年报考中师的愿望是多么强烈,可以说是铁了心要上中师的。还好,命运没有辜负慕彬彬和他的家人,他当年以全县总分第二名

的成绩顺利被沁阳师范录取。当时全家人非常高兴,他母亲还特意买了糖果分给学校老师和街坊邻居吃。

在那个特殊的时代,类似慕彬彬这样的家庭,不少乡村教师的"家庭资本可能会转为成下一代的教育机会,代际传承更为明显"[1],主要原因在于"在职业身份得到制度保障的背景下,个体的理想、自我实现与其原生态家庭资本所提供的选择空间、社会位置显著相关,不仅受到国家制度约束,还受到家族文化、习俗的指引,代际流动表现出更强的传承性"[2]。所以,有不少人都是受家庭的影响尤其是受父母当老师的影响而选择报考中师,教师场域中"近朱者赤"的现象再一次得到了有力验证。从这个角度来讲,慕彬彬有一位当老师的母亲是幸运的。

慕彬彬上中师时,我担任他的体育老师,他偶尔也会在操场上打篮球。加之他身体瘦弱,体质稍差些,1.8米的个子,体重不到110斤,还经常流鼻血,所以我对他有些印象。为此,体育课上我有时候会对他降低难度要求,也会对他指导得多一点。记得有一次体育课学习跳箱,慕彬彬虽然个子大,但是胆子比较小,同学们都一一跳过去了,他却望而却步。我再三鼓励他,也不起作用,跑一趟又一趟,每次跑到箱子跟前的踏板上起跳后,他就直接把身体趴到箱子上,惹得其他同学哈哈大笑。越是这样他就越不敢跳,急得手足无措、满脸通红。看到这种情况,我就让体育委员把木箱去掉了一层,鼓励他再跳。"为了鼓励我跳过

---

[1] 周慧梅、汪冰冰.家庭资本、代际传承与教育选择:以一个乡村教师世家"考中师"为考察中心[J].教师教育研究,2017(6):95-100.

[2] 周慧梅、汪冰冰.家庭资本、代际传承与教育选择:以一个乡村教师世家"考中师"为考察中心[J].教师教育研究,2017(6):95-100.

第一章 不忘初心：坚守乡村教育

去,您笑着对我说:'来,再试一次！放心,我在这里保护你。'由于箱子矮了一层,我心理上的恐惧感也减少了很多,又看着您站在箱子那边用鼓励的目光看着我。于是,我平复心情,振奋起精神,鼓足勇气跑起来,重重地踏了一下踏板,勇敢地跳了过去。又练习了几次后,您重新加上了那层木箱,再让我跳,这次我竟然成功地跳了过去,您站在箱子旁边笑着给我鼓掌呢。老师,这件事对我的影响太大了。每当我的学生遇到困难,我总是会耐心地鼓励他们:'来,再试一次！放心,我在这里保护你！'孩子们总能给我带来很多惊喜。"这件事我还有些印象,但他所说的话我并不是针对他一个人,因为体育老师一般都会这样鼓励学生越过障碍或者提升动作难度。然而,他能由此汲取到自信和宽容的力量,我还是感到满满的欣慰。

当年的中师都是寄宿制管理模式,学校给每生每月发放生活补助30元,还有理发票、澡票之类,所以中师生在上学时就感觉已是"公家人"了,基本上不需要家里再给太多额外的补贴。但那时候离家近的学生每星期都回家,主要是为了回家带些干粮,节省在学校的一些开销。慕彬彬的家离学校不远也不近,骑自行车单程3个小时,慕彬彬中师三年每周都骑车回家。"每次回家,街坊都会把孩子领到我家,让我给他们辅导作业,还跟孩子说要向你的大哥哥学习,他将来就是老师。听了这些话,我心里美滋滋的,很是得意,也很享受这样的星期天。尤其是到了返校时间,母亲总会在我的行李包里装满热腾腾的芝麻烧饼,并帮我在自行车后座上绑好。舍友总问我,你妈妈是开早餐店的吧。那烧饼的味道真好！心里很温暖！"

慕彬彬的三年中师生活非常平淡,没有鲜花和掌声,他只是

要求自己刻苦学习,掌握更多的知识,学习更多的本领,毕业后回去能当个好老师。所以,对于其他方面,我没有和他有过多的交集,毕业后也没有联系。2016年春天,93(4)班在沁阳举办毕业20周年同学聚会,虽然我不是他们的班主任,但是他们专门到焦作来接我,执意邀请我参加。因为时间仓促,我和学生们也只是匆匆见了一面,泛泛打了个招呼,并没有太多的交流。

2018年暑假,毕业了22年的慕彬彬与同班同学王永来焦作找我。师生见面,格外亲切。一阵寒暄之后,我问他们俩在哪儿工作,他们告诉我,都各自在乡村教学点。尽管中间换过学校,但一直都是在乡村学校。这期间,慕彬彬略带苦笑地跟我说:"我在村里的教学点负责,不过没有几个学生,后来办了所幼儿园,兼任幼儿园老师。"说实在的,中师毕业在乡村小学当老师并不少见,但是男同志在农村当幼儿老师的并不多;同时这也让我心生疑虑——他是普师毕业,当幼儿园老师能否适应?他的教学能否被幼儿园孩子接受?他以往的教学经验能否被家长认可?他似乎看出了我的疑虑,就给我讲起了他毕业后的工作经历,以及办幼儿园的艰辛过程。

与其他同学一样,经过三年中师的学习,慕彬彬顺利毕业,回到自己的家乡,就在本村学校和母亲一起工作。他接触的第一届学生是小学五年级学生,都是同村人,其中很多学生都是他上中师期间利用星期天、节假日辅导过的孩子,与他非常熟悉,学生常和他称兄道弟,成了无话不谈的知心朋友。"看起来我似乎忘却了师道尊严,但学生个个都十分听话可爱,没有让我太费心。慢慢地,我像当年的母亲一样,获得了村里人的尊重。虽说日子过得清贫了些,工作辛苦了些,但我觉得当初的选择——

第一章 不忘初心：坚守乡村教育

值！"慕彬彬谈到这些年在村子里的境况,一脸的满足,好像多年的愿望终于实现,有一种满满的幸福感。

2004年,河南省农村骨干教师第一批招录,慕彬彬积极报名,并如愿考取。在郑州经过两周集训后,他签下了自愿在农村工作30年的协议。这意味着,他要扎根农村教育一辈子。"其实,那张协议的内容只是把我想留在农村的意愿写在了纸上,但是,真正的'协议'早已在我中师毕业时就刻在了心里。"2005年,他来到一所小学教学点任教,满怀热情地投入到教育教学过程中。然而,随着城镇化的迅速推进,乡村学校的人数越来越少,教师也越来越少,但他一直没有离开。其间,他看到村里没有幼儿园,很多适龄幼儿不能就近入园,这些孩子又大多是留守儿童,长年跟爷爷奶奶生活在一起,缺失了父母的疼爱,缺少了幼儿启蒙教育。家庭条件稍好的孩子,可以每天由爷爷奶奶接送到邻村去上幼儿园,但遇到刮风下雨的天气,存在许多安全隐患;而那些家庭条件稍差点的或者爷爷奶奶身体不好的孩子,就无法入园,只能在家待着。为了解决本村幼儿入园难的问题,他给村委会建议,决定利用现有的场地,改建一所幼儿园。

万事开头难。没有资金,没有教师,没有经验,一切从零开始。他发动亲戚朋友、本校的教师、学生家长等各种关系,帮助自己寻找愿意到幼儿园工作的老师。公告发出后,报名的有几人,但都是毫无教学经验的,有的甚至连初中都没毕业。在很多人看来,幼儿园不就是看孩子吗,还要什么专业？他明知这种观念不对,但正是用人之际,而且待遇不高,能招到人就不错了,还谈什么学历呀！只能先把幼儿园办起来,等稳定下来以后再慢慢招聘学前教育专业的教师。同时,对现有的幼儿教师加强培

训,使其迅速成长,尽快能适应幼儿园的教学工作。

经过几个月的艰辛筹备,幼儿园终于开园了,但问题也出现了。刚开园,老师和孩子之间都不熟悉,加上幼儿的分离焦虑症,面对这些齐哭乱喊的孩子,没有经过专业训练的老师们手忙脚乱,无所适从。她们抱这个哄那个,一天下来嗓子喊哑了,胳膊也抱疼了,个个身心俱疲。当天晚上,一名教师就提出辞职,并表示不愿再和幼儿打交道。刚开园就少了个教师,第二天这个班的孩子们怎么办?于是,他决定自己先顶上带一个班,等找到新的教师再说。就这样,他成了一名幼儿园老师。过了一段时间,孩子慢慢适应了老师,适应了幼儿园生活,老师边学边教,也慢慢有了一些照看孩子的经验和方法。为了提高业务水平,他和老师们自费购买了幼儿保教方面的书籍,努力学习保教方面的专业知识。每到周六、周日,他就主动联系一些办园时间长、办园有特色的园所,带领教师一起去学习,提高她们的专业能力。

我静静地听着他的讲述,中间没有插一句话,内心却是五味杂陈。随之而来的是心中逐渐升腾的自豪和敬佩之意:为自己有这样一位具有深厚教育情怀的学生感到自豪,并对和他一样长期坚守在农村教育一线的老师感到敬佩!他讲完之后,我在感动中回过神来,询问他们有没有什么我可以帮上忙的地方。他们犹豫了一下告诉我,幼儿园的孩子们中午想要在学校就餐,但由于农村学校条件艰苦,教育资金有限,就餐的桌子、放置餐具的柜子都没有,问我能不能找一些学校不用的旧桌子给他们,解决一下孩子们在学校就餐的问题。听了他的话,我心里非常难受:一是为那些乡村幼儿园的孩子。他们虽然与城市孩子同

第一章 不忘初心：坚守乡村教育

在一片蓝天下，却无法享有与城市孩子一样的教育资源，甚至连吃饭的桌子也没有。二是为慕彬彬这样的乡村教师。教书育人是他们的天职，但他们为了能给孩子们提供更多更好的服务，不惜放下自己的尊严与面子，向老师求助。尤其是他们俩，找到我只是为了让孩子们有一张饭桌，所以我对他们多了一份敬意，就爽快地答应一定会尽力帮他们。

但是，他们俩的突然到访，还是让我有点意外，毕竟在他们毕业之后，我们确实很少再有联系。慕彬彬好像看出了我的心事，他充满感激而略带腼腆地笑着说："太感谢您了，高老师！我就知道您一定会帮助我们！我还记得当年您上课时的那句话：放心，我在这里保护你。这么多年，我一直记得……"说到这里，慕彬彬的眼眶泛红了。我真的没想到，只是体育课上那不经意鼓励学生跳箱的一句话，在学生眼里竟然成了一生的承诺：有困难找老师，放心，老师在这里保护你。说实在的，慕彬彬说的这句话，比他的工作经历更让我感动。于是，我当时就有一个念头，一定要想办法帮助他们。刚好那年我们学校建了新的教学楼，有两个学院的学生搬进新楼上课，学校全部配备了新的桌椅板凳，原来剩下的有一部分破损桌椅要报废。我找到相关部门的负责人，向他说明情况，看看能否把这些旧的桌椅柜子稍微翻新一下，捐给他们，以支持我们的校友工作，也是为乡下的孩子能够接受更好的教育奉献爱心。最后，学校按照他们的需求，将部分翻新后的桌椅板凳和柜子捐给了他们，两人满心欢喜地载着走了。

2019年暑假，我再次见到了慕彬彬和王永。两人还在原来的农村学校，慕彬彬还在坚持办幼儿园。经过他两年多的努力，

幼儿园在慢慢地发展壮大,已有在园幼儿35名,幼儿教师4名。虽然人数不多,但这已是他们村学前适龄幼儿的全部,师生中午都在学校就餐。幼儿园的歌声与韵律操,尤其是孩子们的欢笑声,为长年沉寂的村庄带来了新的生机与活力,为农村家庭带来了美好的希望与憧憬。

理想和现实终究还存在着巨大的鸿沟,乡村教学点办学状况仍然不容乐观。2022年春天,我和慕彬彬联系,他正在疫情防控点值班。在电话里,我关切地询问幼儿园目前的状况,他有点沮丧地告诉我:"目前,全校就我自己是正式在编教师,党员、教师、校长、园长身兼数职,确实忙了点。现在有小学二年级2名学生,在园幼儿35名;小学代课教师1人,幼儿教师4人,厨师1人,门岗1人。公办幼儿园收费低,维持不了正常开支,说实话,真的很艰难。我不知道学校还能熬过几个春秋,但我会尽力维持,哪怕只有一名学生,我也要坚持。"

在此过程中,曾经有几个同学劝他离开这里,调到县城的学校工作,都被他婉言谢绝了,因为他放不下这些孩子。对于农村的学校来说,调走一个教师容易,再调来一个教师很难。如果他调走了,这所刚刚建起的幼儿园很快就会散掉,那么孩子们怎么办?因此他选择了坚守。他说:"只要还有一个孩子在,我就不会走。不是为了那份30年坚守农村的一纸协议,而是为了上中师时刻写在我心里的躬身于农村教育的这份初心。"为此,他打算把教学点办成独立幼儿园,加大幼儿园教师培训力度,改善幼儿园软硬件设施,立足实际,规范办园,办出自己的特色,争取让村里的幼儿都能就近享受到最优质的教育资源。

让农村的孩子享受最优质的教育资源是很多人的期盼,振

第一章 不忘初心:坚守乡村教育

兴乡村教育也是乡村振兴战略的重要任务。什么时候能够完全实现这种美好的夙愿,我不敢确定,但有一点我可以确定,守住农村学校是一件非常不容易的事情,也是一件非常了不起的事情。曾经,乡村学校与乡村生活、乡村文化紧密相连。乡村学校的铃声与村民的日出而作、日落而息紧密相连,学校琅琅的读书声、歌声和琴声,以及孩子们嬉笑与追逐的身影,为沉寂的乡村带来了生机与活力,是乡村文化的典型特征,也是村民对未来美好生活期盼的原动力。没有了乡村学校,也就没有乡村文化传承的主渠道,谈何乡村振兴。所以,守住乡村学校,振兴乡村教育,应该成为乡村振兴战略的首要任务。

"以平常心守清贫之业,用满腔爱育清白之人。"虽然慕彬彬签署的扎根农村 30 年的协议还没有期满,但是对他来说,除了那张纸质协议,内心的协议永远都在,没有期限。由于他常年坚守在乡村,先后获得了市先进教育工作者等荣誉。虽然这是对他扎根农村教育工作的肯定,但在我看来,与他实际的付出而言,远远不成比例。于他而言,最大的收获莫过于他因为坚守而收获的精神上的富有与心理上的满足。当然,我也希望他的幼儿园能够坚持办下去。于他而言,这是对他坚守那份"乡村教师协议"的一种回报,也是农村孩子成长的家园,更是振兴乡村教育的一种最基本的体现。

学生感言:

沁师三年的学习,给我最大的收获就是学会了怎样做一名合格的人民教师,"学高为师,身正为范",品学兼优才能做教师。日常的教育教学工作,虽然平淡普通,但想着这育人的工作寄托

了多少个农村家庭的希望,关系到祖国的未来,我就不能有丝毫的马虎倦怠,要以更加饱满的热情来对待这份工作。

——慕彬彬

第一章 不忘初心:坚守乡村教育

用语言禀赋助力专业成长

教师的语言素养在极大程度上决定着学生在课堂上脑力劳动的效率。

——[苏]苏霍姆林斯基

普通话是我们国家的通用语言,是现代教育教学工作中最基本的媒介。教师在课堂上要讲清概念,描述事实,组织教学,激发学生的学习兴趣,普通话是不可或缺的助力工具。因此,学好普通话,用好普通话是教师在教学中必备的教学技能之一,它不仅关系着学生的学习水平和学习效果,而且有助于教师自身的专业成长。这一点在师范类专业的学生身上体现得尤为突出,有不少在语言上有得天独厚优势的毕业生因此而成为各行各业的精英,有的甚至被聘到电视台做播音主持,成为知名主持人,也有不少人因此而成为教育教学方面的领军人物。的确,语言具有极大的感染力和影响力,是教师传递知识、信息的重要载体,也是教育教学过程中无可替代的、影响学生心灵的重要工具。可以说,在语言上有天分的人,在教师这个职业群体中是有发展优势的。当时的沁阳师范生源大多来自农村,在学习语言上并没有太大优势,但有不少学生通过自己的努力,练就了一口标准流利的普通话,有力地促进了自己的专业发展。本书提到

的学生中,有不少都是在学习普通话上下了很大功夫,94(4)班的侯波涛就是其中一位。当然,侯波涛具有天然的语言优势,比如音色浑厚,富有磁性,嗓音极具穿透力和吸引力,但来自农村乡音淳厚的他平翘舌音不分,m、f不分,所以想要讲好普通话并不容易。但难能可贵的是他用惊人的毅力,登上了学校播音主持的舞台,毕业后成为一名优秀的教育工作者,并将语言学习作为他一生的业余爱好。

2022年5月,一个偶然的机会,我在电话里听到了侯波涛的声音,依然是那么的动听而富有磁性。他在电话里先问一声:"高老师,您好!我是波涛呀,您还记得我吗?"我笑着说:"怎么能不记得呢?只是不知道当年的小帅哥现在长成什么样了。"他在电话里哈哈大笑:"还是高老师欣赏我,感谢您对我的培养,我还是那么帅……"第二天一早,他给我发来短信:"高老师好!昨天听到您的声音一如从前,感觉多年前的点点滴滴恍如昨天,青葱岁月总是让人无比怀念,尤其是难忘老师们的谆谆教诲。"看到他的短信,我非常激动,思绪把我拉回到了28年前。

侯波涛出生在一个农民家庭,兄妹三人,一家人靠种地维持生计。当年,他的哥哥上高中准备考大学,妹妹刚上初中,而自己面临着中招考试。对于当年境况一般的农村家庭来说,三个孩子同时上学是很不容易的。填报中招志愿时,周围人不同的意见令他陷入两难境地。"班主任老师希望我上一中,认为我将来一定能读一个好的大学本科;老校长却希望我上中师,可以免费上,还可以早就业,同时减轻家庭经济负担。母亲让我自己决定,但明确表示,只要我能考上,砸锅卖铁也一定供养!从内心来讲,我是想上一中考大学的,但看着父母沧桑的面庞,想到家

第一章　不忘初心：坚守乡村教育

庭将要承受的负担,我左右为难,不知该如何选择,为此背地里还曾偷偷掉过眼泪。经过多日的纠结,我最终决定上中师,为家里减轻一些负担。"在纠结的日子里,侯波涛并没有忘记刻苦努力地学习,最终以优异的成绩考上了沁阳师范。为此,父母感到特别高兴,在村子里也觉得很有面子,他自己也感到无比的自豪。

其实,像侯波涛这样在报考中师时怀有复杂情感的并不是个例。可以说,当初的农村孩子,"在满意与失落之间,不仅是个体选择的结果,更是大时代下学生个体、农民家庭与整个社会体制之间博弈的结果"①。所以,在周围社会环境的对比下,在个人家庭环境的影响下,做出无奈的选择一定会给他们带来心灵的阵痛。但他们当初做出报考中师的选择并不是一时兴起,而是权衡各种利弊得失后做出的理性抉择。所以,才有了之后心甘情愿地在教师这个岗位奋力前行的不竭动力。不过,没能上一中考大学,也成为侯波涛人生的一大遗憾,直到现在仍然未能释怀,每每谈起此事,他脸上仍禁不住流露出十分惋惜的神情。

刚入师范时,侯波涛在94(1)班,后来到了94(4)班,也就是音乐班。刚入校时,来自农村的他发现周围的同学都讲普通话,学校每天还安排普通话训练,每周都有"推普"晚会,而自己却不会讲普通话。尤其是他发现自己不仅发音不够标准,包括平翘舌音不分、前后鼻音不会读,而且一些方言的口头禅也很难改掉,所以一开始他不好意思讲普通话,总觉得自己张不开嘴。但是,当听到学校广播里传来播音员那动听的声音或听到周围不少同学能讲一口流利标准的普通话时,他就会从内心感到羡慕,

---

① 周慧梅、汪冰冰.家庭资本、代际传承与教育选择:以一个乡村教师世家"考中师"为考察中心[J].教师教育研究,2017(6):95—100.

对讲好普通话充满了渴望,也特别希望自己能够成为他们中的一员。况且,学校每天要进行普通话检查,检查到没有讲普通话要扣班级的"推普"分数;班级每周都要举"推普"晚会,每个同学都要发言。可以说,从学校管理要求,到周围环境的熏陶,再到个人心愿,尤其是未来当老师所必须具备的技能要求,促使他必须大胆地讲普通话,还要讲好普通话。于是,他决定要好好练习普通话。

人就是这样,当你有了想法后,无形中就会产生一种力量,驱使你去做好想做的事情。为了坚定自己学好普通话的决心,侯波涛主动自我加压,积极在班里争取了"推普"组长的职务(在他看来,身为"推普"组长总不能普通话说不好吧),开始了刻苦学习普通话的历程。

为了增加练习普通话的机会,侯波涛积极投身诵读训练。非常幸运的是,当时他遇到了一个好同桌,给了他很大的帮助。"她的普通话说得很好,我就近水楼台先得月,把她当成了我的普通话'专职小老师'。无论是晨诵课堂上还是业余时间,我一遇到弄不清楚的问题就问她,而她从来都是知无不言,言无不尽,给了我很大的帮助。同时,我也充分利用课余时间进行练习,遇到弄不准的又没人可问时就查字典,所以那时候也是手不释(字)典。尤为感谢的是担任我们语言基础课的焦老师,她在我学习普通话的过程中给予我很多的指导和帮助,助推我的普通话水平飞速提升、上档升级。她除了纠正我的字音,还在发声、气息控制、音色等方面给我进行了精心的指导,从而帮助我实现了从普通话都说不好,到踏上舞台参加朗诵活动的飞速提升。"侯波涛提到自己学习普通话的经历,感慨万千。令他没有想到的是,正是他的这个决定,以及在此方面付出的努力,改变

第一章 不忘初心：坚守乡村教育

了他以后的学习和生活轨迹，成为他日后从教的加分项。由于他在语言上有些天赋，加之他练习非常刻苦，所以他的普通话水平进步很快，也促进了他"职务"的提升，使他从班级的"推普"组长，走到了学生会的语工部部长。不仅如此，更令他没有想到的是，在中师三年级的时候，他竟然被遴选为学校各类大型活动的节目主持人。对于他的普通话水平而言，这是质的飞跃，他也因此成为校园里一颗耀眼的"明星"。这不仅让他圈粉无数，也让他对自己的未来充满了信心，进而为他以后的成长打下了坚实的基础。

我认识侯波涛是在他中师一年级的时候，当时他是94（1）班的体育委员，会在上课前到体育器材室帮老师领器材。他那时比较活泼，经常到操场打篮球，我见到他的次数比较多，这样一来二去就对他有了印象。但是，客观地讲，我与他并不是特别熟悉，只知道他是班级体育委员，每次见面时他会主动打个招呼，礼貌地问一声"老师好"，我也只是点头回应一声"你好"，此外并没有更多、更深的交流和了解。时隔25年再见时，他跟我讲述了一件事。"记得那是一次体育课，因为要上篮球课，李老师让我去器材室拿篮球，我便风风火火直奔体育室而去，'咚'的一声撞开门，直奔篮球车而去。谁知抬头一看，您刚上完课坐在凳子上喝水休息，吓了您一跳。我当时心里一沉，心想今天肯定在劫难逃，等着挨批吧。没想到您却不动声色，反倒微笑着对我说：'小伙子，别这么冒失，下次进来要记得敲门哟！'我脸一下子红了，连说对不起，推起篮球车就往外跑，路上一直在想：'都说高老师非常严厉，没想到她没有批评我，看来传言未必都是真的。'这件事对我影响挺大的，一个农村来的懵懂少年，未经世事，很多礼

节都不懂,这件事情提醒我做事要沉稳,有礼有节。这一良好的习惯一直持续到现在,为我工作后营造和谐人际关系提供了有力的帮助。"这么小的一件事,于我早已没有了印象,但听到他讲起来,我感到很高兴,很庆幸当时那个不经意的举动,对他产生了这样积极的影响。

　　我真正熟悉侯波涛是在他竞选学生会语工部部长之后。还记得在竞选时,他好听的音色让我精神一振,落落大方的表现和努力区分平翘舌音的那股认真劲儿,给我留下了深刻的印象。我曾经问过他:"你当时的普通话并不是特别好,为什么要竞选语工部部长?"我这么一问,他有点不好意思,但马上非常镇静地说:"一方面,我是为了逼着自己练好普通话,因为作为语工部长必须讲好普通话;另一方面,我想给自己找一个练好普通话的机会和平台,因为每天要与普通话讲得好的语工部同学在一起工作、交流,这对我来说是很好的学习机会。"听了他的话,我一方面赞扬他勇气可嘉,另一方面认可他的学习方式。

　　在我分管学生会干部工作期间,侯波涛刻苦努力的学习精神,积极主动的工作态度,踏实认真的工作表现,见面时主动打招呼的热情礼貌,都令我对他刮目相看,或者说更加地喜欢,当然,我也很赏识他的才华。后来我到团委工作,正好团委广播组需要一个负责人,我就选择让他担任广播组组长,从此,他的声音便传播到了学校的各个角落,也把他推到了学校舞台的中央。"一年的广播组工作经历让我得到了很好的锻炼,收获满满。广播组人才选拔与培养、节目的编排和播出、各项大型活动的协调与宣传等,无不是对自己工作能力的磨炼,青葱岁月留下了太多美好而充实的回忆,同时也让自己的管理能力逐步提升,人际关

第一章 不忘初心：坚守乡村教育

系也越来越融洽。尤其是主持人的经历，不仅锻炼了我的胆量和能力，而且让我更加地阳光和自信。"广播组这一年的工作，对侯波涛的锻炼真的是挺大的，也对他毕业之后的工作、生活产生了重要的影响，让他的课堂更加充满磁性与吸引力，也让数学课堂上那些生硬的数字与符号变得更加生动、美妙，富有灵性。甚至可以说，他毕业之后在专业发展上所取得的成就，很大程度上与他一口标准流利的普通话有关。所以，对于在广播组的那段时间，他一直记忆深刻，引以为豪，以至多年后谈到那段经历，仍然感慨万千。

我曾经在侯波涛毕业前与他谈过一次话，或者可以说是批评过他一次，事情的缘由是这样的。每年临近毕业的时候，同学们都忙于合影留念，想留住3年的美好时光和情谊，但那时候男女之间单独合影是很少的。不知为什么，侯波涛毕业那年，男女单独合影的风气盛行，只要是课余时间，就会在校园里看见不少男女学生单独合影，引来一、二年级的学生频频回头，还不时地捂嘴偷笑，窃窃私语。这时候那些"地下恋情"也借机浮出水面，公开地在校园里成双成对地出入。正值此时，学校所在地发生了一件事：一位正在谈婚论嫁的女性由于大学期间与男同学单独合影而"被分手"，闹得沸沸扬扬，满城风雨。于是，学校就有个不成文的规定，男女同学不得单独合影，如果男女合影，必须在三个人以上。当时学校相关部门还召开各班班长会，专门就这件事提出了要求。

"当时我作为班长参加了此次会议。年轻气盛的我当场就觉得这个决定太可笑，想和女同学合影留念还得找个'电灯泡'，于是不自觉在表情上带了出来，谁知不幸被主持开会的领导给

看了出来。会议结束后,我便被叫到领导的办公室进行谈话。由于我为自己的想法据理力争,致使我们的谈话不欢而散,当时也把领导气得够呛。"侯波涛谈到这里,边笑边据理力争,从心里还是没能接受当年学校的相关规定。不过,他的回忆,让我想起了当时的情景。那天晚上我在办公室值班,曾经跟波涛谈话的领导言辞凿凿地把情况告诉了我。作为他的主管领导,我听了以后非常生气,心里想着:作为班长、团委干部,也是我的重点培养对象,怎么可以视学校的规定于不顾,还当面顶撞领导?简直是无法无天,成何体统!于是,我打算去找他谈谈,便气冲冲地走向广播楼。

"当天夜里9点多,我正在广播楼上洗漱,听到您在楼下大声叫我,一听语气就觉得情况不妙。我心想:一定是有人给我的主管领导告了状。于是便硬着头皮走下了广播楼。"在广播楼下的柳树旁,我劈头盖脸地把他批评了一顿,根本不给他解释的机会。"当时我很无语,心想:领导也真够可以的,虽然我不认可学校的这个规定,但态度还算端正,也按照要求向同学们传达了会议精神,怎么还添油加醋告了我的黑状啊!面对主管领导的严厉批评,虽然心有不甘,但想想平时高老师对我的好,也只好默默承受。看我态度挺好,您的气渐渐消了,然后语重心长地给我讲了这一规定的由来和领导们的良苦用心。至此,我才真正理解了学校对我们的保护之心、老师们对我们的爱护之情,心中的不忿也渐渐消失。"侯波涛讲完这件事,我们俩相视而笑,并且惹得与他同行的95级广播组长刘俊彦也笑了起来。也不知道我们是在笑他当年的青春豪情,还是在笑我自己当年的年轻气盛,抑或是笑学校当时的"荒唐"规定。说实在的,现在想起来,这件事确实可

第一章 不忘初心：坚守乡村教育

笑，但在那个时代，当时的情况下，出于对学生未来的保护，也是情理之中的。

师范毕业后，侯波涛被分配到家乡的一所小学任数学课教师。由于在师范的专业积累和能力锻炼，加之努力上进，他迅速成为学校的教学骨干。同时，良好的人际关系、出色的工作能力和突出的工作成绩，使他得到了学校领导、老师和学生的好评，尤其是他那一口标准流利的普通话，为他的教育教学工作大大地增光添彩，仅仅两年就被组织任命担任这所小学的负责人。2001年，县教育局开始撤点并校，侯波涛所在的小学被撤掉，他被调到番田镇刘谢小学（学区学校）任教导主任。因为要到一个较大的学校工作，他内心还是挺激动的，对未来的发展也充满了期待，希望可以有一个更大的舞台让自己的才能得到充分的发挥与展现，也坚定信念要用自己的满腔热情和不懈奋斗为学校的发展做出应有的贡献，给自己三年的师范培养一个交代。然而，当他满心喜悦地到刘谢村小学报到时，却被眼前的情景深深地震惊了，因为他从来没有见过如此破烂不堪的学校，也没有想过自己会到这样的环境中工作。

刘谢小学是一个有300余名学生的学区学校。一般人会认为，学区小学肯定是占地大、条件好、环境美，但他报到以后才发现，学校仅有正对校门的六间房是村里集资刚盖好的，其余校舍破烂不堪，还坐落在一个大坑里。讲到学校的大坑，他的表情变得凝重，深沉地给我讲了一件事。"学校前院地势很低，一到雨天便一池水，无法出行。记得那是2002年7月的一天，全乡统考后安排在我校改卷，快结束的时候，一场突如其来的大雨将所有改卷老师滞留在了学校。雨停后，急着回家的老师们看着到大

腿根处的积水一筹莫展。在足足等了半个小时后积水依然没有下去的迹象,我只好去门口借了辆脚蹬三轮车,组织我们学校的男教师蹚着积水将女老师和她们的自行车一辆一辆地驮了出来。虽然我很幸运地被分到了新建的校舍里上课,教五年级数学,办公室就在教室隔壁,上下课非常方便,但是,看到眼前的大坑,看到师生们雨天深一脚浅一脚走在校园里,想想改卷子那天的尴尬,我夜不能寐,下决心要把它填起来。"侯波涛在讲这件事时,面部的表情随着他内心的情感跌宕起伏,也在喜乐与悲愁之间转换。之后的六年,他工作之余的事情远远超出了之前的想象,那就是不间断的校务劳动,和校长一起带领全校师生拉土填坑、刮橡、搬砖、刨树……非常幸运的是,他遇到了敬业的张校长,认识了对教育极其关心支持的刘谢村老书记,他们一起为学校的发展积极奔走呼吁,筹集资金。令他感到欣慰的是,伴随着不间断的劳动,学校的校舍也一间间拔地而起,办学条件得到了极大的改善,校容校貌也焕然一新,2002年、2004年和2007年,学校分三批新建校舍48间。随着办学条件的不断改善,他自己也得到了很好的成长,与刘谢村小学结下了不解之缘,一干就是18年。

18年,在人生的长河中不算长,但对于一个人的职业生涯来说,真的不算短。尤其是比较艰苦的18年,对于一个人心智的历练和专业的发展而言,其促进作用是非常大的。在此期间,侯波涛和他的同事们一起,将刘谢村小学打造成了当地一所明星农村小学,连续多年小升初优质生源比例居全镇第一。在抓好教学质量的同时,他从学生的终身成长出发,利用自己的专业特长,开展了"诵经典唐诗、写规范汉字、育感恩精神"等系列特色活动,受到了家长和上级学校的一致好评。这种质量与特色有

第一章 不忘初心：坚守乡村教育

机结合的农村学校办学之路,成为当地的一张亮丽名片,也吸引越来越多的孩子到刘谢小学就读。

可以说,侯波涛将人生中最美好的年华奉献给了刘谢村小学,他也因此和刘谢村小学融为一体,在这里度过了自己别样的年华。其实,在此期间,他有好几次可以调到县城学校工作的机会,但终因舍不得这里的学生、同事,舍不得这个曾经倾注了自己满腔热情的学校,而最终未能成行。但岁月没有辜负他,他的工作能力也随着经历的不断丰富逐步提升,工作的着眼点也从一班到一校,再到一个乡镇的教育发展,综合能力得到了全方位的提升。同时,他的管理能力和水平也大幅提升,在2009年竞聘为刘谢村小学校长,任职长达10年之久。2019年,他被调到县城的一所小学任副校长,一年之后,他再次回到乡下,在一所乡中心学校任校长。

最让我感到欣慰的是,毕业20多年来,侯波涛没有因繁忙的行政工作丢掉自己的专业特长,把朗诵作为自己工作之余休闲的一种重要方式,多次参加县、市级各类朗诵、演讲比赛,并取得优异成绩。教学语言上的突出表现,为促进他的专业水平提升起到了很大的作用。在教学语言的助力下,他先后参加了县、市、省级优质课比赛,也多次到省内外各地上公开课。在他的公开课上,一口流利的普通话和优美动听的语言,让生硬的数字、冰冷的线条、抽象的符号、教条的公式变得富有灵性和活力。为此,有不少老师感慨道:"这样标准的吐字发音和流利的语言表述,不当语文老师真的太可惜了!"

多年对小学数学课堂教学的潜心钻研,使他的教学能力逐步提升,形成了自己独特的教学风格,深受广大学生喜欢,自己

也逐步成长为小学数学教学战线的排头兵,先后获得市级"十佳小学数学教师"、省级骨干教师等荣誉称号。

2022年6月,也就是在他毕业整整25年之后,我们在焦作相聚。因为分别得太久,所以要说的话太多。侯波涛讲的都是他的学生,他在刘谢小学的18年,他新到的学校。谈吐中,他依然是字正腔圆、充满激情。短短的四个多小时虽然无法聊尽25年中所经历的点点滴滴,但他对教育的热爱,对乡村教育的那份情怀,还有对教师教学语言的钟情,尽显在他的一字一句中、举手投足中。从他的学习成长与专业发展的历程中,我真切地感受到了教师语言的魅力,以及对专业成长的助力作用。

学生感言:

20多年的时光匆匆而过,三年的师范生活却给我留下了太多美好的回忆。如果说遗憾,那就是在最美好的年华没有用尽全力去学习更多的知识。若人生再给我一次重来的机会,我一定会更加珍惜,不负韶华,为将来的学习和工作打下更加坚实的基础。感恩沁阳师范,给了我一段青葱难忘的回忆;感恩师范的老师,谆谆教诲让我受益终身;感恩师范的同学,共学习共生活友谊长存。感恩普通话,伴我一路成长!

——侯波涛

第一章 不忘初心:坚守乡村教育

教育涵养出的"幸运"之路

你若把你的生命放在学生的生命里,把你和你的学生的生命放在大众的生命里,这才算是尽了教师的天职。

——陶行知

经常听到一些人讲,某个人的命真好,或者说他是命运的宠儿。其实,幸运绝不是偶然,而是一种必然。因为大多幸运的人,一方面知道自己想要什么,另一方面能为想要的东西积极做准备,还能去积极争取机会。如此看来,幸运大多是降临到那些为了生活而努力的人。有句话说得好:人生没有白走的路,只要有付出,就会有回报,只是有的回报方式不是特别直接,回报的时机不在当下,或许在某个时间段以另一种方式回报你。所以,越努力,越幸运,你所做的一切都在为你的幸运打基础。

每次回老家,我总会听到亲戚朋友们感慨道:"小分的命真好!"然后,他们会告诉我关于魏小分的一些事情。他们之所以跟我讲这些,是因为小分的姥姥家在我们村,而且他家与我家是亲戚关系,可以说,我是看着他长大的,他又在沁阳师范读过书,对他自然是再熟悉不过的。

魏小分的父母是地地道道的农民,农闲之时做点小生意贴

补家用。1997年中考报志愿时,没有见过世面的父母给不了他人生发展的建议,他对自己的人生道路也没有明确的方向,甚至是一片迷茫,不知何去何从。为了将来能够有个稳定的工作,不让父母过多地操心,他听从了大舅的建议,报考了沁阳师范。非常幸运的是,他顺利考入了沁阳师范。三年后的毕业之年,他又幸运地赶上了对口升学。在此之前,中师升学都是采取保送的方式,只有三年来一直排名在全年级前几名的学生才能有资格获得参加保送本科院校深造的考试机会,一个年级能够被录取的人数非常有限,都是三五人。而从2000年开始,也就是三级师范向两级师范过渡时,为了能给更多的中师生提升学历层次的机会,河南省开始实施对口升学。因为当时是第一年实施这个政策,当很多毕业生在为工作和升学纠结时,魏小分早已开始努力地为对口升学做准备,所以他又幸运地考入了开封师范高等专科学校。后来开封师范高等专科学校并入河南大学,所以他毕业时幸运地取得了河南大学的专科文凭。虽然都是专科文凭,但在大多数人看来,河南大学文凭的含金量终究要高一些。毕业后,他幸运地搭上了分配工作的末班车,被分配到一所农村学校任教。这一连串的幸运,直接影响了他的人生,使他顺利地成为"公家人",端上了"铁饭碗",拥有了现在的一切。

从求学的路径来看,魏小分是幸运的,但这一切并不是纯粹的偶然,而是他多年努力奋斗的必然结果。他没有很高的天分,并不像那些灵气十足的孩子,可以左右逢源,而是一副忠厚老实的模样,无论学习和工作都很踏实,所以他在学习上取得的成绩靠的是下死功夫。对他而言,当学生,每天上课、做作业,是再正常不过的事情,对紧张的功课和各种第二课堂活动,他没有任何怨言,日子也过得平平淡淡。相较而言,在中师三年期间,令他最难忘的莫过于在食堂吃饭。"虽然那时候学校的饭菜质量也不算特别好,但每一顿都有好几样饭菜供我们选择,对于来自农村的我们来说,已经高于多数人家里的生活水平了。"来自贫困之家的魏小分,对于吃饭这件事还是挺有感触的。

那时候的中师,虽然是地方上办学条件比较好的学校,但并不是所有的设施设备都像现在的寄宿制学校或大学这么完善,就餐条件还比较简陋,但即使如此,吃饭的场景还是非常壮观的。那时沁阳师范的餐厅其实是个大礼堂,只有400多平方米,平时是餐厅,周末是学生的活动礼堂,也是学校集会的地方。2000名左右学生集中吃饭,没有就餐的桌椅板凳,买饭时的拥挤排队和吃饭时的凌乱场景可想而知。

"吃饭的热闹之处主要在于排队打饭和抢地盘。一般情况下,我们下课后先到寝室拿餐具,然后到食堂排队打饭,再找地方吃饭。但由于学生人数较多,打饭时排的队伍比较长,所以不是打不到喜欢的饭菜,就是找不到吃饭的地盘,还得端着饭菜回寝室吃饭。后来为了节省时间,也为了能够打到喜欢的饭菜,我们寝室几个同学商量了一下,进行分工合作,每次打饭时有人负责排队打汤、有人打菜、有人抢地盘,发展到后来大家轮流洗碗。"回忆起排队买饭和吃饭的艰苦场景,魏小分并没有感到窘迫,而是津津乐道,感到十分有趣,并且言语间充满了无限的留恋。尤其是讲到每次吃饭时,餐厅里到处都是同学一起蹲在地上围成一圈吃饭分享各自碗里菜肴的场景,他忍不住哈哈大笑。其实,他讲到的吃饭场景,很多学生都有同感,难以忘怀。

其实,魏小分上中师的时候有点"怕"我。一方面是因为我

们有点亲戚关系,他担心稍有不慎我会向家长告他的"黑状";另一方面是他觉得我比较严厉,担心做不好我会批评他。其实,我比较喜欢他任劳任怨的工作态度和憨厚善良的为人处世风格,加之对他比较熟悉,也为了促进他的成长,我鼓励他积极参加团委干部的竞选。在团委工作期间,他担任组织部的副部长,负责团费的收缴、团关系的转出及接收、各班收看新闻联播情况的检查、周五晚上组织学生开展文艺活动等等。那时候每周五晚上都要举办活动,学生没有课,很多学生又不回家,参与的学生很多,活动的影响也很大。

"为了把活动组织好,我主动与团委其他部门的人员协商,寻求帮助,进行分工,做到每次活动都有人布置场地、有人安装设备、有人组织学生表演、有人维持学生纪律等等,有时学校举办大型文艺会演,我还会与学生会的干部合作,保证将活动组织得非常有序。就这样,我不仅与团委、学生会的干部之间建立了良好的关系,同时还认识了学校文艺方面的'名人';不仅锻炼了自己组织、协调、交际等方面的能力,还结交了很多朋友,对自己的工作甚至一生的影响都很深远。可以说,我现在工作中所表现出的协调能力、纪律观念、责任心、交际能力等等,都是受当时任职团干部的影响。所以,我能够上中师,真的是非常幸运。"幸运的魏小分毕业后,被分配到家乡的一所条件简陋的农村学校任教,离我们村有2公里的路程。

初登讲台,学校安排他带五年级的数学课,同时担任班主任,这对刚毕业的他来说是个不小的挑战。"面对一个有64名学生的班级,我头大了。而且数学还不是我中师所选修的学科,不懂得什么教学设计,也不会分析教材,不知道课堂上该讲什么、

第一章 不忘初心：坚守乡村教育

讲多少，几乎找不着头绪。当我拿着自己认真准备好的教案去教室上课的时候，面对着一片混乱的课堂，原来'背'好的内容也忘得一干二净，更谈不上教学的设计与组织。还有就是64人的班级管理问题，总是感到束手无策。对此，我的心里十分着急，甚至晚上睡不着觉。"谈到初登讲台的经历，魏小分尴尬得直摇头。

其实，魏小分所讲的这些，是许多初登讲台的老师所遇到的共性问题，也是人之常情。因为现实生活中，自己作为"主角"去面对，特别是第一次面对众人或陌生人时，每个人都会有些紧张，尤其是自己认为很重要的场合。作为一名刚入职的新教师，此前一直是当学生在台下听，现在要站在台上给学生讲，面对下面几十双充满期望的、黑黝黝的大眼睛，角色初转，心理上肯定会有诸多的不适应，心情紧张实属正常，"满肚子的话说不出来"也并不意外。从另一个角度讲，这也是他想上好课、想做一名好老师的责任心体现。正因如此，他开始积极寻找恰当的教学策略，向老教师请教，找同学咨询，与学生谈心，仔细研读教法，由原来的"背教案"变为"备学生"。经过一段时间的努力，他所带班级的学生成绩在初一时已经进入镇里的中上游位次，与同学们的关系也变得十分融洽。但由于撤点并校，这届学生初二时被并到了另一所学校，他选择留在原来的学校，但他依然关心着那些学生的成长，与新学校的班主任经常联系，了解那些学生的学习情况；与学生经常联系，鼓励他们好好读书。学生也没有辜负他，中考时那所初中有13名学生以优异的成绩考入沁阳一中，有5名学生是他曾经教过的，这个成绩对于学生所在的村子来说，是非常罕见的事情。

　　机缘巧合,魏小分后来找的对象也是我家亲戚,这样我们的关系就又近了一层,所以我经常听到亲戚朋友谈到他,对他的点滴进步也大概知道,但真正和他见面的机会并不多,深层次的交流也不太多。但有一点我十分明确,他不仅工作踏实认真,教学成绩优秀,而且为人忠厚老实,深受家长、同事的好评。2012年2月,他被任命为一所镇中心小学副校长(该镇现在共3所中心小学、3所初中)。对于这件事,我只是听家人说过,并没有过多地关注。直到2012年11月,他到焦作师专参加校长任职资格培训,我在课堂上遇见了他,才对他的工作情况、生活状态等有了更多的了解。这才了解到他任副校长这件事的来龙去脉,并不像家人所说的那么顺利。"说实话,对于任副校长这件事,刚开始的时候,我是有点不太愿意的。一方面,担心自己能力不足,没有信心把工作干好;另一方面,我更愿意做一名普通教师,可以每天上上课,在课堂上与学生有近距离的接触与交流,会有一种踏实与安然,没有那种忐忑不安。"虽然已经担任副校长半年之多,但是说起这件事,小分当时仍流露出一丝的不情愿。听完他的话,我笑了笑:"担心干不好,是你责任心的一种体现,正是有了这份责任心,你不会干不好。9个多月过去了,你不是干得挺好的吗?"他有点难为情地说:"有点心累。"我笑着安慰他:"新的岗位需要一个适应期。再说了,作为中心小学的副校长,肯定比当一般老师纯粹上课要累得多,但这个岗位很锻炼人,对你的专业成长也会有一个极大的促进。"正好那次课我讲的是《校长领导力与教师专业发展》,所以我就课堂内容与他进行了更深入的交流。

　　踏实干活的人哪个单位都想要,吃苦耐劳的人任何一个领

第一章 不忘初心：坚守乡村教育

导都喜欢。2016年11月，教育局组织全市7名副校长到局机关挂职锻炼，魏小分又幸运地成为其中的一员。这一年的锻炼，对他的成长来说至关重要。他通过一年的学习，对自己的专业发展有了更明确的定位，对他担任副校长也有很大的帮助。"在局机关一年的挂职锻炼生活，对我是一种触动、一种启迪，更是一种鞭策。我也非常感谢市教育局为我们搭建了一个学习、锻炼的平台。"谈起在局机关的一年锻炼，魏小分感触颇多，一向憨厚本分、少言寡语的他却变得滔滔不绝，并且讲起话来绘声绘色。

正是这一年的锻炼，他的工作能力，尤其是组织协调能力，得到大幅提升，他踏实肯干的工作作风再次得到了大家的认可。2017年6月，教育局要抽调一部分骨干力量参加驻村扶贫工作，魏小分非常幸运地被选中，开启了他人生不同寻常的新里程。机缘巧合的是，他被安排到我们村开展扶贫工作。当他听到自己被安排到我们村扶贫的时候，非常高兴，觉得自己非常幸运。一方面，他觉得这是他的母亲成长的地方，也是他小时候经常往来的地方，这里有他的亲人，有他童年的美好回忆，在这里扶贫意义非凡；另一方面，他认为村子里的人大多数认识他，遇到什么事大家都会给他面子，做起工作来也很方便，所以他便高高兴兴地开始了自己的扶贫工作。但事实并非如此。对于不少农村来讲，一般是"欺熟不欺生"，也就是对远道而来的陌生人非常客气、热情，反倒是对熟悉的人毫不客气，尤其沾亲带故的，更是理直气壮。所以，正因为对这个地方太熟悉，亲戚朋友同学等熟人较多，尤其是在一些看着他长大的长者面前，他作为一个晚辈，做起工作来非常麻烦，甚至遇到一些不好说话的长辈，把他臭骂一顿也是很正常的

事情。

在他扶贫期间,只要听说我回老家,他都会去家里坐坐,和我聊聊他的工作与生活。有时候看着我坐长途车不方便,他也会开车把我送到焦作,在路上与我谈谈他在扶贫工作中遇到的一些事情,尤其是一些困难,我也会就一些问题给他一些建议。其实,每次我回去,即使我们不见面,村里人也会跟我谈起他的工作情况,虽然表面上对他有些不客气,但内心还是对他十分认可的。工作中,他不辞辛劳,和队友们走进农家小院、田间地头,走访座谈,访贫问苦,宣传政策;遇到有些不讲理的长者,他总是笑脸相迎,一口一句"舅"或者"姨"地叫着;遇到同辈想闹事的,他就一口一句"哥"或者"姐"地喊着。就这样,他与村民从陌生到熟悉、从熟悉到融入,从路人到朋友,从朋友到亲人。面对一些"钉子户",他动之以情,晓之以理;面对自己沾亲带故的人,他按原则办事,把公道摆在首位,让村民信服。为了能够让那些留守儿童放学之后有个落脚点,他利用自己当老师的优势,建立一个小型书屋,让那些孩子放学后有个去处,孩子们可以在那里读书、写作业。

"虽然扶贫工作对我来说是个新生事物,也不是我的强项,但这几年我乐在其中,随着帮扶工作的扎实开展,实实在在为农村、为农民,办了实事做了好事。我见证了建档立卡贫困户逐步脱贫、村民生活越来越富裕、村容村貌焕然一新、村干部与村民关系更加融洽、向党组织递交入党申请书的人越来越多。驻村扶贫工作让我丢掉了老师身上的一些清高之气,多了一些基层工作的地气。同时,也丰富了自己的阅历和知识,拓宽了自己的思维和视野,净化了自己的心灵。尤其是看着自己成长的地方

第一章 不忘初心：坚守乡村教育

越来越富裕,亲朋好友的日子过得越来越好,内心就有一种成就感,也有一种幸福感。"谈到扶贫工作,小分感慨万千,虽然在谈到所遇到的困难时偶尔摇头无奈,但更多的是对这项工作的认可和对取得成就的欣慰。

扶贫工作已经结束,但乡村振兴的路还很长。在我写这部分内容的时候,魏小分还在驻村。我不知道他还需要在村子里待多长时间,但我告诉他,别忘了自己是一名教师,课堂这个阵地是不能丢的。他笑着说:"放心吧,高老师,我当教师的本色不会褪,看家本领也不会丢,一直在中心小学上着课呢。"说实在的,他能够继续服务乡村振兴驻村工作我很高兴,但他能在百忙之中依然坚守讲台更让我感到欣慰。

不过,"个人的背后,总是拖曳着长长的历史阴影,个人是被笼罩在生活经历之中的个人,每一个人总是生活在个人独特的历史之中,同时,作为一个身处社会中的个人,与同一时空之下的大众具有相似的经历。这种独特的个性和社会性,构成了一个人人格的两个维度"①。所以,我对他的驻村工作还有更多的期许。由于撤点并校,从 2004 年起,村里的学校被撤销,也没有办幼儿园,每次回到村里再也听不到那琅琅的读书声和那富有节奏感的昭示着农村文化的上课铃声,让这个沁河旁的小村庄失去了应有的活力与灵性。这一直是我内心深处的一个遗憾,在某种程度上是一种隐痛。所以,我一直希望在振兴乡村的过程中先振兴乡村教育,能够把村里的学校办起来,办个幼儿园也行,这样就不需要把一个 3 岁的孩子送到几里外的中心村上幼儿

---

① 司洪昌.嵌入村庄的学校:仁村教育的历史人类学探究[M].北京:教育科学出版社,2009:2.

园,也不用让六七岁的孩子到 10 多里之外的私立学校就读。村子里的歌声、琴声、读书声会让乡村充满生机活力,充满灵性,变成有灵魂的栖居之地。虽然我知道这不是魏小分在驻村期间凭一己之力可以实现的,但我还是希望他以及像他一样驻村的教育人能够为此做一些努力,这样会让乡村振兴的驻村工作更富有意义。我相信,随着时代的发展,教师的职业体认会发生深刻的变化,乡村教育也会在乡村振兴战略中发挥更大的基础性、先导性作用;但我更相信,会有更多的乡村教师热衷于乡村教育,沉醉于三尺讲坛,用自己的教育情怀助力乡村孩子放飞青春梦想。

学生感言:

参加工作至今,我在不同的岗位上书写自己的真挚情感,但这所有的一切,都是中师三年所培养的教育情怀、教育认知、教育责任、教育行为对我的影响。虽然清贫而又艰苦地坚守在基层农村,但能肩挑时代赋予的重任,播种下一批批理想的种子,我深感荣幸。作为一代中师生,我将不忘初心,不负韶华,坚持自己的教育梦想,一起向未来,将师范的精神发扬光大。

——魏小分

第二章　不负韶华：传承中师精神

毛泽东同志曾经说过："人是要有一点精神的。"当然，这种精神不是豪言壮语，不是空头口号，它深藏在你不经意的举手投足之间，影响着你的一言一行。人是这样的，社会亦如此，学校更需要一种精神。精神是一种力量，它以润物细无声的方式，隐匿在校园的每一个角落里，体现在每一位老师的课堂上，镌刻在每一位同学的心灵里。中师教育更是如此。当年的中师学校，没有惊天动地的抢生源大战，也没有铺天盖地的招生宣传，还没有林林总总的质量排名，更没有花样繁多的励志校训、校歌等，但它却招收了当时成绩最优秀的初中生，培养了一大批优秀的中小学教师。长期以来，我一直以为很难用几个精准、传神的关键词来概括中师精神。但是，就是那代中师生，用他们三年的刻苦勤奋学习，用自己毕业后踏实勤勉的工作，将中师精神传承至今。虽然他们只是一个个普通平凡的教师，但他们不负使命，守土知责，守土尽责，坚守教育战线，用自己的专业成长演绎了一名人民教师的无悔选择，将中师精神在平凡的工作岗位上发扬光大，使之熠熠生辉。作为亲手培养了一代中师生并亲眼见证了他们在各自工作岗位上辛勤耕耘多年的教师，如今我回望他们一路学习和成长的历程，忍不住由衷地感慨：虽然我依然无法详

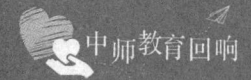

尽完整地界定"中师精神",但是我可以非常坚定地说,在这代中师生的身上,生动而深刻地体现着对知识的孜孜以求,对命运的认真以待,对信仰的坚定执着;演绎着"传道受业解惑"的能力,诠释着"蜡炬成灰泪始干"的奉献、"化作春泥更护花"的柔情,以及"位卑未敢忘忧国""铁肩担道义、妙手著文章"的担当。这是一代中师生用心血和生命守护的"中师精神",同时也是所有教育者的"师道传承"。

第二章 不负韶华：传承中师精神

看见教育最美的样子

教育的任务在于，为每一颗年轻的心都找到一把金钥匙，为每一个青年男女都开辟一个领域，在这个领域里，他们的能力能够被唤醒并得以充分发挥。

——[苏]苏霍姆林斯基

康德曾言："怎样找到美？我们的希望何在？在教育中，不在别处。"是的，教育的美感无处不在，教育的魅力润物无声。教育事件中处处渗透着美感，只有热爱教育、懂得教育的人才能找到它的美感所在，看见它最美的样子。

2021年，我在微信朋友圈里看到了一篇《看见教育最美的样子》的报道，让我热血沸腾，尤其是看到内容是关于济源市刘翠平被认定为省级名师培育对象的，激动之情难以名状。虽然20多年没见，但看到那张知性端庄的照片，我依然能够一眼认出。我想到了她少女时代莞尔一笑的清澈目光，也想起了她上中师时的点点滴滴。

刘翠平14岁上的中师，在班级里是属于年龄比较小的。她在学校不是特别出众，总是文文静静，默不作声。或许是年龄小的原因，她对我似乎产生了一种戒备心理，从没有在我面前大声说过话。即使是在体育课上，还有她喜欢的舞蹈课上，我也没有

听到她放声大笑过,甚至印象里她走路的脚步声都很轻。可以说,安静是她日常固有的行为表现。不过,她有一个典型的表情特征让我记忆犹新,那就是莞尔一笑。无论在她开心时,还是羞涩时,她都会用莞尔一笑来代替她所有想表达的语言内容和内在的心理活动。毕业后,每每想起她,我都会想到徐志摩《再别康桥》中那最经典的诗句:"轻轻的我走了,正如我轻轻的来;我轻轻的招手,作别西天的云彩……"在我印象中,从进入中师到毕业,刘翠平并没有主动跟我有更多的交流。即使在我赠送她明信片时,她也只是满眼感激地看着我,没有言语上的表达。但她的眼神总能告诉我,她有着丰富的内心世界和顽强不屈的精神品质。这一切,虽然在学校时没有明显的体现,但在她毕业后的工作中,她用专业成长的方式将之逐渐表现了出来。

"读中师,不是我的选择,而是我母亲的选择。我原本是想读高中上大学的,是母亲赶到学校修改了我的志愿,所以我的中招志愿就被动地变成了沁阳师范,我也就成了一名中师生;进体育班,也不是我最好的选择。分班时,我的首选是音乐班,但因为报音乐班的人太多,于是我就被分到了体育班。不过,好在艺体不分家,在体育班不仅培养了我积极向上的进取精神,还培养了我的审美意识,这是我黯淡青春中唯一的'小确幸'了吧。"谈到自己上师范的经历,无论志愿填报还是专业选择,虽然都不是刘翠平自己的人生梦想,但她还是从中找到了一些慰藉。也正是她的这种积极的人生态度,使她的中师生活并没有因被动选择而显得黯淡无光,反而是踏踏实实、丰富多彩。

谈到中师生活,刘翠平告诉我,在她的记忆中,最清晰的就是我教他们学交谊舞、带他们跳健美操的场景,尤其是他们在学

第二章 不负韶华:传承中师精神

习时手忙脚乱的样子……

"高老师可能不知道,交谊舞带给我们的是怎样的影响。那时候,我们班是学校学习交谊舞的第一个班,也是学校组织班级舞会的第一个班,这足以让我们自豪无比了。更何况,当越来越多的班级开始组织舞会的时候,哪怕是我这样的'菜鸟',也可以称得上是'舞林高手'了。不擅交际的我,因为交谊舞,也和同伴们留下了许多舞场趣事。时隔多年再想起,仍然会嘴角上扬,有时还禁不住踮起脚尖旋转一周。"谈到当年学跳交谊舞,她的眼里仍然闪着亮光,不由自主地扬起她的下巴,甚至眼睛微闭,深深地沉浸在美好的回忆中。尽管不少同学都提到过我当年教他们跳舞的事情,但令我没有想到的是,她会把这些美好的回忆融入她当下的生活,尤其是与广场舞的场景交融在一起,着实别有一番风味。

"现在,我家门前广场的东南角有一个露天的交谊舞场。无论春夏秋冬,每当夜幕降临,舞场的彩灯就开始在水泥地面上呈现出一个个瑰丽的画面,一对对舞伴随着音乐翩翩起舞。我从来不参与,但偶尔会驻足欣赏片刻。其中,不乏跳得好的,轻步曼舞,疾步回旋。每每这时候,我就会想起您,因为您是我学交谊舞的启蒙老师。有时候我会想:高老师如今还跳舞吗?如果同学再聚会的时候,能有一个大大的舞场,师生共舞一曲,那一定会是一件极其美好的事情,也一定会是一幅美丽的画面……"

多年不见,也没有联系过,她能如此将我的课堂与现实的生活联系在一起,令我非常感动。尤其是她还记着我,有着与我共舞这么一个朴素与美好的愿望,作为老师我是非常自豪也是特别欣慰的。

在她讲述时，我想到了其他同学讲到当年学跳交谊舞的感受，虽然各自体会不一，但有一点是相同的，那就是不论跳得怎么样，大家没有不喜欢的。同时，从他们的讲述中，我再次印证了自己的一种直觉，在他们的青葱年代，舞蹈曾经为他们的学习与生活增添了一抹亮丽色彩，他们从中获得了乐趣，看到了世界上的另一种美，也找到了一条接近美、走进美的重要途径。同时，这种美在他们毕业后的现实生活突围中，为他们的生命打开了另一扇窗，欣赏一首悠扬的歌曲或者一支优雅的舞蹈，会让他们在各自平淡的岁月里散发出智慧的光芒。从他们的讲述中，我看到了一种从容，看到了舞蹈对他们的安抚，看到了他们内心的柔韧与开放、激情与奔放；也看到了他们面对生活所具有的淡定和安宁，还看到了他们内心因获得美感而享受到的一个又一个人生的'小确幸'。想到这里，我欣慰地笑道："感谢你对老师交谊舞水平的认可，也谢谢你能喜欢上它，遗憾的是老师已有很多年不跳了。如果同学们聚会时真的有一个大大的舞场的话，我一定与同学们一起再跳一曲《酒醉的探戈》，唱一首《春天的芭蕾》。虽然老师多年不跳，但请你相信老师还能转起来，因为老师心中一直在与你们共舞。"听了我的话，她的眼里闪闪发亮，再次翘起了她的下巴，脸上露出了会心而又满意的笑容。

谈到自己的工作经历，刘翠平用了一个20世纪特有的词语——"上山下乡"。在我看来，这个词用得非常中肯，也有着特殊的寓意。中师毕业后，她被分配到家乡的五龙口镇山口村任教。山口村在济源的东北角，与山西接壤，是个不折不扣的山区。她在山口村待了三年，第一年在老校区五龙口镇山口小学，第二年搬到了新校区，学校名字变更为五龙口实验小学。

第二章 不负韶华：传承中师精神

"在山上教书的第一年,我自己还是一个大孩子。一个孩子曾经对我说:'老师,我知道你不想做教师,但你在我们心目中,就是一位好老师。'那时候,工资不是按月发的,有时几个月才发一次。好在我刚毕业,对工资没什么概念,所以就没有放在心上。当时,和我搭档的是一位老教师,不知道他对孩子们说了什么。孩子们商量每人每天拿出一元钱给我发工资。当时,班里有 18 个孩子,这样算来,他们要给我发的工资是比我原本的工资还要高的。虽然,我没有领到孩子们发给我的工资,但是,这份心意却让我铭记在心,直到如今。"也正是孩子们的这份心意,让原本不想当老师的刘翠平改变了自己的想法,她下决心要当老师,并且要努力当一名孩子们心中的好老师。谈到毕业后第一年的工作经历,她十分感慨,对孩子们质朴的情怀和真挚的情感念念不忘。可以说,是孩子们让她在毕业后毅然决然地选择了当老师,并在这条道路上坚定地走下去。第二年,学校搬到了新校区,规模大了许多。非常幸运的是,她遇到了一个很有理想、思想解放、办学思路明确的好校长,带着全体老师走出大山,远赴山东学习取经,也培养出了一批优秀教师,她就是其中的一位。

三年后,刘翠平离开了实验小学,来到五龙口镇的平原乡村学校任教,在这里一待就是十年,但实验小学对她的影响一直都在。她也一直积极进取,用自己的专业理念和行为方式,精心上好每一堂课,爱护每一个学生,来促进自己的专业成长。

2010 年秋天,刘翠平参加了市里的一个名师选拔活动,虽然没有成功入选,但让更多的人认识了她。"2011 年春季的一天,我去济源一中听讲座。讲座结束后,我一个人走在路上,一个脸

蛋圆圆的女孩子拦住了我。聊起来才知道,她是柿槟学校的老师,也是名师选拔活动的评委。那时候,他们学校已经定好了,将整体迁入济渎路学校。所以她极力邀请我来济渎路学校任教。也许老天也不忍辜负这一段美好的缘分,那年秋天,我如愿以偿地调入了济渎路学校。从乡村学校调到城市学校,这对多少人来说是梦寐以求的事情,因此我一直对她心怀感激。"就这样,经历了15年"上山下乡"的刘翠平结束了她乡村教师的生涯,于2011年9月调到了城里的济渎路学校,开始了她一段新的教学生涯。济渎路学校属于九年一贯制学校,分为两个学部,她在小学部工作。在济渎路学校的这10多年,是她专业成长最快的时期。

刘翠平向我讲述这件有趣的事情时,令我真正体会到人与人之间缘分的神奇所在,以及命运之神所垂爱的并不是幸运之人,而是那些早有准备的人,也再次证明了幸运绝非偶然,而是个体努力后的自然结果。

2014年,我在《教育时报》上看到了刘翠平和她学生的故事《一个班主任的"农业教育"手册》。在这本手册中,她自比农民,如呵护幼苗一般呵护着她的学生:认知每个孩子的唯一性;用阅读改良孩子生长的土壤;用奖惩来弘扬正能量;用教育规律来因势利导。在她那朴实的文字中,我读到了一个教育人的质朴情怀。

看到刘翠平和学生的故事,我不由得想起了著名的语言学家、教育家吕叔湘先生关于教育的经典论述。他认为教育的性质类似于农业,而绝对不是工业。工业是把原料按照规定的工序制造成为符合设计的产品,农业可不是这样。农业需要适合

第二章 不负韶华：传承中师精神

的土壤，充足的阳光、水分和空气，让种子自己生根发芽生长，自己开花结果。在这个过程中，农民还需要锄去杂草，施肥浇水，然后才能有收获。这个过程提醒我们，"种子"自身的特点和力量固然重要，但环境对种子的影响也不可小觑。吕先生这个生动形象的比喻，深刻地揭示了外在环境对一个人成长的重要性。所谓"蓬生麻中，不扶而直；白沙在涅，与之俱黑"，所谓"橘生淮南则为橘，生于淮北则为枳"，便是中国古人对教育重要作用的深刻认识与精练总结。对学生而言，接受的教育不同，教师所采取的教育方法不同，构成其人格底蕴的知识结构、能力结构、文化结构自然也不相同，那么其命运的轨迹和发展的走向也会大相径庭。就此意义而言，教育对一个人的成长起着不可替代的重要作用，教师对学生成长的影响作用不言而喻。刘翠平和学生的故事能够登上《教育时报》，这对她来说是一种莫大的荣耀，也是对她这么多年来教书育人的一个礼赞。我看到故事的那一刻，深深地为她的精神所感动。但由于我没有她的联系方式，也就没有给她打电话，只是在心中默默地为她庆贺。当然，我也有为师的自豪与骄傲，为此曾经拎着报纸向同事和家人展示，告诉他们上面报道的是我的亲学生，那种显摆的神情就像报纸上写的是我自己似的。

报道有句话让我感到特别的兴奋，也令我十分激动。"刘老师的班级名称是阳光班，阳光班学生的成长目标是成为一个阳光的人。"在班级管理中，她实施《班级公约》和"成长银行"，着重于在日常生活中培养孩子的规则意识。公约分为权利和义务两部分，作为班级的一员，你享有哪些权利，你应该尽到哪些义务，若没有尽到义务，会受到什么样的惩戒，都规定得清清楚楚。实

施《班级公约》的目的,在于让学生知道自己该做什么、不该做什么,什么时候能做、什么时候不能做。而"成长银行"则是对《班级公约》践行情况的记录,学校会依据"成长银行"的情况对不合格者给予惩戒,以达到小惩大诫的目的。其实,根据我对教育的理解,她的《班级公约》和"成长银行",不仅培养了学生的规则意识,也培养了学生的责任感、边界感,让学生学会对自己的行为承担后果。我曾经写过一本书《家庭教育:为孩子的成长打好底色》,成立了一个读书会——阳光书亭,可以说,对于"底色"和"阳光"两个词我情有独钟。所谓底色,就是打底的颜色,决定着图案的整个布局和色彩。阳光是教师独有的精神寓意。教师从事的是阳光底下最光辉的职业,理应把孩子培养成为充满阳光的人,并使他们成为阳光的使者,为世界洒满阳光。所以,当我看到《教育时报》对刘翠平的评价中也有这两个词语的时候,我内心有一种按捺不住的喜悦,好像找到了自己精神血脉的传承人一样激动,或者说找到了一位专业理念的接棒人。其实,教育就是文化传承的过程,师生之间本就是一种精神传承的关系,所以,无论她的专业理念和方法是否从我这里传承,我都感到十分欣慰。

《学记》有言:"教学相长。"这些年,刘翠平在培养孩子们的同时,自己也在不断成长。她先后获得河南省骨干教师、河南省百名优秀班主任、《教育时报》河南省最具智慧力班主任等荣誉称号。自2016年起,她担任济源示范区新教师岗前培训兼职教师,并多次到陕西省及成都、深圳等地举办讲座。作为她的老师,我的自豪与骄傲之情可谓不言而喻。

但是,谈及这些事情,刘翠平却非常平静,没有任何的骄傲和自豪,反倒是一脸的恬淡,一如她读中师时那常有的平静。即使在我表扬她的时候,她也只是莞尔一笑,甚至会带着若有所思的表情,因为她觉得自己现在所有的一切都是学生给予的,以后的责任会更大,担子也会更重。她不仅要对得起曾经给了自己这份荣耀的学生,也要对得起自己作为一名教师所应有的职业素养,更要对得起这份沉甸甸的荣誉本身所蕴含的价值和意义。说实在的,我不仅从刘翠平的课堂教学和班级改革中看到了教育最美的样子,也从她的言谈中看到了一个热爱教育的人最美的样子。

学生感言:

曾经看过很多篇写中师生的文章,大都是讲那个年代很多优秀的学生去读了中师,而他们本该有更大的舞台,却选择了清贫。笔风婉约,文意悲凉,多有为中师生鸣不平的意思。而我想说的是,时代从不曾亏欠我们,曾经给了我们最好的教育,给了我们一份稳定的职业。从另一个角度而言,与其哀怨,不如努力。流年似水,永远努力在你的生活之上保留一片天空,方不负芳华!

——刘翠平

把 100 米当成 110 米跑的数学老师

教师的语言,是感化学生心灵不可取代的手段。教育的艺术,首先是灵犀相通的说话艺术。

——[苏]苏霍姆林斯基

因为当老师,所以比较关注课堂教学;因为培养基础教育的师资,所以比较关注课程设置。2016 年 9 月,由北京师范大学林崇德教授牵头研究的"中国学生发展核心素养"正式发布。学生发展核心素养主要指学生应具备的、能够适应终身发展和社会发展需要的必备品格和关键能力。学生核心素养的发布,对教师的专业能力也提出了新的要求。2021 年 5 月,教育部颁发了《小学教育专业师范生教师职业能力标准(试行)》,明确提出小学教师应具有"教学实践能力、综合育人能力、师德践行能力、自主发展能力",这是对在校师范生职业能力测试与认定的条件,也是小学教师应该具备的职业能力要求。其间,学校承担小学全科教师(公费师范生)培养任务,自然要把学生核心素养与小学教师职业能力条件作为人才培养方案的重要参考内容。在研制人才培养方案时,我也会想起那代中师生,他们的综合素养正是当下学生核心素养内容与教师职业能力要求的有效体现。可以说,无论是当时的课程设置与培养模式,还是能力要求与职业

第二章 不负韶华:传承中师精神

素养,与现在的核心素养、职业能力标准的要求是完全一致的。所以,从某种程度上讲,我一直认为他们就是当年的"全科生"。

回想起来,当年沁阳师范开设的课程还是比较全面的,涵盖了语文、数学、物理、化学、政治、地理等公共基础课程;教育学、心理学、语言基础等专业基础课程;体育、音乐、美术、书法等艺体类课程;学校值周、缝纫、志愿者等社会实践类课程;舞蹈队、器乐队、声乐队、体育队等第二课堂活动。可以说,当年的中师课程设置与基础教育的实际需求是"无缝对接"的,具有较强的科学性和实用性,较好地培养了学生扎实的教学基本功和较强的职业能力;其中的能力要求与现在的核心素养和教师职业能力标准高度吻合,具有一定的延续性与持久性,成为中国基础教育师资培养的标志性品牌。正因如此,那一代中师生的素质非常全面,可谓是"语数外通吃,体音美全拿",所以,我称他们为90年代的"全科教师"并不过分。这一点,我从许多当年中师毕业生身上能够看到,在我教过的学生中,邓小伟的体会尤为深刻,中师生的综合素养在他的身上也得到了具体体现。

二年级分班时,缺乏兴趣爱好的邓小伟没有方向意识,就随便报了自然班。"新学期入班后,我发现自然班并不是自己喜欢的,加上对任课老师了解甚少,情绪随之低迷。第二天,听说隔壁教室是体育班,班主任是高老师,我就鼓动酒利星共同'跳槽',来到了体育班,幸福快乐地度过了自己后两年的中师生活。"谈到当年分班的事情,他不好意思地笑笑。

在我的记忆中,邓小伟是个性格腼腆但内心很有想法的学生,也是班上一位学习用功、做事用心的学生。可以说,他的这种学习品质和性格特点,不仅使他的中师生活过得比较充实,也

为他以后的专业发展奠定了坚实的基础。2021年10月,我在济源调研,谈到当年中师所开设的课程,邓小伟充满无限感慨:"体育课上,我们学习各种运动技能、学会健康生活,并培养了坚韧不拔、拼搏向上的精神品质;音乐课上,我们学习简谱、五线谱、视唱、琴法等,感受到音乐的韵律之美;美术课上,我们学习素描、国画、油画、水粉画等,鉴赏了诸多古今中外名作,陶冶了我们的审美情趣,拓展了认知视野;书法课上,我们学习了毛笔字、钢笔字、粉笔字的书写,鉴赏了我国历代名人碑帖,感受到中华优秀传统文化的博大精深。同时,在学习、理解、运用知识和技能等方面形成了科学的价值理念、思维方式,培养了理性思考、敢于质疑、勇于探究等精神品质。"邓小伟的感慨不无道理,因为从他在中师期间的收获,以及毕业后的工作与生活中,我都见证了这些。

回忆中,邓小伟跟我谈到了在沁阳师范读书期间曾经发生的一件事儿。于我而言,这件事已经模糊在记忆深处;但于他而言,却记忆深刻,并影响了他之后的业余爱好,乃至专业发展。

1994年,也就是他们上中师的第二年,我写了一篇文章准备投稿。那时候没有所谓的电子稿,都是手写稿。为了能给编辑老师留个好印象,我打算到班里找个写字好的学生帮我誊写一遍。班长聂小华向我推荐了邓小伟,于是,我就让他写了一段文字来看看。平心而论,以当时学生的水平来说,他写得确实不错,但是看完他写的字后,我突然想到原来(9)班的体育委员雒绪坤的字比他写得更好一些,所以就没有让他写,而是找了雒绪坤。谈到这件事,我非常愧疚:"对不起,当时没让你写。"他却非常释然,笑道:"高老师,跟您讲这件事,其实是想告诉您,我当时

第二章 不负韶华:传承中师精神

是很感激您的。"我感到有点纳闷,不解地问道:"为什么?"他笑着说:"虽然您没有选中我,但是我内心还是感到很荣幸,也非常高兴。一方面,班长推荐我,说明我在班里写字水平是最好的;另一方面,您让我认识到了自己的不足,看到了自己还有进步的空间,也让我认识到了把字写好的重要性,所以我当时下决心一定要努力把字写好。尽管中师二年级已经不再开设毛笔书法课了,改为钢笔字和粉笔字的练习,但是我仍然鞭策自己把毛笔字和粉笔字有机结合,兼顾练习,而且这样的练习一直坚持了20多年,即使平时工作再忙,也从未间断。"

的确如此,在学校期间,在书法老师的指导下,邓小伟系统练习了柳公权的书法,自学了欧阳修、赵孟頫的字,临摹了隶书、唐人小楷《灵飞经》、王羲之的天下第一行书《兰亭序》等。经过坚持不懈的学习研究与刻苦训练,他的书写水平大幅提升,也为他以后的专业发展提供了良好的机遇。

中师毕业那年,在教育局的安排下他们参加了岗前培训。在培训过程中,济源市教师进修学校组织了毕业生和进修学校教师篮球对抗赛。由于在学校接受过体育特长班专门的篮球技术训练,所以比赛中他们表现得非常出彩,使得济源市教育局的领导、教师进修学校的领导和教师对他们这一届的毕业生刮目相看。

随后,他和一部分同学被分配到当时的亚桥教办。"没过几天,其他同学都顺利分到了学校,我却被滞留在教办半个多月无人问津。后来才知道,是因为两所学校的校长都想让我到他们学校任教,争执不下,才被搁浅了半个多月。"后来,他被分配到一所农村小学,教一年级语文、数学(包班)。由于缺乏教学经

验,当时认为"一年级有啥可教的?随便教教学生就会了"!认知上的不足和对同事的轻视,他所带的班级在第一次期末考试中名列后三名,这使他心中产生了从未有过的耻辱感。"痛定思痛,我分析教育教学中的失误和不足,明确努力的方向,付诸实践,在以后的教育教学工作中奋起直追,教学成绩越来越好。"谈到刚参加工作时的情况,邓小伟十分羞愧,总觉得自己没有做好。不过,后来的一件事,改变了他的工作心境。

他刚参加工作不久,济源市教育局在全域内举办"系列达标"活动,包括"三字一话""课堂教学设计"等,特别提出的是毛笔字、钢笔字、粉笔字。于是,邓小伟很快就崭露头角,成为辖区内的佼佼者;在全市的优质课比赛中,他的板书基本功为他的优质课增光添彩,获得一等奖;他所教的历届学生,在书写水平上明显高于其他班级,并且经常因学生卷面整齐、书写规范深受好评;学校组织开展学生社团活动,他成了为数不多的辅导教授学生毛笔书法的老师……这些都为他的专业发展以及晋升副高级职称提供了重要支撑。

尤其是在教学工作中,他的板书成为课堂上一道亮丽的风景线。2015年,他获得济源市教学名师称号,成立了名师工作坊,从事济源市青年教师培养工作,不仅教给青年教师授课的本领,还教会他们如何规范书写。每次公开课上,不仅他的授课方式让广大青年教师折服,而且他的课堂板书也让他们赞叹。曾经有听过他讲课的老师惊叹道:"这书写水平不教语文可惜了!"

当然,这项技能不仅让他成功"圈粉"无数,也为他赢得了良好的社会声誉。这些年来,他的同学、同事、邻居家办喜事,或者过春节,总是慕名去找他帮忙写对联。这些事情虽不是什么惊

第二章 不负韶华:传承中师精神

天动地的大事,也没有什么名利,但是让他内心充满幸福与喜悦,拥有满满的获得感,同时还收获了诸多友情。"虽然是一件微不足道的小事,却改变了我的一项决定,促使我养成了一个良好习惯,让我收获了意想不到的惊喜与幸福,让我的教育之路变得更加宽阔平坦。我真的很感谢敬爱的高老师!"听了他的话,我心里却久久难以平静,不知道是内疚,还是感动。我曾经自责过,如果我当初选择了让他帮我誊写,或许他会更有信心,字也会练得更好。但是人生没有如果,我无法用另一种结果让自己释怀。好在邓小伟有悟性、有志气,用功用心,练了一手好字,用他优异的专业发展成绩给了我极大的安慰。

不过,最让我欣慰的,是他给我谈的第二件事。用他的话来说:"回忆中师三年的学习与生活,令我印象最深刻的一件事,就是高老师与我的一次促膝谈心。"在中师期间,他有一段时间心理非常焦虑,不管干什么事情总是畏首畏尾,有时候还产生打退堂鼓的想法。发现这一情况后,我打算找他谈谈心。一天晚饭后,我骑着自行车赶到学校,把他约到足球场上,从认识自我、发展身心、规划人生等方面,与他进行了一个多小时的促膝谈心。至今我依然清晰地记得,那次交流我很用心,帮助他从健全人格、自我管理、勇于拼搏、挑战自我等方面有了新的更清晰的认识。也就是那次谈心后,他整个人都发生了很大的变化,仿佛一下子成熟了很多,也积极快乐了很多。

"高老师,您当时说的话我现在记忆犹新,最触动我的一句话就是:把100米当成110米跑。您当时是这样说的:比如100米赛跑,如果你把目标定位为100米,那么快到100米时,你内心的动力就会弱下来,因为你知道马上要到终点了,所以速度也就

慢了下来;如果你把100米当作110米来跑,当你快到100米时,你觉得还有10多米的距离,所以不能放松,依然还保持着自己最快的速度,那么你一定会以更快的速度跑完100米。我们做任何事情都需要这种精神,才能把事情做到极致、做到最好!"

从自身的角度来讲,因为我在高中、大学都是学校的运动员,大学毕业后担任体育老师,所以对这句话有切身体会;从学生的角度来讲,这句话我跟很多学生讲过,但我真的不知道有多少学生记在了心里,有多少人用在了实际生活中,而邓小伟却记住了,也用在了实际工作中,并且做得很好。"这个哲理一直记在我的心上,伴随了我将近30年,成为我工作与生活的座右铭。作为一名普通教师,我用这个哲理、这种精神对待工作,获得了学生、老师、领导对我的认可,也成为我们市的教学名师;作为一名校长,面对上级布置的工作,如果用10分来描述的话,我布置工作时会按12分来安排,这样即使老师们做到了我布置的8分,按百分率来算,也达到了上级要求的96%,效果也是很好的。所以,把100米当成110米跑,是我工作与学习的座右铭。"如此看来,邓小伟的确是一个很有心的人。

俗话说得好:"处处留心皆学问。"正是他的用心和用功,为他的专业发展提供了很多机会和平台。2001年暑假,他被任命为一所中心学校的教导主任;9年之后,他又被任命为一所小学的副校长;6年之后,他被任命为校长;两年半后,他被任命为中心校副校长。用他的话来说在成长历程中,他也像孙悟空一样经历了"闹心—定心—修心"的漫长过程,使自己获得了长足的发展。

令我欣慰的不是他当了校长,而是他在专业上的建树。邓

第二章 不负韶华:传承中师精神

小伟对小学数学的教法研究与实践别具一格,所以他在小学数学领域还是有一定影响的。在他看来,数学教学不仅仅是教知识,更重要的是在教学中以知识学习为载体,让学生在数学活动中能够探寻数学本质,体验到数学精神,进而学到数学知识,学会数学思维,掌握好数学方法,逐步形成一定的数学能力,慢慢感悟和理解数学思想,在不知不觉中提升数学素养。"唯其如此,当有一天学生离开学校之后,他也许忘记了许许多多的数学公式和定理,但他在头脑中能够进行严密的逻辑推理、周密的思考,能从数学的角度分析问题和解决问题,清晰而有条理地表达自己的观点,能够运用数学思维方法去处理在非数学领域遇到的问题等,我们就说这个公民具备了良好的数学素养。正如2022年版《义务教育数学课程标准》中将数学核心素养概括为:能用数学的眼光观察现实世界,用数学的思维思考现实世界,用数学的语言表达现实世界。"当邓小伟坚定有力地告诉我他对数学的理解时,我想到了爱因斯坦所说的一句话:"什么是教育?走出校门后,把学校里学的知识全部忘记,剩下的东西就是教育。"邓小伟不仅让我对数学有了更加深刻的理解,也让我体会到教育的深层次含义,他是用数学在做教育。所以,每次看到他,我就感喟道:"数学是体育老师教的。"可以说,他把这句调侃变成了佳话,成为我所认识的虽然学体育却教数学的老师里教得最好的一位。

2016年,根据济源教育局的要求,他组建了"济源市邓小伟小学数学名师工作室"。工作室成员分为两类,一类是骨干教师,另一类是青年教师,两期共招募50多名成员。通过学习课程标准、解读教材、教学设计研究、课例分析、课堂评价等方式,引

领青年教师成长。在2022年暑期的湖南第一师范"领军计划"培训中,教育局委托他引领另一个新组建的小学数学工作坊共同发展。这样,他的工作坊和另一个工作坊组成了一个百余人的联合工作坊。"百余人的培训已经运行半年了,老师们普遍反映受益匪浅,另一个坊主也学到了不少工作坊运行方面的经验。"谈到名师工作坊,邓小伟的脸上洋溢着一种少有的得意神情:"高老师,其实工作坊最大的成效就是让我看到了年轻老师的成长,这是我最开心的。"其实,他没有告诉我,我也能够感受到他的心情,因为从于莉红、王建霞等几名济源籍学生的朋友圈看到他的工作坊的教研活动,以及他为工作坊年轻老师做示范课的画面或者视频,我对他的工作坊也有了不少的了解。

随着他数学课堂改革成效的推广和工作坊影响力的提升,他对小学数学课堂的研究也得到了同行专家的高度认可,尤其是获得河南省教学名师后,他曾多次以一线专家的身份做客多所高校,指导学生的实践教学,也会与"国培计划"的学员分享他的数学课堂。每每看到这些,我都会感到十分自豪。每次看到他绘声绘色地讲课,尤其是黑板上那漂亮的板书,把生硬的数学符号变成了动人的音符,我都会非常高兴,积极为他点赞加油。

我与邓小伟联系更多是在2017年10月以后。当时,我受教育部职业院校教育类专业教学指导委员会委托,负责牵头制定高职院校小学数学专业国家教学标准。根据研制要求,需要邀请一线的专家参与。他是我最熟悉的小学数学一线专家,所以就邀请了他。在此过程中,他对标准的研制工作提出了很好的意见与建议,也为我的科研项目实地调研提供了许多现实依据。他不仅让我欣喜地看到了他用自己的专业知识和职业能力反哺

第二章 不负韶华：传承中师精神

母校的精神品质，也让我感受到了师生一条心共做一件事的幸福与快乐。从那以后，他作为一线专家开始做客于我们学校"国培计划"的课堂，与农村骨干教师分享他的小学数学课堂改革成效，以及他的数学思维。虽然我没有亲自去听过他的课，但是一想到他和我曾经站在同一个课堂，内心感到无比的骄傲与自豪。每次讲完课，他会和我谈他的感受；每次打电话，他都会跟我聊他的数学课，他的课堂教学改革。在我看来，那些生硬的数学符号在他的课堂上就是生命的音符，学生随着这些音符，跳起思维的体操，奏响生命的乐章。

说实在的，每次和邓小伟交流，我都会有一种很舒心的感觉。他说话不紧不慢，总是面带微笑，两只不大的眼睛特别有神，显露出一种胸有成竹的沉稳；语言表达清晰流畅，有时还会略带思索，边想边讲，体现出一名数学教师所特有的缜密的思维方式与严谨的逻辑体系。尤其是每次谈到他的课堂和学生，我总能感觉到一种幸福与满足洋溢在他的脸颊上，对教育的热爱与执着之情闪耀在他深邃的目光里。尤为可贵的是，无论是当小学校长，还是中心校副校长，他始终工作在教学的第一线，坚守着他痴爱的课堂，用他热情洋溢的教师语言和娴熟规范的教学技能，书写着中师三年赋予他的深厚教育情怀和综合职业素养，吟唱着生命中最美的教育之歌，用110米的思维奔跑在他100米的专业发展之路上。

学生感言：

沁师生活虽然只有短短的三年，却是"播种行为，收获命运"的三年。中师严谨、规范的培养模式使我养成了善学乐学、勤于

反思的良好习惯,塑造了我不畏艰辛、勇往直前的性格特征,培养了我"咬定青山不放松,立根原在破岩中"的精神品质,影响了我毕业后的专业成长。每当遇到困难想退缩时,老师们那温暖亲切的笑容、严谨治学的态度、积极向上的心态就会萦绕在我眼前,催我不断奋进!如今,我可以骄傲地向母校、向老师汇报:我骄傲,我是沁阳师范培养的学生!

——邓小伟

第二章 不负韶华：传承中师精神

点亮学生成长的星光

只有能以敏感的心灵去觉察学生最细微的内心活动的人，才配称为善良的人，才有权利当学生的导师。

——[苏]苏霍姆林斯基

渴望被关注、被尊重、被肯定，是每个学生成长的心理需求。所以，老师的一个动作、一句话、一个微笑，甚至一个眼神，哪怕是批评或者责怪，都会对学生产生重要的影响，让学生有一种存在感。

"高老师一开始给我的印象应该是模糊的，我总感觉自己与高老师之间有一段距离，主要原因是我们93(3)班人才辈出，个个都是人才，人人都是明星，而我却不是，自然不会引起老师的关注。"看到王建霞写的这段话时，我感觉自己有些失职，为此十分内疚，一方面是因为我对她的关注不够；另一方面，我关注她了，但是没有让她感觉到。

说实在的，那时候沁阳师范93(3)班出众的人才确实是太多了。学校的学生会主席在我们班，学生会、团委有好几个部长也都在我们班。当时学校的各项日常管理的评比中，93(3)班经常是第一名，每次学校运动会比赛各个项目的第一名几乎全在我们班，偶尔其他班级拿个第一名，那也是因为受运动会参赛规则

和人数限制,才使得第一名花落别班。同学们在这样的班集体,想不出名很难,因为班级很出名;但想出名也很难,因为你需要有一点"看家本领"。

虽然93(3)班是个体育班,但并不是所有的学生都是体育爱好者,或者说都有体育特长。从王建霞当时的体质状况来看,她并不是具有体育特长的学生。我曾经问过她:"为什么要选择体育班?"她的答案和前边几位同学基本一致,给了我一个比较滑稽却很现实的理由:"同宿舍的10个姐妹,分班前在一起商量该选什么专业?我考虑到自己音乐、美术没有一点功底,语文学科不擅长写作,数学担心学不会,所以就选了体育班。"

基于这样的选班心态,我认为能够与像王建霞这样选择班级心态的同学相遇,纯属命运中的偶然,当然也是机缘的巧合。正因为是偶然,所以我倍加珍惜;既然是缘分让他们选择了体育班,选择了我,那我一定会用自己的专业特长,为他们打上"体育班"的"烙印"。为此,我利用第二课堂活动给他们开设健美操课,教他们跳交谊舞、集体舞、民族舞、现代舞,教他们学习艺术体操、形体训练,还教他们学习太极拳……可以说,我教的这些课程其他班主任都不太擅长,自然就体现出我们班学生的多才多艺。在学校首届艺术节开幕式上,整个晚会12个节目,学生节目共10个,其中7个节目都是由我编排、由我们班的学生演出的。每次我带着他们训练时,总会引来其他班学生的围观,也会引起他们的"嫉妒"。那次艺术节,我们班的学生可算是出尽了风头,大多数人都有节目。我还带着学生到驻沁部队演出,受到部队官兵的热情招待;带着他们去郑州参加健美操比赛,捧回奖杯的那一刻,同学们脸上的自信、骄傲与激情光芒四射,并成为

第二章 不负韶华:传承中师精神

他们一生美好的记忆……

　　身处这样的班集体,对于王建霞来说,或者对更多像她一样的学生来说,是有压力的。"不出众但也不出格的我自然很难引起老师的注意,所以上中师时唯一让我印象深刻的一次,是在舞蹈教室跳健美操。节奏感好的、有舞蹈基础的同学在老师的示范带领下把健美操跳得青春四溢,活力迸发。而我总是在别人手举高时,选择放下;待别人放下时,我又不合时宜地高高举起,用高老师当时的话就是'简直群魔乱舞',其实我也很努力,怎奈缺乏天分,正跳得手忙脚乱时,只听高老师'吼'了一句:'xx霞,你跳的是什么呀?'因为音乐很响,40多名学生一起跳,声音很嘈杂,实在分不清'吼'的是哪位同学;班级里名字末尾带"霞"字的共有三位同学,根据平时的印象,其他两位名字中带'霞'字的同学都非常出色,不可能被'吼',那高老师一定'吼'的就是我了。当然,这些是我自己猜测的,但我心里却有点兴奋。因为尽管是批评,但班里那么多学生,而且高老师那时除了是我们的班主任,还是学校学生处副主任,能够接触到的优秀学生有很多,竟然还能叫出我的名字,我感到惊讶的同时还有点小惊喜。"

　　说实在的,王建霞讲的那种场景在我的教育教学经历中出现过很多次,所以我记不清楚是哪一次。但作为班主任,班上学生的名字我还是能够记住的。多年来,每次上课我都会以点名的方式考勤。于我而言,考勤的作用有三个:一是为了能够认识学生,记住学生的名字;二是为了检查学生的学习态度,凡三次无故缺课者视为学习态度不端正,本门课程就没有平时成绩(当然,如果学生认为老师讲得不好,可以提出申请免修);三是为了"留痕",通过考勤记录可以留下学生在学校学习与生活的印迹,

等若干年学生聚会时,我会把考勤表拿出来印证他们对学生时代生活的记忆。所以,在我的课堂上,很少有学生敢肆无忌惮地无故缺课。从教学效果而言,我始终认为,教学从记住学生的名字开始,课堂要在认识学生中进行。如果我们连自己的教育对象都不认识,怎么可能给他们良好的教育呢?那种上课进教室、下课回家的老师怎么可能和学生建立良好的师生关系呢?或许若干年以后学生的形象会在我的记忆中模糊不清,但是他们的名字我是不会忘记的。只要提起这些学生的名字,我就知道他曾经是我的学生。在我看来,点名是认识学生、有效教学的最基本方法。所以,在我任班主任的班级,学生毕业20年聚会时,我依然能喊出每位学生的名字。尽管有的20年没见,岁月无情地让他们发胖、掉头发、长皱纹……但他们的神态早已深深地刻在了我的心里,永远都不会忘记。

"时隔20多年,说起我的名字,高老师一定想不起来是哪位学生。因为我们现在和高老师有着一样的体会,在自己教过的每届学生中,除了记住最出色和最出格的学生,其他孩子基本都不会有太深刻的印象。"关于王建霞说的这一点,我特别想为自己"辩解"。也想对我所有的学生说:"我没有记住所有学生的名字,但只要是我当过班主任的班级,每一位学生的名字我都能记住;只要是我教过的学生,或许一时没能叫出来你的名字,但你们都在我的心里。只要你们有需要,我都会以老师的身份在场。""有需要,找老师",这是我对所有学生的承诺,也是我对自己作为老师这个身份的尊重,因为老师就是为学生的成长服务的。所以,任何时候,老师对学生的成长都是很关注的。但我也不希望我的学生为了求得关注而主观臆测,从而形成"内耗型人

第二章 不负韶华:传承中师精神

格"。

谈到这里,我想起了日本作家渡边淳一说过的话:"请记住,人生最重要的,是用自己的眼睛看自己。"是的,每个人内心的栖息状态,不是取决于外界的声音,而是来源于自我的审视。当一个人过于注重外界的评价,并把它作为自我价值的映射时,就会在臆测的现实落差中不断坠落。所以,我不希望我的学生"内耗",而是希望他们有自我审视与内省的能力。

让我感到欣慰的是,王建霞没有因为自己的"主观臆测"而"内耗",而是默默地成长着。在中师期间,她最常去的地方就是图书馆,在其他方面的能力也日益见长。由于她勤奋好学,表现出色,1996年师范毕业时,她自豪地捧着"优秀毕业生"证书回到了自己的母校开始工作。其实这张证书,就是老师对她的关注、同学对她的认可、学校对她的肯定的有力证明。

当然,她也没有辜负这张证书,第一学期她教的班级的地理成绩名列全镇第一。她认真钻研教材内容,及时反思课堂效果,积极改革教学模式,不断提高教育教学质量,在参加济源市小学数学优质课比赛中获得三等奖,而在这之前,全镇从未出现过小学数学优质课在全市获奖的先例。

"每当在93(3)班群里只要有我们的成长分享,高老师总是第一个点赞。老师每一点关切都让我们备受鼓舞。很奇怪,越是随着时间的推移,高老师在我脑海里的印象却愈加清晰,愈加亲切。"我不知道王建霞是不是为了安慰我才说了这段话,但听了这些话,我内心得到了些许安慰。一方面,她已经感觉到我一直在关注她;另一方面,她没有在胡思乱想中沉沦,而是成长为一个特别有思想的人。

2021年12月2日,我在班级群里看到了王建霞讲示范课的视频。清脆的声音,动情的语言,自信的神态,让我又看到了一名学体育而教数学的老师所具有的独特的思维品质和灵活的教学方法。"不数方格,能不能计算平行四边形的面积呢?"这一问把同学们引入了动手操作的世界,激起了学生学习兴趣。所以她的课,不仅受到了学生的喜欢,也得到了同行的好评。虽然视频不长,但我一遍又一遍地观看。一方面是想欣赏一下自己学生组织教学的方法与能力,从中去见证她的成长;另一方面是想弥补当年对她关注度不够的遗憾。尽管我知道她也许还是会像当年一样感觉不到我对她的关注,但我想让自己内心获得一种释然。我从视频中欣喜地看到,此时的王建霞,早已成长为一名优秀的数学教师,我真的为她的成长感到高兴。

后来,我专门给与她在一起工作的邓小伟打电话,了解她上课的详细情况,也想对自己的判断有个求证。邓小伟对她大加赞赏,说她的课讲得非常精彩:教学目标准确,思路清晰,教学重难点突出,突破难点的方法也很独特。这一点,我在看视频时深有同感。为了能够让自己在心理上获得平衡,我曾专门打电话问王建霞:"在上中师的三年中,我有没有说过对你有影响的话?"她坚定地回答:"有!"我内心的喜悦油然而生,赶紧问道:"哪一句?"她在电话那边好像若有所思,清了清嗓子回答我:"就是在我那年从初中调到小学任教时,我心里很不好受,情绪也很低落,便想到了您当年带队参加河南省大中专院校健美操比赛时的情境。当时,同学们第一次参加这样的比赛,因为觉得自己是小县城的团队而缺乏自信,心里有点紧张,您铿锵有力地鼓励大家:'能证明你们自己的就是奖杯,捧得奖杯,没人会问你来自哪里！'正是这句话，给了我莫大的鼓舞与力量。"听了她的话，我有种释然，有种欣慰，觉得作为老师的我总算对她的成长起到了一些作用，否则，我会为自己当年没有给她足够的关注而内疚一辈子。

不过，我还是特别想对王建霞说，也是对所有像她一样认为自己不是明星的同学说：星空之所以迷人，是因为它是由无数颗星星构成的。而每颗星星都有自己的位置和运行轨迹，由于其内部的能量活动使其形状不规则，于是造就了这颗星与其他星体的不一样，而有了自己独特的存在方式。但只要它是颗星星，就会泛起星光，也会给周围带来光亮。或许你觉得自己不够亮，但是在老师的心里，每个学生都是一颗星，都会有一闪一闪亮晶晶的时候。从另一个角度讲，如果你觉得自己不是老师心目中的明星，那也不要紧，因为老师心里没有明星，只有学生，每位学生在老师心里都是一颗独特的、闪亮的星。如果你真想做明星，请做你学生心中的明星，为学生的成长点亮星光，正如她所说的："让教育的星空更加璀璨夺目！"

学生感言：

93(3)班是个明星班级，尽管我不是明星，但明星班级让每个从这里走出来的学子都自带这个"团队"的底色，从来没放弃努力。此时的我，作为一名光荣的人民教师，要把学生培养成一颗颗闪亮的星星，让教育的星空更加灿烂夺目。

——王建霞

坚持到底就是胜利

> 教师应该在每个学生身上找到他们独有的、与众不同的能力,并开发它、孕育它、培养它,使之充分显露出来——也就是说,要把人的个性提高到完美人格的高水平上来。
>
> ——[苏]苏霍姆林斯基

作家格拉德威尔在《异类》一书中提出:"人们眼中的天才,之所以卓越非凡,并非天资超人一等,而是付出了持续不断的努力。一万小时的锤炼是任何人从平凡变成世界级大师的必要条件。"作者称之为"一万小时定律"。意思是说,要想成为某一行业的专家,一万小时是起步标准。由此,"一万小时定律"被广泛传开。尽管有人对此提出异议,但我笃信它的寓意:坚持,是做好任何事情的基本原则。所以,每当学生问道:"老师,我怎么才能把这件事情做好?"我都会坚定地回答:"坚持到底就是胜利!"因为我坚信,如果一个人能够心无旁骛地做一件事,一年两年或许不会有很大的收获,但十年八年后肯定会有收获。如果能够坚持更长的时间,就一定会成为这个领域的行家里手,从而获得更好的成长。在于莉红身上,就能看到坚持带来的成长与收获。

于莉红来自济源的一个小村庄,她曾经的愿望是能够考上济源一中。但是她未能逃脱命运为她的安排,身为农民的父母

第二章 不负韶华:传承中师精神

也是急于想让她走出农村,成为"吃皇粮"的国家人,就"逼着"她报考了中师。对此,于莉红在多年以后仍然有些遗憾。

见到于莉红的第一眼,她给我的印象就是十足的"山妞":她的身材瘦小,操着一口地道的济源腔,张嘴闭嘴就是地域的特色方言——"娘耶"!但她活泼可爱,比较灵巧,特别是在体育场上的速度和敏捷度,让作为体育老师的我很是喜欢。更可贵的是她身上所表现出的那一股山里孩子特有的韧劲,做什么事情都很有毅力,不怕吃苦,又很用心,在同学中还很有号召力,特别招人喜爱。

于莉红原本是93(8)班的学生,她喜欢跳舞,喜欢音乐,当时她的愿望是去音乐班,但后来却进了体育班。谈到当年分班这件事,她笑着说:"也不知道是谁把我安排到了体育班。"我十分坦然地说:"是我。"我们俩对望一眼,一起哈哈大笑,她边笑边说:"感谢高老师这么看中我,让我在体育班成长得特别开心。"由此可见,于莉红是个很豁达的人,不管是当年还是现在,她既没有为父母修改她的中招志愿抱怨过,也没有为分班的事纠结过。即便是后来她知道了事情的真相,也并没有因未能如愿进到音乐班而遗憾,更没有因为我把她挑选到体育班而埋怨我,反倒是一笑了之。

当时的师范学校非常注重教师的基本功训练,样样都必须过关,尤其是"三字一话",是每天必须进行训练的项目,每天早读的半个小时,主要用来练习普通话。同时,学校还设有专门的语委办,各班有推普委员,每天要进行检查。由于于莉红进到体育班后表现得非常积极,我也有意想要促进她普通话水平的提升,所以任命她为推普委员。一开始她有些为难情绪,认为自己

普通话不好,怎么能当推普委员?我跟她解释说:"正是因为你普通话不好才让你当推普委员,目的就是要锻炼你,给你更多的机会学习普通话,督促自己讲好普通话。记住:坚持到底就是胜利!只要坚持,你一定会讲好普通话的。"听了我的话,她欣然接受,并表示一定积极工作,把班级的普通话水平提上去。作为推普委员,她每天和大家一起学习,早上进行普通话训练,晚上进行写字训练;日常组织口语训练、讲故事比赛、演讲比赛等活动。由于大家都积极参与,所以班级的推普工作一直名列前茅。当然,她的普通话水平也有了很大的提升。

于莉红不仅工作态度积极,工作方法也很灵活,还很有创意,每次组织活动都别出心裁,并且应变能力很强。记得1995年的重阳节,她在班里主持重阳节晚会,那天学校突然停电,她随即提议同学们点起蜡烛来照明,并没有因为停电而影响晚会的进行,反倒让教室里充满了独特的温馨与惬意。其中有一个环节是跟爸爸妈妈说说知心话,"当时的场景非常感染人:有的同学说,回去的时候,一定要多陪父母出去走走;有的说,他会为父母送上一份自己亲手做的礼物;还有的说,要孝顺父母,给爸妈准备好吃的……大家都用不同的方式表达了对父母的尊重,此起彼伏的祝福让每个人感受到了温暖、和谐"。谈起这段经历,于莉红非常激动,也感慨万千,这对于当时十六七岁的他们来说,是一种非常有意义的情感表达方式,也是一种特殊的成长仪式。可以说,坚持带给了她成长的力量,不仅有效提高了她的普通话水平,也让她的组织协调能力得到了更好的锻炼与提升。由于工作出色,她被推荐到学校学生会任学习部部长。"也正是由于我在这个大家庭里的磨炼,让我从班级的学习委员成长为推普委员,再成长到学校的学习部部长,每一步我都在学习着、锻炼着、收获着。如今,我和这个大家庭中每位成员一样,在自己的岗位上辛勤地耕耘,快乐地成长!坚持到底就是胜利,永远是我的座右铭。"

于莉红在沁师三年的学习与历练,为她之后的专业成长奠定了坚实的基础。尤其是她在工作中始终坚持读书,还坚持带领同事们一起读书、教育孩子们一起读书的精神,着实令我感动。"从教 27 年来,我的育人宗旨是:让每个孩子都成为读书人。"听了于莉红的话,同样喜欢读书的我感到非常开心,也十分欣慰,因为这也是我特别想看到的——让学生成为读书人。我经常在微信朋友圈里看到她带领学生参加各种比赛的照片,还有她主持各种节目、比赛、活动等的信息。在她的微信中,我看到了一位仪态落落大方、发音字正腔圆的优秀主持人的形象,丝毫没有昔日"山妞"的痕迹。每每看到这些,我都会想到她当年作为推普委员所付出的努力,也看到了"坚持"带给她的成长与力量,更加坚信所有的付出都会有回报这一硬道理。

正是在这种力量的驱动下,于莉红充分发挥自己的特长,除了引领学生在校读书之外,还带领学生组织诵读沙龙,与学生一起朗诵《桂林山水》《愚公移山》等篇目;参加"济源市首届愚公移山精神纪念日"音乐诗会;走进部队参加迎新春慰问演出;参加河南卫视《童声咏经典》节目录制,让学生与专家评委一起朗诵经典《江上渔者》……学生们在一次次参与的过程中开阔了视野、锻炼了意志、提升了能力,在中华优秀传统文化的熏陶中,增强了师生的民族自豪感和文化自信。"课下之余,我认真辅导学生参与汉字听写比赛,有学生荣获济源市 2018 年汉字听写大赛

第一名,还有学生代表济源市参加省里比赛并纷纷获奖。"谈到这些活动,于莉红滔滔不绝,边说边笑,脸上洋溢着无比自豪的喜悦。正是她的坚持与付出,不仅成就了学生,也促进了自己的专业成长——她和老师们精心排练的诗歌朗诵《诗意中国》代表河南省参加全国第三届经典诵读比赛获得国家二等奖;她的《学会宽容》一课,由于设计新颖,表达清晰,组织实施效果好,获得河南省优质课比赛一等奖。不得不说,她之所以能取得这样的成绩,是得益于她曾经作为推普委员和学习部部长的那段经历以及获得的成长,还有她坚持不懈的努力,尤其是她对于读书的坚持。

不过,对于莉红来说,学生时代最风光的"舞台"并不是朗诵现场,而是运动场。她最难忘的不是推普晚会,而是运动场上挥汗洒泪的日子。运动场上的她可谓叱咤风云,她娇小的身躯在为班级增光添彩的信念支撑下,在顽强拼搏精神的感召下,迸发出巨大的能量,在跑道上风驰电掣,让运动的快乐、拼搏的精神、团结的意义在她奔跑的英姿中闪闪发光。她参赛的 100 米、1500 米等项目的冠军从来没有落在别人手中。同学们经常调侃她跑 100 米的情景:"于莉红在赛场上就像一阵风,还没看见腿在哪呢就跑完了。"

1994 年春天,于莉红与好友崔艳青有幸一起入选学校体育队,代表学校参加焦作市大中专学生运动会。备赛训练期间,为了给队员加强营养,每天下午锻炼后,学校会免费为运动员供应晚餐。虽然晚餐非常简单,只有汤、馍、芹菜炒肉,就餐环境也很简陋,就在体育教研组的办公室,但是同学们很开心,尤其是对于家庭条件不好的于莉红来说,是件很幸福的事情。由于她又瘦又小,队友们都很照顾她,总是把仅有的几块肉片让给她吃。谈到这段经历,于莉红感触良多,感动不已:"那时候,我们一起在运动场上驰骋,奔跑着,谈笑着,一路汗水,一路收获,一路历练,一路成长;我们一起凌云赛场,斗志昂扬,我们互相鼓励,互相加油,共同享受拼搏之后的幸福时光。尤其是有一次800米测试,最后的100米我快要坚持不下来速度放慢时,您跟在我后面边跑边喊:'加油!坚持!坚持!再坚持!坚持到底就是胜利!'最后我不仅坚持了下来,还拿了第一名。从那以后,我更加懂得了坚持的意义。我相信无论做任何事情,只要坚持,就会有收获。直到现在,无论工作与生活中遇到什么困难,我耳边都会响起当时您喊着让我坚持的声音。"

于莉红天生灵活,所以在学习体育项目的过程中,她大都能很快掌握技术要领。但是,她的柔韧性并不是特别好,刚开始练体操时,她还闹过笑话。记得有一次练习舞蹈时,她挺着肚子,我轻轻走到她跟前,突然喊了一声:"于莉红,收腹!"话没说完,我就把手拍到了她的肚子上,结果她竟然一下子就把肚子收紧了。每次提到这件事,她就会哈哈大笑,不停地重复着说,她的肚子是被我"吓"回去的。毕业20年聚会时,她再次讲到这件事,同学们也被逗得捧腹大笑,还有几位发福的女生调侃我:"高老师,麻烦您把我的肚子也拍回去吧。"我也故意打趣她们:"长自己的肉,让别人看去吧。"

专项训练中让于莉红感到最"惨"的应该是练习下腰。开始练习下腰的时候,她非常紧张,手不敢着地,还不停地"娘耶、娘耶"地吆喝,我硬是给她按下去了。其实,不仅是于莉红,当时很多女生下不去腰,都是我给她们按下去的,只是她比较刻苦,能

够坚持训练,所以她成为班上下腰下得最标准的一位同学。这不仅提升了她的身体柔韧性,也为她日后学习别的项目奠定了良好的基础。事实证明,后来无论是健美操、形体操、交谊舞,还是艺术体操等项目,她都是班里的佼佼者。她在运动场上的这种拼搏精神,影响了她以后的专业成长,还让她养成了坚持锻炼身体的好习惯。毕业多年后,她依然坚持参加体育运动,曾代表中心校参加济源市教职工运动会,分别获得乒乓球女子单打、女子团体冠军;代表济源市教育局参加第三届济源市运动会暨全民健身大会并获得团体冠军、个人第四名的好成绩。她还坚持跳健身操,在强身健体过程中享受运动带给她的美感与活力。所以,我每次见到莉红,她都是活力四射,精力充沛,充满朝气。

　　于莉红很有影响力,她的积极活跃也影响了她周围的人,她所在的宿舍也比较活跃。"十个女孩每天都会围着寝室里唯一的那张方桌吃饭,我们把各自从家里带来的烧饼、油馍、咸菜都摆放到桌子上,一起吃、一起喝、一起说、一起笑。"谈到中师生活,她不由自主地回想起自己所在的宿舍,特别怀念那时候与姐妹们在一起"吃喝玩乐"的日子。令她难以忘怀的还有她们宿舍的集体主义观念。学校当时每个月都有宿舍文化评比,是文明班集体积分中的一项。为了宿舍文化评比时能够出彩,她们宿舍曾经在晚上10点熄灯后点着蜡烛熬到凌晨4点,用吹塑纸剪出一些漂亮的图案贴到墙壁上,美丽的构思瞬间变成了一个个灵动的图案和一处处靓丽的风景。不过,她们被宿管阿姨发现后挨了一顿批评,好在她们的"杰作"在评比时获得了第一名,宿管阿姨才没有追究此事。她们不仅关心班集体的荣誉,也关心国家大事,表现出强烈的爱国主义精神和深厚的民族情怀。"我

第二章 不负韶华：传承中师精神

们那时书生意气，遇到国家大事时就会非常关心。记得1993年国家申办奥运会，我们几个女生半夜不睡觉跑到学校礼堂（餐厅）观看现场直播，当我们听到北京没有申办成功时，我们是何等的伤心和沮丧，第二天的早饭都没好好吃！2001年，中国申办2008年奥运会成功，我们宿舍的姐妹又互通电话，随着申奥成功一起兴奋，一起欢呼，为自己祖国的日益强大而感到骄傲和自豪！"

说到这些，于莉红异常激动和兴奋，这种情绪深深地感染了我，也让我十分感动。集体的力量是强大的，环境的影响是重要的，这不仅影响了她们在学校的学习与生活，也为她们以后的人生发展抹上了一层亮丽的底色。当初她们宿舍的10个女孩，现在虽然都已经年过四十，但是她们的笑容依旧灿烂，因为她们曾经被一个团结向上的集体所孕育与滋养，所以她们个个勇敢、坚强、自信、坚定，都活出了自我风采。如果要用现在的"全科"标准来衡量的话，于莉红真的是全面发展的好学生。

毕业后，于莉红始终没有忘记沁阳师范"学高为师、身正为范"的校训，在教坛上辛勤耕耘。从教27年，她长期担任班主任，教授语文课同时，她还是学校心理健康教育的兼职教师，她所教授的语文课、心理健康教育课均在省、市级评比中获奖。可以说，她早已成为学校发展的中坚力量，曾经荣获河南省骨干教师等荣誉称号，被组织上任命为一所小学的副校长。

于莉红告诉我，她特别喜欢读《愚公移山》这篇文章，所以她带领孩子们朗诵，组织老师们学习，对愚公移山精神情有独钟。这一方面是因为她出生在愚公家乡，传承了"愚公移山、敢为人先"的奋斗精神；另一方面，她钟情于这种精神，并把它内化为自

己成长的动力。"对待工作,我始终坚持的原则是认真、尽心。只要任务交给我,只要担子压在我身上,我就毫无怨言,只想着去干,而且一定要干好!我坚信:坚持到底就是胜利!"她是这样说的,也是这样做的。

2017年,济源市"网络学习空间人人通项目——乐教乐学平台"的推广落到了她所在的学校,作为分管信息化工作的副校长,她义不容辞地承担起这份重担。她和老师们一起钻研探索,通过创新微课、巧用资源、布置活动、充实班级空间、展示校园风采、构建家校协同育人等方式,不仅使"乐教乐学平台"在学校顺利推广,而且平台的使用一直排名全市第一。同时,学生连续两年在此平台上参加才艺展示,成为全市获奖人数最多的学校。

说起文明校园创建工作,于莉红更是激动不已,因为文明校园创建融入了她太多太多的心血和汗水,连续两年的寒暑假、国庆节,她都是以校为家。白天,她带领老师们整理创建资料,与大家一起提升校园文化,共同打造校园优美环境;晚上,她一个人在办公室逐一地、认真地记录下老师们上交资料中存在的问题,第二天指导老师们进行重新整改。在她以身作则的带领下,在她勤奋不懈的努力中,学校先后荣获"济源市文明校园""济源市文明校园标兵"的荣誉称号,这不仅给老师们带来了实实在在的福利,同时,也提升了学校的整体育人环境。

谈到这些工作和荣誉,于莉红非常坦然地说:"虽然说起来都不是惊天动地的大事,但每件事我都投入百分的认真和努力,力争做到更好。"

是的,这些都不是什么大事,但让我看到了于莉红对待工作的认真态度、对学生的真挚关爱、对教育的深厚情怀;也让我看

第二章 不负韶华:传承中师精神

到了她在工作中坚韧不拔的毅力和坚持不懈的精神。如果非要我给她一个评价的话,我可以毫不犹豫地说,生在愚公家乡的她,真正传承了愚公移山的精神,我也相信她会把这种精神一直传承下去。因为她懂得坚持的意义,明白坚持到底就是胜利的深刻意蕴,并在坚持中获得了踏踏实实的成长。

"十年树木,百年树人。"教育是培养人的事业,需要具有坚持不懈、激流勇进的精神;教师是教育的执行者,需要具有迎难而上、绝不放弃的毅力。唯有如此,师资队伍建设才能获得更好的发展,教育才能在新时代改革的大潮中取得更大的胜利,从而培养出更多的合格的社会主义建设者和可靠接班人。

学生感言:

师范三年,凝固了我人生中太多太多美好的回忆!我们感悟着母校的博大情怀,沐浴着恩师的谆谆教诲,享受着同窗的互帮互助。我们奋发图强,我们快速成长。转眼间,我们已毕业27个年头了,每个点滴瞬间对我来讲都是一笔宝贵的人生财富!它激励着我在工作的道路上自立自强,拼搏进取!它教会我在生活的空间里惬意安心,栖冲业简!母校难舍,师恩难忘!

——于莉红

"霞"光永驻的军嫂

> 尽量去了解别人,而不要用责骂的方式。尽量设身处地去想,他们为什么要这样做。这比批评责怪更有益,而且让人心生同情、忍耐和仁慈。
>
> ——[美]卡耐基

当年,中师生的录取分数比较高,比重点高中的分数线还要高二三十分,那时候,能考上中师的都是成绩最优秀的学生。当时沁阳师范每年一般录取 400 名学生,8 个班级建制。但是有一部分被录取的学生会放弃上中师,选择上高中,这样就会空出一些名额。新生报到后,学校会根据空出的名额进行补录,再招一部分学生进来。相较而言,补录的学生分数会低一些,但他们仍然是中招的佼佼者。1993 年补录的人数比较多,还招了一批地方生,也就是各县自己根据教师的需求增加的委培计划,这样就又组建了两个班——93(9)班和 93(10)班。我是 93(9)班的班主任,闫素霞是当时 93(9)班的学生。

闫素霞出生在一个贫困的农村家庭,11 岁时父亲因病去世,使原本并不富裕的家庭雪上加霜,生活比较困难,对她的成长也造成了一定的影响。"对于学习,家人没能给我以指引,更帮不上我什么。至于为什么学习,将来做什么,我懵懵懂懂,没有目

第二章 不负韶华:传承中师精神

标。中招那年,在老师的帮助下,我迷迷糊糊地考上了中师。沁阳师范是我第一次迈出家门而到达的最远地方。在我看来,同学们个个衣着光鲜亮丽,我以前真的是连见都没有见过,而且他们青春阳光,朝气蓬勃。处在他们中间,我有点儿自卑,也倍感孤独。"谈到刚上师范时的情景,闫素霞感慨不已,尤其是对当年自己的自卑与孤独,依然有些许的惆怅,还有点不好意思。

其实,闫素霞是一个自身带"光"的人。她长得俊俏,浓眉大眼,高挺的鼻梁,有个浅浅的酒窝,扎个高高的马尾,身材修长,还未发育成熟的她已经有了"窈窕淑女"的韵味。虽然父亲早逝与窘迫的经济状况在她的眼神中留下了一丝忧郁,但并没有遮住她自身的"光",反倒令她身上多了几分青春少女所特有的多愁善感的气质。看到她当时的录取成绩在班级中比较靠前,加之她身上处处流露出的灵动,我就"以貌取人",任命她为学习委员。"'闫素霞,学习委员。'当时您在台上宣布这个任命决定的时候,我一下子都没有反应过来。于是,我保持端坐的姿势,继续沉默,双眼聚焦讲台上的老师,心里直嘀咕:怎么会选择我呢?在 9 班这个群体里,我是那样的不起眼,还这么自卑,怎么能胜任这个职位呢?"

事实证明,闫素霞的综合素质是非常好的。她不仅胜任了学习委员这个职务,还慢慢成长为一名优秀学生干部,后来担任 93(3)班的团支部书记。

谈到团支部书记,我和闫素霞之间还发生过一点小误会,主要是因为分班的事情。上师范时,她最喜欢的是美术课。"我喜欢用铅笔线条的轻重变化勾勒静物,喜欢用水粉颜料的色彩浓淡渲染景物,更喜欢拿毛笔蘸上国画颜料,在宣纸上尽情挥洒,

利用颜色的渐变、笔的干湿幻化出心仪的画面……"谈到当年学习美术的经历,闫素霞滔滔不绝地讲述着自己的感受。因为喜欢,所以她学习起来既认真又努力,经常受到老师的表扬。因此,在二年级分特长班的时候,她和好友玲一起毅然决然地报了美术班,并如愿以偿地在美术班度过了一周的快乐时光。"可好景不长,我很快又收到了学生处的通知,让我必须立刻到体育班报到。说老实话,接到通知的那一刻,我的脑袋是蒙的,心是疼的,咋回事?怎么又让我到体育班报到呢?于是,行动派的我立马就到学生处去问了个究竟,得到的回复是:只要高老师愿意当体育班的班主任,她想要谁学校就给谁,且结果不可更改。"谈到这件事,她的表情显得有些凝重,并且有一些激动,也让我想起了当时分班的一些情况。

当时分班时,我其实很想担任音乐班的班主任。因为我的专长是艺术体操、健美操,我还教过舞蹈,在所有93级的班主任中,只有我的专业背景和教学经历与音乐班最相符,所以,我认为自己应该是担任音乐班班主任的最佳人选。从体育专业来讲,虽然我也是科班出身的体育老师,但是同年级有3位体育老师担任班主任,其他两个都是男同志,任何一个都可以当体育班的班主任。当学生处领导执意要我当体育班的班主任时,遭到了我的极力拒绝。当他问我具体理由时,我除了谈及自己的专业想法外,还说出了自己的担忧——担心学生及家长对体育班有成见而组不起来。学生处的领导打着包票跟我说,只要我同意当班主任,组班是学校的事情,并且承诺我可以自己挑选学生。就这样,我担任了体育班的班主任,班级也组了起来。但在组建班级的过程中,确实是费尽了周折。因为在人们的传统观

第二章 不负韶华：传承中师精神

念中学体育听起来不像学音乐和美术那么"文雅"，也没有语文、数学在人们心目中的"主课"地位那么重要，所以，想选学体育专业的学生并不是太多。作为班主任，我不仅想让自己的班级能够组建起来，而且还要考虑学生的实际情况，希望更多的"好学生"加入到我的班集体。于是，我就列了一份自己熟悉的、认为比较优秀的学生名单交给了学生处，闫素霞就是这批优秀学生名单上的其中一位。可以说，当时的班级中有一部分学生是我动员过来的，而另一部分是学生处安排的，所以，这里面有的学生是知情并乐意来的，有的学生是被动接受的。

"老师，你知道吗？从学生处回来的路上我哭了，哭得很伤心很伤心。我不理解，你为什么非要把我要到体育班呢？你尊重我并征求过我的意见吗？你在我心目中的高大形象一下子坍塌了，以前我有多喜欢你，那会儿我就有多恨你。"虽然她笑着给我讲了这段经历，但我内心却充满了歉疚。其实，当时被我挑选的学生有的来到了体育班，有的并没有来；还有几个同学并不是被我挑过来的，还有几个同学我并不认识，也有在别的班待了几天又主动过来的……可以说，当时组建体育班的情况比较复杂，来到体育班的学生各种情况都有，人员不断变动，确实是有些躁动不安的情景。我当时并没有细想那么多，总觉得能把班级组起来就已经很不错了。虽然知道闫素霞已经去了美术班，但我并不知道她后来是被强制来到体育班的。

"所以，当我坐在体育班的教室里看到你时，我的眼里没有了崇拜、没有了亲近，有的只是无奈与漠然。你说的话我就当没听见，你让我当团支书，我也怄着气不去开会，也不做事。我不知道你当时是否知道我在和你怄气？更不知道你不再让我跑前

跑后是不是故意冷着我？"事实上，后来我知道了她的意愿之后，曾经跟学生处沟通过这件事，但学生处告诉我，班级信息已经登记过，不能再改了，所以我就没有再跟她提起过这件事，只是想着如何让她能够安定下来。根据对她以往的了解，我决定任命她为93(3)班的团支书，一方面是出于对她能力的信任，另一方面也是想借此安抚她的情绪。

接下来有两周的时间，我和闫素霞之间没有过多的交流。一方面是因为班级刚组建起来，学生心神不定，有的还在往学生处跑，要求换班；有的还在往我的班里进，要求我安排。另一方面，我想等她冷静下来再说，这时候跟她谈没有效果，有可能还会激化矛盾，让她的反应更为强烈。在此期间，她工作懈怠，学习积极性不高，每天拉着脸，我都假装没有看见，也没有因此而批评她。"您这种做法让我有气却不知道往哪撒，只能自己郁闷。见我整日闷闷不乐，好友玲经常开导我说，既然改变不了，那就学着去适应。既然无可奈何，那还不如让自己高兴起来。如果你还想画画，可以抽时间练习，并且她答应在周末陪我画，并把她学到的知识和技能教给我。她还帮我分析说，其实你去体育班也挺好，因为学画画其实是一件很烧钱的事情，你的家庭状况并不一定能支撑得了你长期画下去所需要的费用。是啊！也许是我太理想主义了吧！"在回忆当年自己的心态时，闫素霞还是有很多的感慨，当然也流露出了多年后自己内心对这件事的些许释然。

时间是最好的良药，经过一段时间的适应，本性善良的闫素霞不仅慢慢走出了分班时的不愉快，接受了来到体育班的事实，而且责任心使然，她也渐渐地承担起了团支书的职责。虽然那

第二章 不负韶华：传承中师精神

两周她不去开会，不干工作，但她却把工作分门别类地分配给了组织委员和宣传委员，班里的团工作依然在有序开展，一点都没落下。"其实，这段经历给了我一个意外的启示——只要领导有方，学会用人，发挥集体的力量与智慧是可以事半功倍的。"谈到当时的工作情况，她还是很自豪的，感觉自己运筹帷幄，得心应手，说实在的，她的工作的确很有方法。尽管当时心情不悦，但她依然能把工作安排得井井有条，班级的团组织工作非常出色。那年元旦，我给学生写的第一张贺年卡就是给她的。"那年的元旦，因为分班问题和你冷战了两个月的我收到了一张特殊的新年贺卡，它如一缕暖阳扫除了我心中仅剩的一点点儿阴霾。你的虚怀若谷让我深受感动，谁说当老师的只有高高在上的姿态呢？"尽管她能够对当年分班的事情有所释怀，但我依然觉得有些过意不去。不过，因为这件事，我和她的关系反倒更亲近了一些。我多次带她参加演出、比赛，她也成为班上的多面手，团支部的工作也更加得心应手。尤其是班级的板报，由于她的指导和参与，每期都办得非常出色，也让她的美术特长得到了充分的发挥。

"中师三年对我的影响无处不在。体能课让我明白，教学的每一个环节安排都是有科学依据的；篮球课让我懂得会运会传、敢抢敢断才是硬道理；舞蹈课让我知道协调的动作、优美的韵律需要汗水的浇灌；运动会让我明白咬牙坚持、团结合作才能创造辉煌。我喜欢那种被人影响而获得成长的感觉！"谈到这些时，我看到了闫素霞脸上由于兴奋而散发出的光泽，由于激动而洋溢出的灿烂，从语气到表情，都是满满的收获之感。

我没有看错人，闫素霞也没有辜负我的选择。在她的带领下，

我们班的团支部工作很快走在了学校的前列,她也迅速成长为优秀的团干部。从班级团支书到校团委组织部副部长,她不仅变得越来越自信、越来越优秀,而且非常荣幸的是,我们师生两人在同一天宣誓成为一名中国共产党预备党员,有了共同的政治生日,让师生之间的情缘又提升了一个高度。

毕业后,由于本身自带"光芒",并且经过三年刻苦学习与担任学生干部历练的闫素霞,很快地成长为一名优秀的人民教师。她教学成绩突出,倍受学生、家长的喜爱,也得到了领导的认可,渐渐成为学校的教学能手、业务骨干。在完成教学任务的同时,她还担任了教研组长和学校团支书的职务,配合校长及政教主任出色地完成了很多工作,多次受到上级的表彰。用她自己的话说,正是在中师时担任团干部的历练,为她毕业后的专业发展和教育管理工作奠定了基础,换句话说,她现在的发展很大程度上取决于中师三年的学习与成长。

2001年我到温县招生,专门到闫素霞所任教的学校,还去了她的住室。那是一个乡村初中,她在学校教语文。那次我们师生之间聊了很长时间,得知她的生活和工作都很顺遂,我感到特别开心,好像心中有一块悬着的石头终于落了下来。尽管我们后来见面不多,但是我一直关注着她的生活和工作。

闫素霞不仅工作出色,家庭也非常幸福,她真的是一个贤妻良母,尤为自豪的是,她是一位优秀的军嫂。"军嫂"这个称呼让我感到特别的荣耀,但我也知道,军嫂的荣耀与责任是一致的,"军嫂"承担的家庭责任与付出的辛劳比平常的女人要多得多。结婚的第二天,她的爱人就被一纸命令召回了部队,只留下她独自一人面对众多亲朋好友的质疑和询问。在人生的第一个重要

第二章 不负韶华:传承中师精神

时刻,爱人前后只陪了她五天,之后夫妻俩便开始了长达15年的两地分居生活。孩子出生,爱人未能陪伴她左右,见证他们的孩子降临人世的重要时刻,当他风尘仆仆地赶到家时,孩子已经出生七天,胖了一斤;半夜里,孩子发高烧,她也只能敲开老人的门,让父亲陪着她在黑夜里深一脚浅一脚地走去医院;孩子感冒引发肺炎而昏厥的时候,他不能陪在身边安抚她内心的担心与恐惧……由于她爱人常年不能在身边陪伴,所以她多年来都是独自一人承担着养育孩子的责任,还把自己的小家照顾得非常好。可以说,这么多年,无论遇到什么困难,她都能勇敢地面对、积极地克服,坚毅地挑起生活的重担,从来不让爱人有任何后顾之忧。"我的军功章里有我的一半,更有你的一半。"这是爱人经常会对她说的情话。作为回报,他带她走遍了自己曾经走过的一个个高地,体会他驻守边疆的责任;也带她到边疆去抚摸他巡过的一座座界碑,感受他守卫家园的衷肠……

说起自己作为军嫂的经历,闫素霞真的感慨万千,也令我十分感动。从她的言语与表情中,我看到了她的自豪与骄傲,感受到了军嫂的伟大与光荣,也真切地体悟到军嫂真的是生活的不易。也正是这份不易,让她变得更加从容与淡定,理性与智慧,所以,无论工作还是家庭,她都经营得非常好。用她的话来说,她希望能给爱人一个安定的大后方,让他安心站在祖国的边境线,守卫疆土,保家卫国。正是因为这个军嫂的身份,她获得了周围人的尊重,尤其是我们班的同学,只要提到她,都会心生敬意,称她为最漂亮的军嫂团支书。其实我也很为闫素霞自豪,是她让我的学生多了一种身份,也让她自己多了一分光芒。

闫素霞后来调到了县城的一所小学工作,她的爱人也转业

回到了县城,夫妻俩结束了长达15年的两地分居生活,一家人终于团聚。虽然他的爱人已经离开了部队,但同学们仍然亲切地喊她军嫂,她也十分享受军嫂身份带给她的荣光。当然,她依然履行着军嫂与教师的双重职责——一个相夫教子的贤惠女人、一名尽职履责的人民教师。

2020年新冠肺炎疫情突然来袭,我组织志愿者撰写疫情下如何做好家庭教育的原创文章,并通过焦作市家庭教育研究与指导中心的微信公众号向社会推送,以期为特殊时期的家长提供家庭教育指导。闫素霞积极主动地加入到我们志愿者的队伍中来。不过,一开始她有点担心,怕自己写不好,我就积极鼓励她:"放心大胆地写,有老师呢!就算是老师布置的作业,我会批改的。"后来,她写了一篇《居家抗"疫":网课背后看家风》的文章,我做了修改后推送到家教中心的微信平台,受到了很多家长老师的好评。从这篇文章中,我看到了她对学生的那份炽热情怀,对家风涵养的注重,对家庭教育的重视。之后,我们的联系更加频繁,关系也越来越密切。

"老师,也许你不知道,你曾经在我的心里播下了一颗颗种子:勤劳、认真、勇敢、坚毅、担当、自信……它们在我的心里生根、发芽、茁壮成长,让我变得越来越优秀。"有一次,在我们聊天时,闫素霞深情地对我说了这些话。无论素霞是为了安慰我,还是她真的这样想,我都很开心、很感动,随即长长地出了一口气,笑着对她说:"你是自带光芒的人,只要努力,这光芒一定会洒满大地。"我们都发出了爽朗的笑声。看到她的成长,我打心里感到高兴,不仅为当年没有征求她的意见而挑选她进体育班而感到一些释然,也为她在中师三年学到的知识与能力为她日后的专业成长打下的坚实基础而感到十分欣慰。

2021年12月,我正在写这部分内容的时候,闫素霞打电话让我帮她办理学历认证的材料。放下电话,我马上去办理,并将材料发给了她。收到材料后,她郑重地说了一声:"谢谢恩师!"在我看来,无论是"谢谢"这两个字,还是"恩师"这样的称呼,都是她给我的最大宽慰。

学生感言:

生活告诉我:主动选择的开头是快乐的、幸福的,但结果未必是好的,因为年轻的我们往往对自己认识不够且经验不足;被动的选择开头也许是郁闷的、痛苦的,但结果未必是坏的,因为替你选择的人往往是最在乎你的人,对你最亲的人,有时候,他们可能比你更了解你自己。感谢老师的宽容与教导!感谢沁师的培养与教育!

——闫素霞

豆蔻年华初长成的"小精灵"

> 你使学生愈是深深地爱上你所教的科目,你这个教师就愈优秀,在你个人身上教育者和教书者也就愈加有机地结合在一起。能力、志向、才干的培养问题,没有教师的个性对学生个性的直接影响,是不可能解决的。能力只能由能力来培养,志向只能由志向来培养,才干只能由才干来培养。
>
> ——[苏]苏霍姆林斯基

师生关系是学校教育中最独特、最基本的关系,是教师与学生在教育教学过程中结成的相互关系,包括彼此所处的地位、作用和相互对待的态度等。它是一种特殊的社会关系和人际关系,是教师和学生为实现教育目标,以各自独特的身份和地位通过教与学的直接交流活动而形成的多性质、多层次的关系体系。良好的师生关系不仅是顺利完成教学任务的前提和基础,而且是师生在教育教学活动中的价值取向、生命意义的具体体现,也会对学生的人生发展产生重要的影响。在 93(3) 班的学生中,不少学生认为姚静与我的关系最好,也有人认为她的性格有点像我。但同学聚会时,她却十分感慨地说了一句话:"我一直以为高老师对我是最好的,与我的关系是最近的。今天听了同学们的回忆,我才知道她对每位同学都很好,与同学们的关系都很

第二章 不负韶华:传承中师精神

近。"为了安慰她,我拍了拍她的肩膀笑着说:"但你不一样,你是我和同学们心中的小精灵。"听了我的话,她开心地笑了,依然流露出一副天真的模样。

姚静也是班上年龄比较小的学生,上中师那年只有 14 岁,这是一个女孩子最美的花季。她出生在济源市山区的一个小村子里,村子位于太行山脚下,用平原人的话来说,山区的人就是"早官儿",意思就是"土里土气"。事实上,从山里来的姚静刚到学校时确实是比较"土气"的。她曾经告诉我,她在学习上不属于勤奋的那种,初中时曾被老师体罚过、也被点着额头批评过,那时的她压根没想过"自己的未来发展"这样的人生议题,也不知道自己的人生道路怎样走。在班主任的建议下,她报考了中师,从此改变了命运。

山里来的女孩子,多多少少内心都会有些胆怯或者自卑,所以 14 岁之前的她,从来不知道自己有什么优点,也没有想过自己会有怎样的成就,直到来到沁阳师范,她才找到了自己的存在感。"我带着那份自卑,也带着与生俱来的天真烂漫,来到沁阳师范,这里的一切真新鲜,老师的要求没有中学那么严格,学习压力不像以前那么大,但对于如何度过自己中师的三年生活,我感到一头雾水。"这是姚静谈到中师生活时发出的第一句感慨之语。说实在的,刚入校的时候,对于少不更事的姚静来说,谈不上什么人生规划,也更没有所谓的远大理想,所以,并不是特别的起眼,也不是特别的积极,加之她年龄小,脸上时常带着"傻乎乎"的天真,时不时还会冒几句令人啼笑皆非的"傻话",所以她就是班里的一个"小不点",也是同学们眼里的"笑点"。但她很快迎来了自己的"高光时刻",那是我开始教他们跳健美操的时

候。"体育课上美女老师竟然教我们跳健身操,我从来没有见过这么美的舞蹈,从来没有听过这么热情奔放的音乐,关键是我也成为了健美操队伍的其中一员,于是我跳得特别卖力。"的确如此,姚静的健美操跳得很卖力,也很用心,尤其是她动作比较协调,学得也快,跳的时候脑袋后面的马尾摆来摆去,脸上洋溢着自信的笑容,将一位青春少女的纯真与阳光尽情展露,浑身洋溢着生命的活力与朝气。

那时候我经常到女生宿舍与同学们聊天,因为姚静年龄小一点,能插上话的机会比较少,为此她很是"眼馋",并告诉了同学王小俊。辗转得知这一情况后,我一直想给她一个表现的机会,可以让她获得一种存在感。看到她活泼开朗,喜欢跑来跑去,我就让她负责在上体育课前去我办公室拿录音机,下课再帮我送回去;看到她健美操跳得比较协调,学得也快,我就让她站在前面领操。"这样愉快骄傲的日子持续了一年,在录音机提来提去的日子里,在队伍前面领操的过程中,我的自信心与日俱增,人也变得更加积极阳光。如果说老师是伯乐,我还称不上千里马的话,那我也非常愿意把我们师生之间的故事称为'伯乐和小马',这样更温暖。"

应该说,帮老师提录音机,在很多人看来就是一件很小的事情,但对于姚静来说却意义重大。这件事培养了她主动服务、乐于服务的精神品质,赢得了同学们对她的尊重,也让她获得了一种存在感;是健美操让她跳出了自信与阳光,跳出了热情与奔放,跳到了省赛,还到部队参加演出,让她成为学校的"风云人物",经常在学校的晚会上"抛头露面",被同学们戏称为"小妖精",用我们当地的俗语来讲,就是"人中的精灵"。

第二章 不负韶华:传承中师精神

二年级分班时,姚静毫不犹豫地选择了体育班,这是我预料中的事情,也是我内心的期待。"我亲爱的高老师将要担任体育班的班主任,而我的体育项目和我的自信心一样并不强,这可怎么办?我不能离开她,否则,我会没有方向的!思来想去,管他呢,反正我其他方面也没有太突出的特长,就跟着高老师去体育班!"谈到当年分班时的选择,姚静依然显现出一副调皮和稚嫩的表情,向我和同学们发表着她选择体育班的感言。尽管招来了大家对她的纷纷吐槽与打趣,但我内心感觉很温暖。

记得刚分完班的第一次班会上,我让大家自告奋勇申请做班干部,姚静给我写了一个小纸条,夹在我的教案里。当我回到办公室打开教案时,看到了这张小纸条,上面写道:高老师,如果体育委员不一定非得体育好的话,我想当体育委员。这张小纸条不小心被一个同学看到了,这让姚静在后来成为全校的"焦点",同学们都知道体育班有位女生想要当体育委员。众所周知,体育委员是个体力活,尤其是中师有早操、课间操,还有课外活动、运动会的组织等,都需要体育委员负责。但是,比别人小一岁的姚静起床总是跟不上趟,有时候还有点懒,显然不是一个理想的体育委员人选。但是,既然大家都知道了她想当体育委员,而且她健美操又跳得很努力,所以我还是想给她一个锻炼的机会,以增强她的自信和勇气。更何况她敢于写纸条向我毛遂自荐要当体育委员,这本身就勇气可嘉,我应该鼓励她,不能打击她的积极性。就这样,她当上了体育班的体育委员,一时间,体育班的女班主任体育老师带着女体育委员,成了全校师生的"热门话题"。

"愿望还是要有的,万一要实现了呢!对,我实现了我的愿

望。在大操场上,我是唯一的一位女体育委员,站在队伍的前面带操,旁边站着一位美女体育老师,威风得很!其实,当时我的'糗事'还是很多的。比如,天天早上起不了床,可我还得带操啊,所以总是头不梳脸不洗就站到了队伍前面。在毕业纪念册的留言卡上,尚艳这样写道:'每天早晨都能看见你睡眼蒙胧的样子站在队伍前面……'运动会要开始了,报项目真是一件头疼的事情,不懂规则弄不成,急得我站在讲台上抹眼泪!景慧哥哥在座位上朝我摆摆手,我来到他跟前,他小声对我说:'这个事你不用管了,我们自己报。'"谈到当体育委员的经历,姚静吐槽了自己一大堆,还不时自诩一下自己的"小聪明"。姚静的健美操在全校跳出了名,我越发喜欢她,加之帮我提录音机、拿教案等,所以她理所当然地变成了我的小跟班儿。尤其是在参加河南省健美操大赛的备赛期间,我让她享受"特权"住在我的休息室,一方面是为了方便指导,另一方面是为了方便她早起训练,不影响其他同学休息。

"在班级中,大家都感受到莫大的被信任、被肯定,连我这个曾经的懒人都在积极地履行自己的责任,更不要说其他本来就很优秀的同学。"谈到当年的这段经历,姚静内心无限感慨,尤其是对当年提录音机、领操、当体育委员的事情津津乐道,那种被肯定的存在感、满足感和幸福感洋溢在脸上,还不时地为自己当年的一些"糗事"哈哈大笑。

姚静虽然年龄小,但是她很懂事,也很有担当。我曾经有一位非常要好的朋友,是高中、大学的同学,也是同事,住在我的楼上。当初就是因为两个人关系要好,才想办法住到了同一幢家属楼的楼上楼下,方便相互来往与照应。1995年的冬天,她不幸

第二章 不负韶华：传承中师精神

去世，这对我来说是非常大的打击，曾经一度非常伤心。那段时间女儿被婆婆接走，爱人外出不在家，每天都是我一个人。我有个习惯，每天晚上都会去学校，因为分管学生工作，我会到教学楼转转，然后到办公室看会儿书，大约到九点半左右才回家。学校与家属院一墙之隔，几分钟就到家了，非常方便。但是学校对面是庄稼地，从学校到家属院的路上没有路灯，一个人走在路上会感觉有点瘆人。姚静和聂小华担心我独自走在漆黑的路上会因情绪低落而恐惧，回到家会因怀念好友而伤心，所以每天九点半会准时站在我办公室门口等我，两个人把我送回家，姚静会留下来陪我。一开始我坚持让姚静回学校，她怎么都不肯，甚至哭着求我让她留下来。就这样，姚静在我家住宿，连续陪了我好几天，直到我爱人回来。每次想到这件事，我都非常感动，所以，对于姚静，我内心是有一份感激之情的，我与她之间已经超出了一般的师生关系，所以和她也更亲近一些。有一次，她自豪地跟我说："老师，别人都说我很像您。"我笑了笑，说："那你就做我妹妹吧。"她听了非常高兴。毕业20年93(3)班聚会那天，姚静和邓小伟来接我，我送给她一条裙子，她穿上非常合适，就好奇地问我："老师，您怎么知道我能穿？"我笑着说："你不是说我们俩很像吗？那我的衣服你穿上当然合适了。"

毕业的时候，姚静要回家乡，我内心真的有点不舍。因为她很有灵气，又积极上进，所以我特别想把她留在身边，这样就可以进一步培养她。要知道，她毕业时只有17岁，以后成长的路还长着呢。于是，我就打电话给她的父母，建议她能够留到沁阳，还答应她父母将来会照顾她，也会帮忙给她找对象，让她在我身边成家立业。但是，姚静还是执意想回到家乡，父母也想让她回

去。就这样,17岁的她——一个未参加过18岁成人仪式的小姑娘,怀揣着自己的教育梦想回到了家乡,在家乡的村子里当上了一名小学教师。

天真活泼的姚静走上工作岗位后,非常努力,很快就成为市级名师培养对象。"当年的我因为喜欢高老师,所以选择了高老师的班级,这就是所谓的'亲其师,信其道'吧……为此,这句话成为我参加工作之后的座右铭,'让学生喜欢你,让学生喜欢你的课!'在参加市级名师培养对象选拔过程中,局领导到我的班级调查,我的学生说:我们老师像天使一样!"谈到自己的工作,姚静掩饰不住内心的激动与喜悦。

姚静在工作中非常努力,不仅课上得很好,还积极参与学校的各项活动,人缘也非常好,赢得了师生的一致好评。同事曾经问她,缘何如此认真?她深有感触地说:"跟我们老师学的。记得有一次,老师讲优质课,让我印象最深刻的是老师的教案用蜡纸复印,公正的笔迹抄写至少三遍,好像还不满意。我对这件事情记忆深刻,影响了我后来对待工作和对待学生的态度。尤其是每次写教案时,我都会想起老师,也尽力把自己的教案写好。有同事问过我:'学体育的写教案还那么认真?'我自豪地告诉他们:'我们老师就是这样写教案的!'我可能没有达到老师当年的要求,但真的很尽心。"

关于姚静提录音机、领操等事情,我记忆犹新。关于教案的事情,我没有太多的记忆,更没有想到会给她留下那么深刻的印象。在我看来,写好教案是当老师的本分,是一种职业习惯和职责使然,没有刻意为之。20世纪90年代初,信息技术没有现在这么发达,上课没有PPT,教师的教案都是手写的。那时候学校

第二章 不负韶华：传承中师精神

经常检查教案，还进行教案评比，所以，老师们都会把教案写得端端正正、干净整洁。随着信息技术的发展，手写教案的老师已经很少了，包括我自己在内，清一色的电子教案，修修改改可以用好几年，不必每年都重新写。所以，教师的教案基本是雷同的。虽然还是清一色的白纸黑字，但已经没有当年手写的墨香，更没有勾勾画画的批注，当然也看不到那些书写水平高的老师能够露一手，确实让人有点惆怅、有点留恋……

在工作中，姚静一直保持着与世无争、敬业奉献的状态，但是她积极乐观的精神、一丝不苟的良好教风获得了师生的一致好评。她个人曾经获得省骨干教师、市第一届名师培养对象、市党员教师标兵等荣誉称号；她的课也曾获得省小学英语优质课一等奖、市小学英语优质课一等奖等。最让我欣慰的是姚静的"全科"素质。她刚毕业的那几年曾经教过小学数学，还教过小学语文，自2006年开始教小学英语，负责学校的文体活动组织，担任过学校展馆的讲解员。2021年7月，她报名参加省科普讲解大赛，选手大多是科技馆或者博物馆的专职讲解员，只有她是一名教师，但是她最终获得一等奖的好成绩，并荣获"河南省十佳科普使者"。在我看来，她不是"人中的精灵"，只是一名敬业踏实的老师。

不过，谈到姚静，我又想到了小学全科教师的培养。目前，对小学全科教师的定义，非常广泛，可谓仁者见仁、智者见智，有的省份还提出要培养"语数外通吃、体音美全拿"的具有综合素质的小学全科教师。尽管他们可能难以将所有科目全部十分完美地"拿下"，但其培养模式的综合性和学生素质的全面性是无可置疑的。在姚静的身上，真的体现了"语数外通吃，体音美全

拿"的全科素质。这一点,我可以肯定,也十分欣慰。

从 2016 年开始,我和姚静的联系多了起来。2021 年 10 月,我到济源调研,再次见到了她,她一直忙前忙后为我们的调研提供服务。我和团队成员对她表示深深的感谢,她却笑着说:"我特别想为老师服务,就像当年提录音机一样,让我很有存在感。"其间,我送给她两本我出版的书。拿到书后,她一脸虔诚地问我:"老师,我都这么大了,重新开始学习来得及不?"我笑着说:"来得及,现在开始是最好的时候!"我没有详细询问姚静想重新开始学习什么,但是作为老师,她的学习精神值得肯定,尤其是她的教育成长历程,让我又对体育老师增加了一个新的认识:英语也是体育老师教的! 当然,这不是所有人都能够做到的,只有像姚静这样具有全科素质的中师生才能胜任,也只有类似姚静的"精灵们"才能够如此娴熟地完成教育教学中的角色转换。

学生感言:

很庆幸,在十四五岁懵懂的年龄,遇到了最懂学生的老师,他们给予我无限的偏爱让我自信满满,给我树立了积极的榜样,潜移默化地影响着我要做一个让学生喜欢的好老师;遇到了最宠我的同学们,给予我无限的包容和帮助,让我有机会撒娇卖萌,又有机会锻炼成长;遇到了最可爱的自己,虽然犯过错,但在大家的帮助下知错就改,还是好样的! 沁师三年,至今回想起来,都是让人嘴角上扬的充满着爱的回忆,它温暖着我、推动着我一路前行!

——姚静

第二章 不负韶华：传承中师精神

微笑是送给学生最好的礼物

有一种东西，比我们的面貌更像我们，那便是我们的表情，还有另外一种东西，比表情更像我们，那便是我们的微笑。

——［法］雨果

加拿大教育家马克斯·范梅南说过一句意味深长的话："教育，就是迷恋他人的成长。"作为教师，迷恋学生的成长是基本的职业素养，所以当老师30多年，我养成了一个习惯，无论在工作中、课堂上有多么严肃，但每次喊学生名字或者听到学生喊我，我都会露出微笑的表情，希望自己的微笑能给学生带来一丝温暖、一点鼓励……因为我想让学生看到一位积极阳光的老师，能让学生有一种亲切感。尽管我也会非常严格地要求学生，但当老师的职业本能，内心对学生的慈爱会通过微笑表达出来；即使他们不经意犯了小错误，我严厉地批评了他们，之后我也会调整情绪，用温和的微笑来化解学生心中的忐忑，给予他们最大的理解与共情。在我看来，笑容应该是老师特有的表情，也是老师面对学生时的一张名片。当然，这种表情也与工作的环境有关。常年在充满歌声、琴声、欢呼声的校园里工作和生活，内心会不由自主地产生愉悦感，也会通过自己的言语和表情流露出来，其中，微笑就是一种典型的表情。可以说，是校园的环境，是学生

的欢声笑语,给了老师这种特有的职业表情。教育是知识的传播,文化的传承,也是爱的传递,精神的传承。老师的言谈举止,会对学生产生无形的影响,包括表情。在我的印象中,梁小艳是常常面带微笑的人,并且她的笑容非常动人,歌声也十分优美动听。

梁小艳也是来自偏远的山区,她表面看起来很柔弱,但素质却很全面,并且侠骨柔肠,乐于帮助同学。

1993年9月,梁小艳怀着激动的心情步入沁阳师范的校园,我在接待处遇到了她,自然而然地成为她进入学校认识的第一个人。看到这么一个瘦小、胆怯、说话声音很低的小女孩,作为老师的我心中顿生怜惜,脸上不由自主地露出了疼爱的微笑。"初次见面,不敢大胆地去端详,只看到老师满脸微笑,也就是这一笑,拉近了我和她的距离,特别和蔼可亲,让我一下子感到了外在世界的温暖,消除了第一次远离家乡、远离父母的忐忑。于是,有很长一段时间,我都喜欢用目光追随老师的身影,在教室、在操场、在舞蹈房……哪怕是远远地看着,对于一个背井离乡的孩子而言也是一种安慰。偶尔会被老师发现,老师或有意或不经意的回头一笑,让我的心里非常温暖,那笑容里有亲切,还有一束阳光,让我感受到了别样的亲近。"梁小艳在回忆当年入校报到的情景时如是说。我不知道她说的是否有夸张,但作为老师,看见要和自己朝夕相处几年,甚至要与自己有着一辈子精神"血缘"关系的学生,心中的喜悦自然是难以掩饰的,哪有不"亲近"之理?尤其是他们,在最美的年华与我一起度过,我要见证他们的成长,用这三年的时光去影响他们今后的专业发展,乃至命运走向。但我也深知,在他们这三年的求学生涯中,老师将会是对他们影响最大的人,老师的言传身教就是他们今后为人师表的一个重要"榜样"。想到这些,我越发觉得与他们更加亲近,脸上也会不自觉地流露出内心的柔软,将微笑挂在了脸上。

梁小艳是个比较"省心"的学生,她话不多,但令我感到意外的是,身材弱小的她竟然莫名其妙地喜欢上了体育课。尽管篮球都拿不稳,尽管体操零基础,尽管跳高时永远克服不了心理障碍,但她义无反顾地在二年级分班时选择了体育班。谈到当年分班时的选择,梁小艳坦诚地说出了她的理由:"'亲其师,信其道。'我想,这或许都是老师的微笑带来的魅力吧。"

我不知道自己的微笑是否有这样的魅力,甚至怀疑自己是否真的有过那么多的笑容,但是梁小艳学会了微笑这是真的。尤其是在走上工作岗位后,她把甜甜的微笑当成了给学生的见面礼,也赢得了孩子们的喜欢。"虽然他们也淘气,经常给我惹事,我也是三天两头到校长办公室领人,但是,我相信,微笑是有魔力的,孩子们一定会被感化的。慢慢地,孩子们跟我成了朋友,无话不谈,他们的学习也劲头十足,在乡镇举行的各种抽考中总是名列前茅,让我尝到了微笑的甜头。"

从此以后,微笑成了她面对学生时的一张名片。曾经有学生调皮惹事,写了纸条向她检讨:"老师,对不起,我又犯错了。我知道冲动是魔鬼,可是我今天又没管住自己,您打我骂我吧,只求您笑一笑,千万别生气……"2021年暑假,那位学生已经上了大二,听说梁小艳生病做了手术,还专门去看望她。谈到当年的纸条,他笑着说:"老师,咱们班同学都最喜欢看您笑了,班长说如果谁惹您不笑了,谁就得把全班的卫生承包了,您的笑就是评价我们的标尺啊。受您的影响,咱们班同学也都爱笑了。"谈

到这件事,梁小艳感慨道:"真没想到,不知不觉间,我把高老师当初给我温暖的微笑学会了,并传承了下去,或许高老师也没想到吧?"这一点我是真的没有想到,更没想到的是"微笑"竟然也能传承;但我还是要感谢她对微笑的真切体悟,因为微笑是一种力量,是送给学生最好的礼物,也应该是老师的一张"亮丽名片"。

像班上所有的同学一样,作为一名体育班的学生,梁小艳最喜欢的也是运动会,因为每次运动会上各项比赛的第一名几乎都是我们班的,震耳欲聋的欢呼呐喊声成了我们班的招牌动作,也会渲染整个运动场。梁小艳虽然看起来瘦小,但是她跑得很快,在师范一年级运动会时还报名参加了100米短跑和400米接力的项目。然而,当时我们班的女子跨栏没人报,别的参赛队员报的项目已经到了学校要求的最高数量。班长看到这种情况有点着急,综合考虑了一下,打算让梁小艳报名参加。可她在此之前从来没有见过跨栏,无论如何都迈不开腿。在体育课上,她又专门找我说明情况,我当时只是为了让她挑战自己,克服胆怯的心理,就鼓励她报名参加,笑着跟她说:"没事,大家都不太会跨栏,基本上都是'跳'过去的,你跑得那么快,枪声一响,就'跳'过去了。"就这样,一次栏也没跨过的她就来到了比赛现场。只听"砰"的一声枪响,运动员们都如离弦的箭向前飞奔,她也不甘示弱,跑在最前边,可是到了栏板跟前却迟疑、退缩了,眼看着一个个对手超过了她,她心里愈发紧张,终于鼓起勇气跨过了一个,但已经沦为最后一名了,她心里非常着急。然而,越是着急越迈不开腿,第二个栏板直接被她踢倒了!听到同学们的加油声,她又努力向前,可是刚一抬腿就重重地摔在了地上,她不顾摔伤的膝盖,强忍着疼痛站起身来。往赛道边一看,那里刚好是我们班

第二章 不负韶华：传承中师精神

的位置,她不知该如何面对同学们,一脸惊慌失措地看着我。我向她招了招手,示意她回到班级的队伍中。她低着头,一瘸一拐地向我们班的位置走过来。

"当时想着因为我让班级失去了一个奖项而心中难过,又想着争强好胜的老师不知道该怎么责备。于是,我内心充满忐忑,也更加难过,边走边掉泪。这段路很短,可我仿佛走了很长,终于走出了赛场。我擦了擦眼泪,佯装坚强地抬起了头,只见高老师一副紧张的样子走过来,问我伤到了没有。我摇了摇头,说不出话,静静等待着'暴风雨'的来临。令我没有想到的是,老师不仅一句批评的话也没说,还安慰了我,让我好好休息。我如释重负,心里感谢了老师千万遍,感谢老师没有让爱面子的我当众出丑,感谢老师对我的宽容。正因为这份感激,在第二天的400米接力赛中,我带伤上场,并且跑出了前所未有的好成绩,我们班也稳稳地拿到了总分第一名。"梁小艳谈到这段经历时依然情绪高昂,激动不已。我倒是有些愧疚:"真对不起,只怪当时老师考虑不周,害得你摔了一跤。"她连连摇头,说:"不是的,高老师,时隔多年,这件事我依然记得。感谢老师的宽容让我重拾信心,同时,我也把'宽容'两个字深深地记在了心里。走上讲台,面对的是一群调皮可爱的小学生,他们犯的错更是五花八门,每当我要冲他们发脾气时,就会想到运动场上那一幕,就会劝自己对待孩子要宽容。慢慢地,我发觉自己的'心'越来越大,好像很少有事能让我发脾气,无论是领导、同事,还是自己家人、学生家长,我都能做到换位思考,严于律己,宽以待人,大家都说我有一个好脾气。"虽然那次不是她的错,但我相信她的话。其实,与其说我宽容了她,倒不如说是她宽容了我。好在她用自己的成长宽慰

了我,我内心才获得了些许的释然。2018年,我在济源见到她时,当年稚气柔弱的小女孩早已不见,俨然一副成熟、稳重、知性、亲和的女教师形象。

在女同学中,梁小艳与李秀波两个人是老乡,关系比较好。李秀波来到我们班后,被分到了121宿舍——与梁小艳同一个宿舍。其实,一开始她俩并不是很熟悉,由于是同乡,所以接触相对多了一些。后来,李秀波因为生病需要回家休养,我就安排梁小艳和班长把李秀波送回家。临行前,我把她和班长叫到了我的办公室,详细询问了在哪坐车,中途在哪倒车,在哪吃饭、住宿,什么时候走,何时返校等等,甚至包括途中的照顾以及突发状况的应对、处理措施,又提问似地问了他们一遍,直到他们对答如流才送他们上车。"那个时候真觉得老师像一个唠叨的妈妈,千叮咛万嘱咐,生怕有哪个地方出现疏漏。不过,正因为这件事,让我收获了一份珍贵的友情,让我与秀波成为一生的好姐妹。"

后来,梁小艳告诉我,那次送完李秀波返回学校时,她还特意带了一些家乡的特产——红果和土馍想送给我。但是,几次走到我办公室门前都退缩了,担心这不起眼甚至看起来还脏兮兮的东西我会不喜欢,更担心被我拒绝以后不好意思面对,就拿回去分给室友们了。"这件事在我心里一直埋了好久,也暗暗发誓:如果我当了老师,也一定要关爱每一个孩子,尤其要格外关照'特殊'的孩子。并且,如果有孩子送我小礼物,哪怕是一小颗糖果也要很高兴地收下,因为那真的是学生的心意。"我真的不知道梁小艳当时有这样的心意,还有过如此的心结。如果知道,我一定会打开自己的"屋门",满怀热情地收下她送的特产。所

第二章 不负韶华:传承中师精神

以,现在每到教师节,有不少已毕业的学生给我送花,我都会欣然接受,有时候还会在朋友圈里晒一下。当然,每到教师节,我也会给自己远方的老师打个电话,发个信息,甚至寄点特产,表达我对他们的感谢,因为我也是在他们的关爱中成长起来的。所以,教育,是爱的栖居,也是爱的传递。中师教育更是如此。因为中师不同于高中,没有那么紧张的学习压力;也不同于大学,没有独立、自由的宽松环境。但中师教育是一种在收与放、管与导之间求得平衡的基础上以促进学生最大发展的教育,渗透其中的是爱的"牵"与"引"。这种爱,是伴随清晨的早操铃声开始的,班主任无一例外地均到场"陪跑",一直到晚上就寝熄灯前的查寝,都有老师的殷切希望与嘱托;这种爱,超逸于书本、超逸于课堂、超逸于知识,是对学生身心的全面启迪,是对教育哲理的深入阐发,是对人生理想的深刻解读,是一种人性的感染与召唤,是一种人格的榜样与激励,目的在于用爱心培育理想,并期待爱心的逐级相传。①

带着这种爱,梁小艳走上了工作岗位,她也一直在教育教学中践行着自己"爱"的教育理念——她曾经给从小被父母遗弃的弱视孩子铺床叠被,给父母离异跟着双目失明的奶奶生活的孩子做饭、洗衣,给孤儿买衣服、鞋袜以及生活用品……"爱出者爱返""爱人者人恒爱之"。正因为她付出了真诚的关爱,孩子们也越来越喜欢她,她所教班级的学习成绩也都是名列前茅,越来越多的家长托关系想把孩子分到她的班级,学校领导也会把大家不想接手的"差班""乱班"交给她。"不管接收什么样的孩子,我

---

① 王建平.中师生何以成功——对中师教育办学传统的整理与反思[J].湖南第一师范学院学报,2016(4):30—34.

都坚信每一个孩子都是天使,都需要爱的滋润,陪着孩子们在爱里成长,真的其乐无穷。每到教师节,办公桌上一朵朵小花、一张张贺卡都是爱的见证,还有来自各个地方、历届学生的一句句问候都让我幸福不已。曾记得给我惹事最多的一个学生毕业多年后给我发了这样一条信息:'祝我心中的女神永远年轻漂亮,身体健康!'真没想到,在他心中我会有那么高的地位。"梁小艳没有想到,我却并不意外,因为所有的学生都渴求得到老师的关爱。

梁小艳虽然学会了以微笑面对学生,但生活却给了她曲折的经历。自从走上工作岗位,她都一直严格要求自己,尽可能把每一项工作都做到尽善尽美。凡人常理,一分耕耘一分收获,付出总会有回报。然而,不如意事常有八九,尤其是在职称晋升方面,因为考勤和考核时间的限制,她总是错过,要不就是因自己生病或家里有事请假而超过规定时间,要不就是好不容易获得的证书过期或失效,要不就是综合考核成绩不够"优秀"……反正总是恰好错过。有一段时间,她很郁闷,工作上也没那么大劲头了,就想着认命吧,做一天和尚撞一天钟,熬到退休算了。

2021年12月,我打电话给梁小艳,想了解一下她的工作与生活情况。她告诉我,自从2010年她的眼底神经出现了问题后,很容易疲劳,从而引发头痛,不能持续看书、写东西;2021年身体不好,做了个手术;后来女儿的眼睛又出现了状况……接二连三发生的事情,让她精神上备受折磨,状态一直不太好……

听了她的话,我心情十分沉重,但我还是宽慰道:"作为教师,评职称的意义很大,它是促进自己专业发展的一个有效途径,也是教师专业水平的一种标志,当然,也关乎教师的切身利

第二章 不负韶华：传承中师精神

益。但是，于教师而言，除了评职称，还有更为宽广和深邃的意义，你对学生的爱和付出，学生对你的感恩和铭记，这本身就是你莫大的荣誉、莫大的功绩。关于孩子生病的事情，你要学会给自己的精神和情绪找个出口，调整好心态，尽力而为。无论生活境遇怎样，都要学会微笑面对，更何况你是老师。"其实，我内心里真的为她的遭遇而心疼。不过我也相信，聪慧如她，坚强如她，常常面带微笑的她，一定能走出生活和心灵的困境。2022年，我再次联系梁小艳，首先就听到了特有的爽朗笑声，这才是我心中的梁小艳，我也真心希望她的脸上永远洋溢着那标志性的微笑，无论是对待学生、面对自己，还是面对生活。

学生感言：

时间都去哪了？恍若一瞬间，青丝就变成了白发。回想3年的沁师生活，一桩桩、一件件，诉不完的沁阳师范不解情缘。校园中的一草一木，一楼一亭，喜怒哀乐，话不完的丰富多彩，都烙印在心，成为最珍贵的记忆。尤其难忘的是培植师魂，为我们打好了职业素养的底色——用微笑面对人生，用微笑接纳学生，用微笑叩问自己。过去的岁月里，我感谢母校的培养，中师精神一路引领着我们的专业成长；未来的日子里，我一定不忘初心，不负使命，在教育的天空中逐风飞翔！

——梁小艳

梦想之光照进现实之路

> 梦想无论怎样模糊,总潜伏在我们心底,使我们的心境永远得不到宁静,直到这些梦想成为事实才止;像种子在地下一样,一定要萌芽滋长,伸出地面来,寻找阳光。
>
> ——林语堂

有句话说得好:"人还是要有梦想的,万一实现了呢?"其实,每个人心中都有自己的梦想,因为梦想是生活的延伸与拓展,也是人类进步的动力与创造的源泉。它犹如灿烂的阳光,可以照亮人的心房;还如一盏明灯,可以指引人发展的方向;也像柔和的微风,可以拂去人心头的阴霾;还是清凉的甘霖,可以滋润人干涸的心田。梦想或大或小,但都会让我们的人生充满快乐与希望,使人在追逐梦想的过程中获得生命的延伸和精神的成长。

在我的思维中,当年的中师生是手托青春追逐梦想的一代,因为他们中太多的人都是因为梦想而选择了这条路。所以,从他们清澈的目光中,我看到了梦想的光芒和心中的力量。这一点在韩莉身上表现得尤为明显。

韩莉从小就是一个比较内向、听话的孩子,这与她的成长环境有一些关系。可能是因为从小在祖母身边长大的缘故,她与父母之间的关系并不是很亲近,甚至有点陌生。在她的

第二章 不负韶华：传承中师精神

成长过程中，祖母对她的影响是很大的，以至于她在生活习惯上与母亲有很多不一致的地方，甚至有些习惯被母亲认为是"坏毛病"。不过从另一个方面讲，正是由于这种童年的生活经历，使韩莉在日常学习与生活中具有很强的独立性，所以她更为乖巧懂事，学习的自觉性很强，成绩也比较好。在中招前全县举行的三科联赛中，她因为成绩突出被县一中提前录取。

然而，韩莉是一个心中有梦想的人，也正是这个梦想改变了韩莉的个人命运。"那个时候，我最最崇拜的就是初中班主任和老师。她的年龄与我的妈妈相当，小小的个子，瓜子脸，大大的眼睛，说话轻声细语，永远不着急的样子，好像也从来没有见过她发火，让我感到有种亲近感。我想：假如我能成为这样的老师会是一件很美好的事情！和老师的女儿也在我们班里，我很羡慕她有这样的妈妈。于是，我放弃了读高中，选择了上中师。"可以说，韩莉是由于梦想而选择了中师，所以她的中师生活自然过得比较开心。

于韩莉而言，能够实现自己的青春梦想如愿上中师，自然是一件很美好的事情。然而，梦想的阳光照进现实的喜悦虽然是美好的、惬意的，但也是短暂的、困惑的。由于母亲平时很忙，与她没有足够的沟通和交流，涉世未深青春萌动的她刚入学的时候是懵懵懂懂的；从小内向、怯懦、羞于表达的性格使她没有太多的伙伴，也没有可以倾诉和依赖的对象，不知何去何从。好在从小养成的独立性，使她很快适应了中师生活，并在同学们的帮助下融入了班集体。"同学们教会了我很多东西，让我学会了一些生活常识，也学会了怎样和别人相处。"谈到中师生活，韩莉最感激的就是她的同学们，因为是他们给

了初来乍到、一片茫然的她足够的关怀和帮助。尤其是可以摆脱家人"束缚"的那种自由自在的生活,让韩莉感到特别洒脱与温暖。"周六、周日不回家,在学校的生活更加丰富多彩。早上睡个大大的懒觉,不想吃饭就到小卖铺买些零食、方便面之类,躺在床上吃东西、聊天。天气比较好的时候,与同学一起到操场去散散步,好像有说不完的话。我妈说我:'真不愧是要做老师的人,原来成天没话的一个人,现在话这么多。'"其实,她不是话多,而是有了表达的愿望,有了倾诉的对象。这是一种快乐的体现,也是一种成长的标志,更是对未来美好生活的向往。

或许中师是自己梦想实现的地方,韩莉对那里的生活尤为怀念。尽管当时的生活条件并不富裕,就餐环境并不舒适,饭菜种类也并不丰盛,但是谈到当年的生活,韩莉仍念念不忘,甚至有点意犹未尽,并带点风趣地描述道:"每天和同学一起端着碗,把饭打到寝室,大家围着桌子吃饭,边吃边聊,吃得香,聊得也开心。时不时还八卦一些学校的新鲜事,或者传一些男女生谈恋爱的'闲话',谈到帅气的男老师花痴般地一脸崇拜并发出'啧啧'的赞叹声,吐槽一下个别老师衣服穿得有点邋遢,然后一起哄堂大笑。至于吃饭,汤是稀汤,可以照见人影;馍,可能是昨天剩下的,还要就着哪个同学从家里带来的咸菜,却吃得津津有味,甘之如饴。"韩莉说这些话时,不时发出爽朗的笑声,那种因快乐洋溢在脸上的幸福,让人为之动容。

中师读书期间,令韩莉最难忘的就是去城里赶集。因为学校当时地处城乡接合处,离沁阳县城还有一段距离,学生平日很难到城里去。一方面是交通不方便,每次进城需要骑自行车,而

第二章 不负韶华：传承中师精神

同学中有自行车的并不多。另一方面是时间不允许，学生每天的作息时间安排非常紧凑，早上要跑步、上早读，晚上还要看新闻、上自习，可以说从早到晚安排得满满的，平日里学生是很难有时间到城里去的。所以，每到星期天，不回家的同学们会三五成群结伴到街上去逛逛。如果碰上沁阳县城的集会，学生就会兴致盎然地结伴去赶集，这当然是他们最开心不过的事情了。沁阳县城逢"五"（阴历的初五、十五、二十五）就会有集会，集市就在学校门前那条路一直往东走的一个村子里。城中心的那条街上也会有集市，比外面的东西要贵一点。集市上售卖的物品可谓琳琅满目，但并没有什么奇特的东西，都是一些日常生活用品。当然，也会在农忙季节前售卖一些农具，春节前售卖一些年货，等等。不过，集市上售卖的物品并不是同学们关注的焦点，他们喜欢那种"赶集"的氛围和感觉。三五个同学一起，从学校操场旁的后门出发，沿着沁阳城的大街向东走，中间还要经过一条铁道。那些没见过铁道、没有坐过火车的同学，每次走到那里就会兴奋不已。尽管那不是绿皮的带车厢的火车，只是拉煤、拉货的只有车斗的敞篷火车，依然会引来不少人的围观，对坐在火车上的人羡慕不已。"我们边走边聊，像小鸟一样快乐。有时候中午不回来，还可以在街上吃小吃。其实，我们的口袋里也没有足够的钱去买东西，只是逛来逛去，看来看去，最后空着手回去也没有觉得失落。后来的这么多年，我再也没有体验过这样快乐的逛街经历。那一份快乐也独属于那个年代，那个沁师。"回忆起中师的生活，韩莉一脸的陶醉与惬意，清澈的目光中泛起了喜悦的亮光，那束亮光里，有她对那段时光的无比留恋。

应该说，无论从体格还是性格上来看，韩莉学体育都没有优势。她来体育班的原因和不少同学一样，是一份阴差阳错的缘分，但也是她自己的第二志愿惹的"祸"。当然，最主要的是她一年级时曾经代表班级参加过运动会，所以，就被分到了体育班。"其实，当时我心里有些纠结：我个子这么小，田赛没力气，径赛没速度，体育班里怎么待啊！但是，接下来的相遇、相处，让我很庆幸来到了体育班。"来到体育班，班级团结向上的活泼氛围和同学们朝气蓬勃的精神状态感化了韩莉，使她的性格发生了很大变化，整个人好像被注入了温暖和元气，渐渐变得开朗起来，也精神起来。"体育班的同学都很有体育生的样子：快乐、有活力，又不拘小节，与人交往感觉很轻松，用现在的话来说：情商很高。所有人都能够充满善意地对待自己的同学，没有冷漠，只有温暖。这让性格小心谨慎的我格外喜欢。"

进入体育班不仅使韩莉性格上发生了变化，也培养了她对体育运动的爱好。运动场上，她一次次为同伴鼓掌、加油、喝彩；在操场的秋千上，她尽情绽放自己的天性，感受无比的快乐和自由，瘦小的她可以凭自己一个人的力量把秋千荡得很高很高，不时发出爽朗的笑声。"在体育班的两年，跟着老师，跟着专业的同学，培养了我对体育的热爱：我看足球比赛、篮球比赛，以及所有自己感兴趣的体育比赛，并且看得越发内行，跟人交流起来侃侃而谈；秋千荡到最高点时，是我最快乐的时候……"

最为可贵的是，她把这些在运动场上获得的精神享受带到了她日后的教育教学中，为促进她的专业成长和学生的身心发展发挥了重要作用。"我非常支持我的学生们热爱体育，鼓励他

第二章 不负韶华:传承中师精神

们多多参加体育锻炼。学校里的篮球、足球比赛,我都客串我们班的教练。我曾经教的一个六年级男孩,在校运动会上大显身手,成为'明星'。我现在教的班级从一年级开始我就让学生每天坚持跳绳,并通过比赛激励他们。经过一年的坚持,现在班里的每个学生都是跳绳能手,让体育老师大为赞叹,打趣说我太专业。岂不知,我也算是门里出身。"谈到自己的学生,以及自己三年的中师学习与生活对她教育教学的影响,韩莉有说不完的话,与她在学校时的表现可谓大相径庭。尤其是她目光里透出的那种历经岁月洗礼但始终如一的清澈与明亮,让我感到无比的欣慰,也为她的成长感到高兴。还有她对自己工作的那份热情,让我看到了梦想的力量,以及梦想实现后的喜悦。

韩莉学习成绩好,文化课功底扎实,应该是我们班学习习惯最好的学生之一。整个中师读书期间,学校门口的出租书店成为她最喜欢的地方,也养成了她良好的阅读习惯。她经常晚上点着蜡烛看书,并把阅读作为她生活中非常重要的事情。读书不仅让她增长了知识,也带给了她许多快乐。

韩莉最下功夫的应该是学习普通话。她的方言中 m、f 不分,前后鼻音不分,平翘舌音不分。大家经常学她说话的样子,打趣她:吃馍馍不 fu(熟),喝 fei(水)fei(水)不开。但她没有气馁,而是反复朗读教材,每天字典不离手,硬是把教材上所有的平翘舌音查了个遍。功夫不负苦心人。经过一段时间的训练,她的普通话已经没有方言中的"通病"了。同时,韩莉在这个过程中也学会了很多东西,尤其是积极学习品质的养成,为她之后的专业发展奠定了很好的基础。

毕业之后,她一直在小学教语文。作为语文教师,当年养成

的良好阅读习惯，无疑为她日后成为优秀的语文老师奠定了坚实的基础。"阅读丰富了我的生活和工作，除了阅读相关的教育教学书籍，我还喜欢阅读许多'乱七八糟'的东西，关注各种各样的事情，学生们都很喜欢我的语文课，称我是'知识渊博的韩老师'；我的随笔也经常在学校的校报上刊登；每个学期的年级组长述职，我的发言稿也令老师们很期待；给全县老师们做培训、上公开课……学习真的是一件快乐的事情！"当韩莉激情飞扬地讲述着关于阅读的故事时，我再一次感受到了她的可爱。我非常喜欢韩莉的这种状态，这一方面与我自己读书的习惯有关，我也喜欢读"乱七八糟"的书籍；另一方面与教师的职业素养有关，读书应该是老师最基本的职业素养。一个老师是带着他全部的阅读史来上课的，所以，教师读书应该是最好的备课方式，也是最生动的教材内容、最崇高的职业素养、最美丽的人生习惯，是发自内心的精神需求，更是教育最靓丽的一道风景线。

"高老师一直以来给我的感觉就是富有朝气。印象最深刻的是提醒我们：'要抬头、挺胸，不管什么时候都要充满自信。'这句话在我的心里播下了一颗种子，一颗自信的种子。"当韩莉把话题转到我身上的时候，让我有点措手不及。因为在学校时韩莉很少主动走到我面前，都是我找她。我不知道韩莉是不是为了给我面子而安慰我，但是看到她的成长我是非常满意的。

中师毕业后，经过了一段时间的适应、沉寂、积累，韩莉已经成长为一名优秀的语文老师。她是一个有梦想的人，一个有不懈奋斗精神的人。为了获得更好的成长，让自己的语文课堂教学改革能够取得更好的成效，她主动向学校申请参加当时在全

第二章 不负韶华：传承中师精神

国轰轰烈烈开展的新教育试验，带领学生开展"读写绘"课程、"中国行课程""农历天空下课程"，并通过班级共读的方式，与学生们一起阅读了大量的书籍，背诵了大量的古诗词，写下了大量的日记，观察了不同季节的许多植物，等等。作为年级组长，她带领本组的教师，排节目、做课程，得到了学校和老师们的认可。韩莉的自信与成长得益于中师教育，但更多的是来自她自己坚持不懈的努力，来自她在中师就养成的读书习惯，以及她积极上进的心理品质。在写这篇书稿的过程中，我脑子里不止一次冒出我之前说过的话："体育老师也能教好语文课！"这不是调侃，而是一种肯定。因为韩莉是我见过的学体育专业却教语文课程，而且教得特别好的一位老师。

我特别喜欢迈克尔·柯蒂兹的电影《卡萨布兰卡》中的一句经典台词："你的气质里藏着你走过的路、读过的书以及你爱过的人。"按照人生命成长的轨迹来看，所有的人生阅历都是一门门精彩的课程，是一个个指引人成长的路标。可以说，每一个阶段的经历都是课程体系的主要内容。虽然它们悄无声息，却润物无声，对我们的身心成长、素质培养、人格完善以及生活习惯养成有着潜移默化的影响，甚至关涉我们的人生走向。从韩莉现在的生命成长历程来看，我体悟到了这句话的精辟之处，看到了她由于受成长环境与学习经历所滋养而形成的自强独立、积极进取的精神气质，还有常年读书镌刻在她成长路上的书香气韵，让她多了一份娴雅与庄重、淡然与宁静并存的精神品质，还有因青春的梦想之光照进现实生活所具有的那份喜悦、欣慰与满足。

学生感言：

  二十多年的岁月，模糊了很多记忆，沁阳师范的一草一木，一些人、一些事，好像都随着时间随风而去，也好像被隐藏在了记忆的某个深处，无声无息地存在着。校园里的美景可能不再是以前的模样，沁师生活的很多画面不会再现，但是那些人、那些事还清晰依旧，恍如昨日重现。感谢沁师！沁师，是我梦想开始的地方，也是我梦想实现的地方，它让梦想的光芒照亮了我的现实生活，让我的成长之路洒满阳光。

——韩莉

第二章 不负韶华：传承中师精神

三尺讲台旁的静静绽放

每个人都是一个完整的世界，一个思想、感情和感受的世界。个人怎样"影响"集体，集体又怎样"影响"个人，对此我们是无权视而不见的。让学生感到孤独，感到对他的痛苦和欢乐无人作出反应，这是教师的道德所不容的。

——[苏]苏霍姆林斯基

影响一个人成长的外在力量主要有两个方面，一方面是家庭的影响，另一方面是身边的社会环境。所以，一个人所在的集体氛围会直接影响他的身心发展。集体的力量是很强大的，不仅会影响一个人的生存发展，甚至会改变他的性格特征。

作为体育班的班主任，职责使然，从组建班级的第一天起，我就告诉自己，一定要让这个班级朝气蓬勃，充满活力，就像生机勃勃的春天一样，孕育出更多姹紫嫣红的花朵。因为我相信，一个积极向上的班集体一定会感染每一位青春洋溢的学生，让他们迸发出更加昂扬、更加蓬勃的生命力，为他们的性格里增添一抹亮丽自信的色彩。无论他们是自愿选择体育班的，还是"被迫"来到体育班的，我不能让他们有任何遗憾，反倒要让他们为来到这个班集体而自豪，带着收获的喜悦和成长的幸福离开学校，让这个班集体成为影响他们一生的新起点，也成为他们精神

成长的永久归宿。在陈彩霞性格改变的过程中,着实让我看到了集体的强大感染力。

像其他农村父母一样,陈彩霞的父母认为初中毕业上师范是一条捷径,不用交学费还有正式工作;对于爱学习的陈彩霞来讲,将来能够当老师可以学更多的知识,还可以站在讲台上像她的老师一样把知识传授给学生,她的学生也像她一样坐在下面安静地听课……就这样,怀着对未来的无限憧憬,她带着父母的希望和自己的梦想,兴高采烈地来到沁阳师范,开始她的中师学习生涯,也意味着将来她要走上自己向往的教师之路。

进入沁阳师范之前,陈彩霞从没见过如此大的校园,也没见过这么多的老师和同学,更没见过这么大的礼堂……入校之后,一切都是那么陌生、那么新奇。作为一名想通过知识改变命运的农家孩子,她非常珍惜这来之不易的求学机会。但是,新鲜劲儿并没有维持多久,陌生的环境让第一次离开家、性格内向的她开始思念家乡、挂念父母、想念以前的同学。多年以后,再次相见,谈起过往时,她若有所思地说:"上中师第一年,我就像水中的浮萍,找不到方向和归属感,忧郁、自卑时时萦绕在心头。"谈话中,陈彩霞面色凝重,还长长地叹了一口气。接着她莞尔一笑,摇了摇头,对自己当年的天真和幼稚流露出自嘲的神情。我拍了拍她的肩膀,笑着说:"有这样的心路历程,对当时的你来说是很正常的。而自卑很多时候是一个人对自己不满意,想要改变自己的一种内在动力。这说明你的内心有追求有热爱,有想要改变自己的勇气,这是件很不容易的事。更何况,后来的你不仅走出了情绪的低谷,而且还开朗了不少呢!"她点头认可:"那倒是!说起这些改变,我真

第二章 不负韶华：传承中师精神

的很感谢老师您和咱们的93(3)班！"同时，她脸上也浮出了一丝轻松的表情。

陈彩霞平时话很少，声音也不大，整个人犹如她的微信名字一样：宁静。即使在毕业多年后，她身上依然散发着一种宁静淡泊的气息。不过，谈到当年分班时的想法，她竟然哈哈大笑："因为不识谱，音乐不行；不会画画，美术也不行；长跑短跑还算可以，于是就选择了体育班，没想到居然进到了全校顶级的班级。"说完这些话，她依然是笑意盈盈，内心的自豪感不言而喻。

谈到93(3)班时，陈彩霞滔滔不绝："团结向上、积极活泼的班级氛围深深地影响了我，使我的内心发生了很大的变化，这也是促使我性格发生转变的重要原因。"其实，当年刚组班，我就关注到了她。她虽然话不多，看起来十分恬静，但学习成绩很好，学习态度端正，我让她担任我们班的学习委员，同时，这对于不善言辞的她来说也是个成长锻炼的机会。对此，她自己深有体会："担任学习委员以后，我的交往沟通能力得到了提高，性格慢慢开朗，学习成绩也取得了进步。"听完她的话，我甚感欣慰。其实，真正触动她、使她发生改变的并不是我，而是在一次班级参加学校合唱比赛的活动中，同学们身上表现出的那种积极向上、勇争一流的集体氛围。

陈彩霞的话题唤起了我的回忆，往事就像一帧帧照片，浮现在我的脑海中……二年级时，学校举行合唱比赛，每个班两首参赛歌曲，一首自选，另一首是自编的班歌。当时我们班选的歌曲是《黄河大合唱》，班歌是同学们根据《运动员进行曲》改编的，歌词大意是："我们像山鹰展翅飞翔，我们像海燕迎风破浪。我们像疾风，我们像洪流不可挡……"唱这首歌时，同学们都激情四

起,那激动人心的歌词与旋律,真的令人振奋不已。看到同学们这么用心,我也积极地为他们出谋划策,找专业老师进行辅导,不断地给他们加油打气,还托我婆婆在沁阳百货公司帮他们借了演出服装。看到我这么重视并尽心尽力,同学们更是热情高涨,团结一心,不怕苦,不怕累,一遍又一遍地排练。当时担任指挥的是我们班具有东方美女神韵的文娱委员张亚亚,为了让同学们取得好成绩,她一遍又一遍地练习指挥,把胳膊都练肿了。功夫不负苦心人,比赛时,我们班女生穿着红色的套装,男生穿着礼服、打着领结,一上场就惊艳了所有人。自信阳光的精神、英姿飒爽的状态、清澈嘹亮的歌声,一切都是完美呈现。陈彩霞在这样的集体大家庭中尽情地汲取勇气和力量,逐渐变得开朗、乐观、自信。

还有一次,学校举行集体舞比赛,当时正流行《潇洒走一回》这首歌,我就选了这首曲子作为伴奏音乐,当然舞蹈是我编排的。陈彩霞身材苗条,长相清秀,所以一开始是被挑上去跳舞的,但后来由于她学习舞蹈动作比较慢、动作不够协调,又被淘汰了。为此,她感到十分遗憾:"我觉得自己失去了一次锻炼的大好机会。每每看着其他同学那么努力地练习舞蹈动作,越练越好,我真是好生羡慕啊!当然,我也自责:我怎么这么笨,怎么就不能为班级争光呢?"好在后来我把这个舞蹈教给了全班同学,要求他们每个人必须学会,并语重心长地告诉他们,将来一定会用得到的。就这样,全班同学都学会了这套健身舞,并且在学习的过程中还相互切磋,打闹玩笑,同学之间的关系更加亲密无间。这段难忘的经历伴随她走上了教育之路,也影响到她的学生们:"毕业以后,每次学校举行各种体育运动项目,我都会有

第二章 不负韶华:传承中师精神

一种久违的感觉。队列比赛、太极拳比赛、校园集体舞比赛……我都积极组织学生参加,带领他们认真排练,这不仅为我的教学工作增添了不少的色彩,还让我的学生们变得更加自信,班集体也变得更加团结了!我相信,这些重要的活动一定会是孩子们宝贵的人生财富!"言谈举止中,陈彩霞俨然不是当年那个一声不吭地抱着作业本跑来跑去的小丫头,而是一位乐观向上、经验丰富的好老师了。

93级毕业20年时,同学们约好在沁阳相聚,特地邀请我参加。饭后我和同学们一起步行来到了原沁阳师范的旧址(学校已于2005年交付地方政府,由沁阳市职业中专使用)。虽然是双休日,学校没有学生,看起来有些荒凉,但我们还是抑制不住内心的激动。在同学们的邀请下,体育委员姚静整队,让我在操场再给他们上一节体育课。虽然已经有20年没有上过体育课,但是姚静整理队伍之后,我立马精神振奋,心中升腾起一种欣慰和感动!20年了,我也想念曾经的校园、留恋昔日的操场,还有阳光下与同学们一起奔跑、呐喊的场景。我整理了一下思绪,昂首走到整齐的队伍前面,清了清嗓子,大声地喊道:"同学们好!"同学们洪亮地回礼:"老师好!"陈彩霞站在队伍里,就像当年上课时一样,一直静静地看着我,但"老师好"的声音却喊得格外清脆、响亮,声音的洪亮程度远远超出了当年。像20多年前那样,我给了她一个肯定的目光。可以说,那一声"同学们好",把我带回到20多年前的课堂;那一声"老师好"让我激动得热泪盈眶;这一声声上课的"相互问候",就像陈年的老酒,随着岁月的流逝越发醇香。虽然我的动作已不如当年那么自如,步伐也没有昔日那样敏捷,但我看到了一个个依然生动而亲切的面庞……93(3)

班,我心头最深沉的牵挂,一个最有魅力的班集体,一群人用力、用心、用情筑造的精神家园,所有人心目中最温暖的归宿,早已成为我心灵的栖息地!

中师毕业后,陈彩霞回到了自己村子里的小学任教,担任语文课教师。结婚后,为了生活方便,她调到了县城的一所小学任教。

2019年秋天,陈彩霞来看我,谈到了她的生活和工作。虽然她依旧默默无闻,但作为小学语文老师兼班主任,她始终把"教书育人"放在第一位,本着"多干事,少说话"的精神,默默辛苦着自己的辛苦,快乐着自己的快乐,尽力做好分内的每件事情。她虽然没有什么耀眼的光环,也没有特别的成就,但她内心安然,积极乐观。她喜欢她的课堂,喜欢她的学生,教书、育人,勤勤恳恳,兢兢业业,让课堂成为放飞自己心灵的圣地;同时,她用一颗温柔的心,爱她的学生,把每一位学生都当作自己的孩子,关心、呵护他们的成长,细心地打造温馨美好的班集体,构筑属于学生的精神家园。她像一束美丽的花朵,在三尺讲台旁静静的绽放,把阵阵清香和瑰丽的色彩带给了她的学生,留给了她的课堂,留给了她的班集体。

学生感言:

时光飞逝,日月如梭。三十年,只是弹指一挥间。三十年,很长也很短,短到我们依然觉得毕业是昨天的事情,依然能想起老师和同学们当年的样子,依然看得见操场上的球赛,依然听得清八角楼里的琴声……三年的师范时光我们永远不会忘记,因为它见证了我们共同的青春时代,成为我们教育梦想起航的地方;因为它为我们的成长打下了扎实的基础,让我们每个人身上都烙下了时代的痕迹;因为它会让我们在万籁俱寂、辗转反侧的夜晚,心灵朝向同一个方向遥望,那里是我们永远的精神故乡和心灵归宿。可以说,无论是沁师生活,还是即将三十年的再聚,都将是我们人生中最美的遇见。

——陈彩霞

 中师教育回响

书写《暮江吟》的学生会主席

> 合理的意志之培养和正确的知识教育不能分开，坚强的意志之获得和一定情况下的情绪激发与冷淡无从割裂。现在我们要求在统一的教育中培养儿童的知情意，启发其自觉，使其人格获得完备的发展。
>
> ——陶行知

"一道残阳铺水中，半江瑟瑟半江红，可怜九月初三夜，露似真珠月似弓。"这是唐代诗人白居易的《暮江吟》，是一首写景佳作。诗人选取了红日西沉到新月东升这一段时间里的两组景物进行描写，运用了新颖巧妙的比喻，创设出和谐、宁静的意境，通过吟咏表现出内心深处的情思和对大自然的热爱之情，其写景之精妙，历来备受后人的称道。每次听到或者看到这首诗，我就会想起王向科，她是我认识的沁阳师范唯一的女学生会主席，她对这首诗情有独钟。也可以说，我对这首诗的熟知，就是来自于她中师三年对这首诗的书写。

20世纪90年代，连续十多年的师范提前招生，致使当时各县的一中痛失了不少成绩拔尖的生源。尤其是沁阳一中，与沁阳师范同在一个县域，师范毕业包分配的利好政策成为不少当地优秀学子中招考试的首选，这也令地方教育行政部门和沁阳

第二章 不负韶华:传承中师精神

一中的领导感到很是无奈。1995年,为了能够招收到好的生源,沁阳一中在中考前两三个月就进行了提前招生考试。成绩优秀的王向科想报考沁阳一中,将来能够上大学,却遭到了父母的反对。母亲说:"小姑娘家上什么大学?考沁阳师范吧,考上就有个铁饭碗,风吹不到雨淋不着,早早就能上班,离家又近,多好!"就这样,她没有参加沁阳一中的提前招生考试,而是参加了中招考试,报考了中师,顺利地进入沁阳师范就读。"现在想来,也有那么点后悔,那时候年龄小,没有主见,也没有坚持去试一试。不过后来也想过,即使自己考上了一中,也不一定能考上更好的大学,因为感觉自己不够聪明,也许就是个师范学院之类,可能最后还是当老师。"谈到当年上师范的经历,王向科笑着摇了摇头。虽然她对没能考一中上大学有一点小小的遗憾,但这并没有影响她的心情,反而让她从自己中师的学习经历和毕业后的专业成长历程中找到了自我安慰的理由。

进入沁阳师范后,向科被分在了95(4)班。"我的班主任是又高又帅的体育老师,他带了我们三年,从进入师范校门一直到我们毕业。他篮球打得很好,不论投篮、运球还是跑步的起跑动作,都那么帅,深深地吸引着我们,尤其是女生,更是崇拜得五体投地。可以说,他是我们班乃至我们整个年级绝大多数女生心目中的男神。我们班56个学生,我是1号,当'老班'点到1号王向科时,我马上站了起来。他看了看我,笑着说:'我还以为是个男生。'我们班同学都哄堂大笑,我也害羞地笑了。可能是他觉得我个子比较高,名字有点像男生,准能管得住学生,于是就任命我为班长,结果一干就是三年。"王向科讲到刚入学时的情景,忍不住笑了起来,既调侃班级小女生们的"花痴",又因为班主任以为她是男生,致使后

来班里同学还以此取笑她；她还调侃班主任以貌取人，以为她个子高就能管住人，其实，一开始她根本就管不住班里的同学，还为此掉过不少眼泪。不过，她的适应性还算不错，没过多长时间就在班里树立起了威信，不仅能管住人，还把班级事务管理得井井有条。

  我没有担任过王向科的任课教师，但我对她的熟悉程度却要远远大于她的任课教师。在她入校那年，我刚好到学生处工作，自然对每一个班的班长都很熟悉。在一年级下学期的时候，她参加了学生会干部的竞选，经过层层选拔，当选为年级的学生会主席。后来，成为学校的学生会主席，也是我在中师任教期间唯一的女学生会主席。她工作踏实，态度积极，脸上总是挂着笑，加之她个子高，有时候有点"傻大甜"，尤其又是一名女生当选学生会主席，所以我对她有几分另眼相看，关爱有加。当时我在学生处分管学生会干部工作，她既是班长，又是学生会干部，所以我们基本上每天都会见面，有时候一天还会见上几次面；另外，那时候我每星期都要值一次班，值班要求住校，与负责查寝的学生会干部一起住在学校操场边上的南小楼上。每次值班，我都会带着她和另一位学生会干部王志娟一起查寝。当时我正在备考研究生，每次值班查完寝，我就会让她和王志娟给我提英语单词，把当天背的单词复习一遍。就这样，我们在一起相处了三年，我与她之间的关系远远超出了一般的师生关系，对她的感情就像对待自己的小妹妹一样。我曾经有一条白色的连衣裙，她每次看见我穿这条裙子都会夸半天，我看得出来她十分喜欢。因为没有同样的款式和号码，在她毕业前，我就把这条裙子洗干净，作为毕业留念送给了她。收到裙子后，她既激动又感动，对这条连衣裙十分珍爱，在她毕业后我们见面时，她还专门穿上那

第二章 不负韶华：传承中师精神

条裙子去见我。

在学校期间，王向科特别喜欢跟我聊每届新生军训期间发生的事情，这也是每年新生军训后师生经常谈到的话题。毕业后见到我，她依然会兴致勃勃地跟我谈起军训。新生入学军训是师范课程设置中的重要内容，我称之为"新生第一课"，也给学生们的师范生活留下了深刻的印象。当年在学生处时，我还负责组织新生军训工作，每年都会聘请驻沁部队的官兵到学校任军训教官。军训虽然很苦很累，但学生们都很受益，也非常喜欢，其间也发生了很多故事。像所有的学生一样，王向科对新生军训也是记忆犹新，并激动地向我描述当时的场景。"开学军训一周，每人一身绿军装，个个怀着激动的心情，在教官的带领下，一个个、一排排，整整齐齐，站军姿，原地转法，跑步……虽然一天下来很累，汗流浃背，军装湿透，但没有一个人捣乱或者认怂，个个精神抖擞。由于提前得到晚上会紧急集合的消息，我们睡觉时都不敢脱衣服，有的鞋子都没有脱。突然一声哨响，我们都一跃而起，站起来就向楼下冲去……一周的军训时光匆匆而过，教官要走了，同学们心里都很不是滋味。男生还好，女生就不行了，一个个红着眼睛，围着教官问门牌号。"讲到新生入校的军训，她仍然难掩激动之情；讲起军训时发生的事情，她却害羞地笑了。

其实，王向科所讲的关于军训的情况，我印象深刻，她讲的只是其中的一小部分，还有一些情况她并不知道，因为发生的故事远比她讲的要多得多。

在军训期间，学生与教官之间建立了深厚的友谊，致使军训结束时难舍难分，学生们在教官宿舍门前排着队送礼物的场景也非常壮观。尤其是那些"多情"的少女，不仅在教官走的时候

哭得稀里哗啦，而且在教官走后还要隔三岔五跑到部队去，甚至中师三年乃至毕业后都有联系；还有的与教官培养了深厚的情感，在教官转业时要相依相伴，随之远走高飞。还有的不顾家人反对，执意要离家出走……为了防止学生与教官之间的情感过于亲密，每到军训结束前，学生处与保卫处都要联合起来，安排老师带着学生干部昼夜在学校值班，还让保卫处的老师天天站在教官宿舍的楼下把守，不准学生上楼找教官，但即便如此，也依然阻止不了他们的联系与交往。后来，学校想了一个办法，每当军训汇报表演一结束，部队的车就直接将教官拉走，不给学生和他们道别的机会，同时要求部队命令官兵不准给学生留下联络方式。再后来，学校不再聘请驻沁部队的官兵，而是聘请焦作军分区的官兵任军训教官，想通过拉远距离来尽可能减少他们联系的机会。尽管如此，仍然没能阻断新生与教官之间的情感联络。我曾经半夜到部队去找学生，也曾经到月山火车站把学生从候车室拉回来。为此，有不少老师感慨："我们教了学生三年，还不如教官教了一个星期与学生的感情深。"

  应该说，学生与教官之间的这种感情，也是人之常情。我们设身处地地想一想，一个十五六岁的孩子，远离父母到异地他乡求学，入校后为他们上第一课的是教官，其间与他们朝夕相伴接触最多的是教官，是教官与他们建立了进入师范的第一份人际关系，这份情感对他们来说可谓终生难忘。再加上那些教官也都是年轻人，学生与他们之间有更多的共同语言，尤其是那些初长成的处于青春期的美少女，对兵哥哥可谓崇拜至极。所以，他们之间的交往比起师生之间，要更加的随性、自然、平等，感情的契合度也更高。为此，学校多次研讨军训要不要放在开学第一

第二章 不负韶华:传承中师精神

周。事实证明,无论放在第几周,学生与教官之间的感情都会发生,但军训还是要组织进行,还是会给这些中师的少男少女们留下深刻印象,甚至影响他们之后的生活。"军人身上的坚强、忍耐、忠诚、勇敢等精神品质对我们的影响是很大的。印象最深的就是叠'豆腐块儿',只见教官径直走到我的床前,拿起我软塌塌的被子,轻轻一抖,一小会儿功夫,就把刚才少气无力的被子变成了精神抖擞、方方正正的豆腐块儿,好神奇!教官走后,我们每一个人都打开自己的被子,学着教官的样子叠豆腐块,这一叠就是三年,后来我的被子叠得也非常好。尽管20多年过去了,但我仍然保持着叠好被子的习惯……"由此看出,军训对学生的影响是非常深刻而久远的,尤其是对学生自律性的培养非常有益。

谈到中师时的学习,王向科觉得最难熬的,也是记忆最深刻的就是晚上的时间。本想上了师范没有升学任务就可以放松一下,不必昼夜上课学习,白天上完课,晚上回宿舍休息就好。没想到的是,中师的作息时间与初中没什么两样,依然是早操、早读、早自习,白天上课,晚上的时间也被安排得很满。"上师范时,每天晚上7:00~7:30要看新闻联播,了解国家大事;每天早上7:30~8:00练习写字和简笔画。尤其是写字贯穿三年,一年级毛笔字,二年级钢笔字,三年级粉笔字,每人一块小黑板。三年下来,'三笔字'和简笔画都可以信手拈来。我记得练得最多的,也是写得最好的就是唐代白居易的《暮江吟》,我非常喜欢它的意境。"讲起当年练习写字,她兴趣盎然,津津乐道,不时流露出十分陶醉的神情,还带着感情把《暮江吟》给我背了一遍。关于她喜欢书写《暮江吟》这件事我印象也十分深刻。每次我值班时,她都会拿着小黑板向我展示她在上面写的这首诗。我多

次问她能不能换一首写给我看。但是,即使她换了一首,在我看过之后,她一定还会把这首《暮江吟》再写一遍给我看,说她最喜欢写这首诗,写起来也顺手,也最能代表她的书写水平。所以,中师三年中,她写得最多也最漂亮的就是这首《暮江吟》。

在王向科看来,上学时最喜欢、最难忘、最有意义的还有两件事情。第一件事是开运动会。沁阳师范每年都要举行两次运动会,春季田径运动会和冬季长跑运动会,学生最喜欢的是春季田径运动会,一般情况下要进行三天。运动会期间,每个班一个观赛位置,班牌、桌子、凳子、矿泉水、啦啦队一个都不能少。运动员进行曲一刻不停地循环播放着,啦啦队的呼喊声不绝于耳,锣鼓声震耳欲聋,校园里充满欢声笑语,热闹非凡,跟过年似的,同学们个个都很兴奋。不仅是因为在运动会上大家可以释放青春的激昂活力,更是因为运动会期间可以不上课,学生自然高兴。"运动会期间,每班的运动员都成了那几天最香的人,我们跟着人家屁股后面给人家提着臭跑鞋,还给人家端着水,扇着扇子,那伺候得真是到位,现在想想那个场景真的是太逗了!尤其是我作为班长,希望班级能够取得好成绩,自己脸上也有光,所以对运动员那简直就是超级保姆式的服务。"她边说边笑,还手舞足蹈地描述着当时的场景和自己的"糗事"。

作为曾经的班主任,我对她所讲的场景及心情能够感同身受,也曾经为了鼓励班级运动员拿个好名次,在家里为他们煮好鸡蛋带到学校,所有运动员每参加一项比赛,我都给他们发一个鸡蛋补充能量,惹得其他班级的运动员很是羡慕。作为体育老师,我对运动会的场景更为熟悉,因为组织学校运动会也是自己业务的一部分,尤其是运动会前的准备工作,我至今仍记忆犹新。那时候的跑道都是炉渣的,运动会需要画场地,一般都是男教师领着学生在画。但是我有一个绝活,就是推着灰滚画道次,能把跑道线画得直直的,还能迈着均匀的大步丈量距离。因为很少有女同志能够干这样的活,所以每次运动会我都会趁机露一手。当然,我画跑道线的时候,会有很多学生观看,觉得很好奇或者不解,但我却觉得很荣耀。如果用现在的专业术语来讲的话,那也是当时体育教师专业能力的一部分。为此,王向科对运动会的回忆与感慨,也把我带回到了那个激动人心的场景中,与她一起畅谈运动场上的精彩瞬间。

第二件事,是春游和秋游。"上学时,我们班主任每学期都会组织全班同学去旅游一次,逍遥水库、云台山、八一水库,……全班同学跟着'老班'集体出去旅游,一路上有说有笑,打打闹闹,太开心了。"王向科讲起当年的春游和秋游,非常激动,一脸陶醉。当时的沁阳师范非常重视学生春游、秋游活动的安排。不仅要求班主任带队,还要学生处、保卫处的老师和学生会干部陪同,为学生做好服务。这是让学生走出校园,走向大自然、走向社会的一种体验,也是学生学习的重要内容,对开阔学生视野,愉悦学生身心,有着极其重要的作用。

在我看来,她之所以对学生郊游的事情津津乐道,还无比感慨,是因为当下的教育让学生走进我们生活的世界,直接探索与亲身体验的机会大大地减少了。随着社会的发展、科技的进步、办学条件的逐渐改善,学生在学校的学习条件越来越优越,教育与生活的关系却一步步地脱离。尤其是封闭管理的盛行,使我们的教育与教学严重地游离于日常生活之外,远离学生的真实生活。在对分数、名校的尊崇下,教育使学生将自己的身心全部

投入到了对书本知识的掌握中,他们越来越多地被封闭在狭小的空间中,过着从家庭到学校,从学校到家庭的单调生活(在封闭管理的寄宿制学校,是从教室到寝室,从寝室到教室),离真实的生活世界越来越远。他们的视野里只有课本、作业和试卷,学习就是他们的生活,生命被囚禁在书本中。他们没有朋友的嬉闹和追逐,有的只是在题海中的"遨游",偶尔的春游、野炊还附载着写篇作文的前提。随着"安全教育"意识的加强,这些多少带些生活气息的活动,也成为富有"责任心"的学校和老师躲避的话题而告免。近年来,各种"研学"活动兴起,但大多数都是一些培训机构或者民间组织为了利益而自发组织的活动。尤其是以参观"名校"为目的的"研学"活动,都是以学生今后的升学为指向的。相较而言,当年中师生的学习与生活还是丰富多彩的,不仅为学生提供了放眼看世界的机会,也给学生留下了许多美好的回忆。

王向科作为班长、学生会主席,她的中师生活比别人多了一道色彩,她付出了很多,也收获了很多,毕业前光荣地加入了中国共产党,成为一名预备党员。按照同学们的话说,她也算是学校当年的"风云人物"了。"沁师三年中,我最大的收获莫过于在班级和学生会工作中得到的锻炼,自己的人际关系、工作能力、协调能力、组织能力等方面都得到了极大的提升,并且在我毕业后这20多年的教学工作与现实生活中也起到了重要作用,让我在工作中和同事、上级领导的关系非常融洽,尤其是做班主任工作更加得心应手。"谈到在学校当班长和学生会主席的工作,王向科感慨良多,并充满感激,感谢学校对她的培养,让她受益终生。我也向她表示感谢。感谢她在上学时为学校的学生管理所

第二章 不负韶华：传承中师精神

做出的贡献。我的话绝非客套，而是发自内心的真诚。因为我负责过学生会的工作，目睹过那些学生会干部每天一路小跑，忙着开会、检查、出板报……有的甚至经常顾不上到食堂吃饭，让同学捎个馒头垫垫肚子是常有的事。因此，在每年的毕业之际，我都会为这些学生会、团委干部开一个欢送会，以表达对他们的谢意。

1998年师范毕业后，王向科被分配到一所乡中任教。她在师范选修的是英语专业，任教后定级的是语文教师，可学校缺数学老师，于是，她就担任了两个班的数学课，以及其中一个班的班主任。"我记得最清楚的是，我刚刚毕业不太会用嗓子，任务又重，自尊心又强，为了搞好成绩拼命讲题，每周都是周一嗓子挺好，清亮亮的，周二就没有那么亮了，周三就不好了，周四就哑了，周五就不出声了，周六周日休息两天好了，下一周继续轮回着。功夫不负有心人，学生的好成绩给了我莫大的工作动力，工作更加努力。"

在那所乡中工作了两三年后，她与同是中师毕业的一位男子结婚，组建了自己的家庭。为了方便照顾家人，她申请调到了沁河北的一所乡村小学任数学教师，并担任班主任。在此工作了两年后，由于她教学成绩优异，镇教办主任把她调到了镇中学，她在那里工作了14年，担任数学和政治课教师，还担任班主任。在此期间，为了做好班主任工作，她自学了心理学课程，考取了国家三级心理咨询师职业资格证。本打算再考个二级证，但由于面试时答错了一个问题，没能拿到二级证书，为此还遗憾了好长时间。可以说，从1998年毕业到2018年，她整整做了20年的班主任工作。在这20年的班主任生涯中，她获得了许多荣

誉,沁阳市优秀班主任获得了很多次,还荣获了焦作市优秀班主任。有几年沁阳市优秀班主任发的奖品是电动车,她几乎每年都要得一辆。为此,她曾经炫耀过,不仅自己没有买过电动车,家里人骑的电动车也都是她获得的奖品。

2001年5月,我在做招生宣传时见到了王向科,这是她毕业后我们第一次见面。那次可以说是见面匆匆,没有来得及深聊,但她告诉我,仍然喜欢写《暮江吟》。令我没想到的是,那次见面后,我们一别就是20多年。

2022年4月,我电话联系到王向科,想了解一下她的现状。电话接通后,一听到我的声音,她马上就激动起来,声音也变得哽咽,不停地在电话里喊着:"高老师,我太激动了,我没想到你会给我打电话,真的太想念您了,我有很多话想对您说。"说着说着,她在电话那头哭了起来。我心头一紧,突然意识到,她一定是经历了什么事情,就赶紧劝她先冷静下来。接下来,她向我讲述了她这些年的工作、生活状况,以及所遭遇的不幸。

天有不测风云变故。2012年的3月,她年轻的丈夫被确诊为不治之症,这突如其来的消息一下子把她打蒙了。"那时的感觉就是天塌了,我的那种无助、无能为力,那种心力交瘁、痛苦和绝望,无人能理解,天天以泪洗面,对生活绝望,痛苦到了极点。"尽管她竭尽全力求医问诊,时时刻刻都守候着她的爱人,但也未能将其挽留于世,最终爱人还是离她和女儿而去。最为残忍的是,她爱人从确诊到离世,只有47天的时间,这对于年轻的王向科而言,是无论如何也不能接受的残酷事实。其实,别说是她,换做任何年龄段的女人,遭受这样的打击都是难以承受的。

面对生活的残忍考验,她也曾将自己封闭起来,任何人都不

第二章 不负韶华：传承中师精神

见。但中师三年造就的坚强的精神品质让她时刻保持着清醒的头脑，即使是人生最大的磨难也不能把她压垮。虽然丈夫离去了，但是生活还得继续，尤其是年幼的女儿，在这个时候更加需要她，学校里的学生也还在教室里等着她。于是，她擦掉了脸上的泪水，从悲痛中走出来，重新拾起生活的勇气，回到了自己的工作岗位，面带微笑地站在学生面前，在黑板上书写着自己喜欢的数学符号，把几个月来压在心底的知识讲给她心爱的学生听，以此来告慰已故亲人的英灵。同时，她也需要给自己沉痛的心情找到一个出口，需要转移自己的悲伤情绪，而上课就是她当时最好的精神寄托和情感表达方式。闲暇之余，她会拿出小黑板，写下她喜欢的《暮江吟》。

王向科的遭遇是我万万没有想到的，所以，在倾听她讲述的过程中，我很长时间没有说一句话，因为我不知道该用什么样的语言来安慰她。况且，在这样的不幸面前，任何安慰的语言都会显得苍白无力。对她而言，尽管事情已经过去这么多年，但毕竟是失亲之痛，无论她怎样坚强，这份痛也是无法抹去的。作为老师，学生曾经遭受如此沉重的打击，我内心非常心疼。所以，在听完她的话之后，我还是在电话里与她聊了一会儿，没有极力安慰她，只是问她现在的生活状况，把话题转移到她的女儿、学生、课堂上，因为我不想让她再去想这件事，生活需要前行，人需要往前看。

2022年5月下旬的一天，得知我回老家，王向科从县城打的到老家去看我。一下车，她就站在路中间紧紧地抱住我，不停地说："高老师，我太想您了。"我一边拍着她的肩膀，一边回应她："我也很想你。"直到出租车司机催促她提东西，她才撒手。20多

年不见,她变得更成熟、更知性,也更漂亮了。岁月的洗礼已经褪却了她的忧伤之情,反倒多了几分女人特有的韵味,尤其是她长发飘飘,显得特别贤淑。看着她的精神状态,我内心的担忧悄然散去,只留下对她的爱怜。

那天,我留她在家里吃饭,我们一边吃着家里人做的蒸面条,一边吟诵着《暮江吟》:一道残阳铺水中,半江瑟瑟半江红。可怜九月初三夜,露似真珠月似弓……

学生感言:

光阴荏苒,岁月蹉跎,忆往昔峥嵘岁月稠。可以说,在20多年的工作与生活中,自己的工作、人际交往等方面的能力之所以如此得心应手,这与三年师范的锻炼密切相关。虽然我现在只是一名教师,除了为教育事业流淌的一腔热血之外没有别的,但我仍然相信今后我会遇到更好的自己,因为我是师范人!

——王向科

第二章 不负韶华:传承中师精神

撒播在三晋大地上的教育种子

如果教师缺少了所谓的教育机智,那么无论他怎样研究教育理论,他也永远不能成为一个优秀的实践性的教师。

——[苏]乌申斯基

一般情况下,原来的中师生都是本地辖区内的考生。就沁阳师范来说,1995年以前,只招收武陟、博爱、沁阳、温县、孟州、济源、修武等本地区的学生。本着"县来县去"的原则,地级市教育局把招生计划分配到各县区,招生的时候按照各县考生报考情况划分数线,也就是一个县一个分数线。毕业后,学生一般情况下都回到本县工作。随着教育的发展,人们的思想观念也在发生变化,不少省份打破了原有的招生模式,扩大办学规模,拓宽生源渠道,逐渐向全国招收学生。在这样的教育背景下,从1996年开始,沁阳师范开始扩大招生范围,到山西省招录了一批学生。当时的山西经济并不发达,教育资源相对有限,但山西省政府非常重视老百姓对优质教育的期盼,通过各种方式把孩子们送到外省的学校读书,用知识改变孩子的命运,所以全国各地都有在山西省招生的学校。这些学生有的是山西省教育厅下达的招生计划(也称"大计划"),有的是山西省一些地市的地方计划(也称"小计划")。但无论是"大计划",还是"小计划",因为这些学生都

不在河南省的"公费"招生范围内,所以要缴纳一定的培养费。这些培养费对于办学经费并不充足的乡村师范学校而言,可谓弥足珍贵,所以各个学校的积极性都很高。从另一个角度而言,学校希望能够走出去,吸引外省的生源,扩大学校的影响力,同时,让沁阳师范的学子能够在更多的地方开花结果。用当时学校领导的话来说,就是希望沁阳师范的教育种子能够撒播到三晋大地上,结出革命的硕果,让沁阳师范的旗帜在更多的地方飘扬。所以,学校当时非常重视到山西省招生这项工作,连续招了6届学生,为山西省培养了一批优秀学子。他们毕业后,分别回到自己的家乡,奋战在山西各地的各条战线上,真的就像蒲公英一样,把种子撒播在三晋大地上。当然,根据我后来对沁阳师范毕业的山西籍学生就业情况的了解,他们大多数工作在教育一线。

  我是2001年开始从事招生工作的。那一年是学校招生的转折之年,河南省中师招生停招让全省的师范学校一下子遇冷,大家只好把希望寄托在了山西的招生数量上。为了能够为学校在山西省招收到更多、更好的生源,作为招生办主任的我,曾经与其他两名同事走遍了山西省的所有地市进行招生宣传。当年学校在山西省的招生计划为80名,经过10个月的努力(3月初开始跑招生计划,12月底最后一次补录),历经三次录取,最后招收山西籍学生241名,是历年来招录山西学生人数最多的一届。这对于当年只有300名非师范中专招生计划的沁阳师范来说,在学校生源中占据的比例是很大的。正是有了这些学生,使学校的办学经费有了很大的缓解,办学条件也得到了很大的改善。因为我曾经在学生处、团委、招生办公室工作,所以,对山西籍的学生有不少都是很熟悉的。但在历届的山西籍毕业生中,刘小明是我联系最多的一位。

第二章 不负韶华:传承中师精神

刘小明来自山西平遥古城边上一个普通的农民家庭。像千千万万个农家子弟一样,因为想要离开祖辈靠天吃饭的农村,想要改变自己的命运,所以,他选择了努力学习,用他的话来说,是拼命在学。1997年山西省中招成绩出来时,他感觉自己的成绩还算理想,不仅给父母带来了希冀,也给自己带来了希望。看着身边有好多同学都选择了铁路、邮电、银行等中专学校时,他也想报考这些学校,并没有想过要当老师。一辈子与土地打交道的父母并不能给他的人生选择提供建议和指导,不过有一个人却改变了他的命运。"当时,我有个本家叔叔,在教育界任职,他的一句话改变了我的人生命运和发展方向。他听说我中考成绩不错,就跟家里人说:'男孩子,就该出去闯一闯,现在有去外省上师范的机会,他可以报志愿,毕业后回来当个老师,是个铁饭碗,也很体面。'"就这样,在本家叔叔的劝说下,刘小明选择了跨省到沁阳师范上学,开启了他三年的中师生活。这是他人生的第一次"飞跃",他从此与教育结下了一生的不解之缘。提到当年选择上师范,刘小明感慨良多,对他的本家叔叔心怀感激,同时也对自己当年的选择深感庆幸。

事实上,刘小明的三年师范生活是非常"风光"的。但在当时,对于第一次离开家乡、离开父母,远赴千里之外求学的刘小明而言,来到一个陌生的地方,心里想的最多的就是一定要站稳脚跟,不能让人欺负。一个15岁的孩子第一次只身出门在外,对外面的世界怀有恐惧感或者戒备心,总之,他就是想要自己强大起来,才能更自信地面对新的生活环境,这也是人之常情。所以,刚入校他就凭着自己的帅气、精干,在学生干部竞选中脱颖而出,被任命为97(8)班的班长。一个月后,他便主动加入学校的学生会,

在保卫部工作。"可以说,我刚开始进入学生会的目的完全是为了'自保'。后来,学校组织竞聘学生会干部,我就报名了,当时在学校的阶梯教室进行的竞聘演讲,最后学校还进行了排名公示,我的成绩排第一名,但我压根都没想过,一个外省来的学生能当上学生会主席。当时的学生处主任找我谈话时,我感到非常意外,也十分惊喜。在学生会工作真的锻炼了我的能力,演讲、管理、组织、协调能力最为明显。"刘小明谈到当年在学校的工作与学习时感慨万千,尤其是对于学生会主席的工作,仍然是念念不忘。我对刘小明这些话深信不疑,他确确实实在沁阳师范得到了很快的成长和很好的锻炼,可以说是学习工作双丰收。在学校期间,他曾经多次获得优秀学生干部、三好学生等荣誉,并于 2000 年 1 月光荣地加入了中国共产党,成为一名在校的预备党员。2000 年 6 月,他被评为"河南省优秀毕业生"。这些都是他用辛勤的汗水换来的,也是对他作为一个未成年人远离家乡和亲人,独自前行所付出心血的回报,更是他三年来积极进取、努力拼搏的最好证明。

其实,刘小明之所以对中师生活有如此深刻的体会,不仅是因为中师三年的岁月难忘,而且其间的锻炼成长为他后来的工作与生活带来了十分重要的影响。"真的,中师三年获得的学习与进步,尤其是能力方面的锻炼,在我参加工作后都得到了体现。第一次上讲台,在全县讲公开课,根本不知道什么是紧张;后来调到乡教委、县教育局工作,协调各种工作从来没有感到为难。可以说,在学生会的锻炼,确实给我的人生打好了底色,这是我上师范最大的收获。尤为重要的是,它也影响了我教育孩子的理念。我把自己的经历与收获告诉儿子,鼓励他要多参加班级的活动,主动在班级担任班干部锻炼自己的能力。儿子从

第二章 不负韶华：传承中师精神

小就学习优秀，而且从小学到高中，一直担任班干部（课代表、学习委员、班长），还经常担任学校各种大型活动的主持人。"刘小明讲这些话的时候，满脸洋溢着收获的喜悦和幸福的笑容。听了他的话，我更加对学校当年选择他当学生会主席而感到欣慰。因为他的确与别人的见识不一样，不仅能够将学到的东西运用到工作中，也用到了教育孩子身上。或许也有人这样用，但没有像他这样用心，也没有像他说的时候这么动容。

"说实话，毕业后，我一直非常怀念在学生会的工作，直到现在还时常梦见您和学生处的领导提醒我：'小明，应该给学生干部开会了，已经好长时间没有开会了。'我时常从这样的梦中醒来。"我笑着调侃他："这是当然。学生会主席的职位那么风光，全校学生都归你管，你掌握着各个班级评比的'生杀大权'，负责班主任晚自习签到，这是多大的权利呀！尤其是有好多小美女都对你无比崇拜，还有不少主动示爱，你当然留恋。"说到这里，他不好意思地笑了，转而坦诚地跟我说："高老师，当时学生不允许谈恋爱，尤其是学生干部更不能触碰这条红线，一经发现，从学生会和团委开除，所以，当时的我作为学生干部确实是有贼心没贼胆。今天，我要向您一吐为快。当时的我自认为长得还算潇洒，又是学生会主席，可以说追我的姑娘真的很多！但我确实不会处理这方面的关系，也曾经伤害了不少女生的心。毕业后，曾经有同学调侃我，说我家是山西的，是不是从五台山出来的，有点'不近女色'。其实，当时正值青春年少的我也喜欢过漂亮的女生，但我是学生干部，还是学生会主席，不仅不能谈恋爱，还要给同学们起模范带头作用，所以，当时我不止一次告诫自己：'定力要强。'后来参加工作后，我才对这个词有了更深刻的认

识,作为男人必须有定力!也正得益于此,我才能顺利成为一名中共预备党员,毕业时获得河南省优秀毕业生的称号。"我又笑着调侃他:"你知道吗?这种现象在心理学上被称为'延迟满足',这既是对一个人意志力的考验,也是对一个人克制力的验证,事实证明,你的决定是对的。如果你当时谈了恋爱,学生会主席肯定是当不成了,那么后来所有的预备党员、优秀学生干部、优秀毕业生也都没有了。当然,最主要的是你失去了锻炼的机会,也不会有你后来在工作中的突出表现。"听了我的话,他连连点头,笑着说:"是的,真的是这样。如果我触碰了红线,真的不会有现在的一切。所以,这件事也让我明白一个道理:无论在什么时候,一定要坚守底线,不触碰红线。"

刘小明在沁阳师范上学期间,我担任学校的团委书记,兼任学生处副主任。学生会与团委经常在一起搞活动,工作中与他有很多交集。最主要的是我在学生支部担任组织委员,负责组织发展工作,他作为入党积极分子,我当然要对他有足够的了解。在他上学期间,我曾经跟他谈过话。那是团委在学校大礼堂组织的一次大型活动,学生会是"配合"单位。在他看来,"配合"其实就是说说而已,所以他从心里没有把这件事放在心上。当天活动的时间是晚上7点,可是6点半了各班还没有开始入场。如果是学生会搞活动,他总会提前到场,安排体育部、纪律部的学生会干部组织学生入场,并维持现场秩序,但那天他认为是团委组织活动,所以就没有提前到场。"当时您拿着话筒叫起了我的名字:刘小明马上到主席台,刘小明马上到主席台……当时,我就有一种不好的预感,糟糕,今天可能要挨批了,因为当时的学生都十分'怕您',我飞奔到主席台(因为当时在学校我很少慢悠悠走路，基本上都是小跑，上楼梯从来没有一个一个上过，都是两个、三个的上）。但您没有马上批评我，只是说了一句话：'马上配合团委组织学生入场，维持现场秩序'。事后您把我叫到您的办公室，让我先自我分析，说出我的内心想法，然后才语重心长地开始给我讲什么是'配合'，什么是责任，什么是担当，什么是协调。我当时很纳闷您为什么没有劈头盖脸地骂我一顿呢？后来才慢慢理解什么是领导艺术。从此，我便在学生会和团委之间不停地来回穿梭，真正的成长和锻炼也就在此时开始了。毕业前，您在给我的留言册上这样写道：小明，永远保持豁达的胸襟和自信果敢的作风！这句话我至今难忘，而且是永生难忘！"这件事我没有印象，他讲起来的时候我才想起来。但我对他的印象是他很有眼力，干工作非常踏实，真的如他所说，走路基本上都是脚后跟不着地，一路小跑，生怕误了事。说句实在话，做学生会主席很风光，但也很辛苦，可以说，他所有的成绩都是他三年来一路小跑跑出来的。

2000年，刘小明毕业后回到自己的家乡平遥。可当时的政策是不分配工作，这犹如一盆冷水泼在头上，他失望极了。尤其是在没有工作的那段时间，农忙时他就在家里跟着父亲种地，农闲时到城里打点小工。2001年春天，我到山西各地市做招生宣传，路过平遥时见到了他，他在县城边上的一家维修店帮父亲打下手。见到我，他既激动，又高兴。但从他的眼神中，我看到了一种失落，一种迷茫。我问他为什么会是这样的精神状态。他告诉我："上了这么多年学，最后还是回来当农民，我心中难免会失落。最让我失落的是心态的落差。我在学校是学生会主席，有那么多的同学崇拜我，老师喜欢我，而回来以后却整天拿着锄头在地里干活，和那些

没有上过学的农民干着一样的活,过着一样的生活。每次想到这些,我就觉得自己被一盆冷水当头浇了下来,心里的那种冰凉和失落难以形容。现在想想,读书有什么用呢?"

我对他的灰心和失落十分理解。但我还是笑着对他说:"不错,你是农民,但你是一个读过书的农民,是一个有知识、有文化的农民,是一个有思想、有精神境界的农民,所以,你应该和一般的农民不一样。"他的心情似乎有点缓解,但还是叹息着说:"可是,我总觉得读了书还是农民,不甘心。父母也对我很失望。"我说:"你可以不当农民的,你可以走出去,去做点别的。"他有点遗憾地说:"我学的是师范,理想就是当一名老师。再说了,别的我也做不了。"看着桌上的平遥特产"圆圆的白面碗托",再看看小明那一脸的茫然,我鼓励他不要灰心,既然他们上学时都是地方政府下达的正式计划,相信政府一定会给他们一个圆满的答复。我说:"你可以走出去,找一个私立学校当老师,待遇多少不要计较,能够养活自己就行。等学校看到了你的能力,肯定有新的发展机会的。借此机会给自己积攒经验,等待更好的机会。说不定什么时候政府会考虑你们的分配问题,到时你也可以很快适应工作。一定要对自己有信心,相信你的三年中师不会白上,是金子迟早会发光的!你一定会像山西的汾酒一样香飘万里!"听完我的话,他的情绪也好了很多。

那天,他坚持要陪我到平遥古城去转一转。在古城的大街上,我们俩一边走,一边聊,他说的多一点,我一直在听,都是他对上学时的回忆,毕业后在家待业的感慨。当时,古城的大街上有很多景点都有照相的摊位,其中有一个是坐在人力黄包车上照相的。刘小明坚持要我坐一下黄包车,他拉着我照个相。我

第二章 不负韶华：传承中师精神

平时不是太爱照相，也不喜欢凑这种热闹，但是他一再坚持，说这是他毕业以来最开心的一天，特别想为老师拉一次车，借此机会表达一下他的谢意，感谢我在师范时对他的培养与关照。为了满足他的心愿，我坐在黄包车上，让他拉着车，照了一张相。看到他如此尊重老师，老板让他多拉了一会儿。虽然当时他拉着我坐在黄包车上走的距离并不长，但我却很享受这种师生关系的特殊表达方式。多年以后，我常常会想起那个场景，与他的联系也比其他山西籍的学生多了一点。

半年后，我在市委党校学习时，接到了他的电话。原来，我们离开之后，他决定走出去闯一闯，就选择了到太原打工。他本来想找一所学校的，可当时是学期中间，学校的课程都已安排妥当，他就没有办法去上课。为了能填饱肚子，他就先找了一家快餐店打工，后来又找了一份卖服装的工作。虽然是出师不利，但在师范三年磨炼的意志使他没有被眼前的困难所吓倒，边打工边寻找和等待能够当老师的机会。2001年9月，他在太原市周边的一所乡村小学，找到了一份临时代教的工作，总算是专业对口了。过了一段时间，他又打来电话，告诉我学校给他涨了工资，还让他负责教务处的排课工作。听了他的电话，我心里非常高兴，因为他重新找到了曾经的自己。

2002年，刘小明终于迎来了人生的发展机遇，平遥县的人事政策调整，组织2000年毕业的师范生考试入编。作为在焦急与渴望中等待了两年的他，怎能放弃这么难得的机会？他拼命地复习，终于顺利通过了入编考试，被分配到一所乡村小学任教。他曾经教授过语文、英语、计算机等课程，但他最拿手的应该是语文课。可能是与生俱来的天赋，更多的是师范三年的学习与

锻炼所练就的扎实基本功,所以进步很快,先是在学校做公开课,后来被推送到乡里做公开课,再后来又推送到县里做公开课,2006年被评为平遥县新世纪第二批教学能手,平遥县学科带头人。也正因如此,2007年他被调到乡教办教研室工作,从此离开了三尺讲台。其实,对于离开讲台这件事,他曾经有过遗憾,总觉得自己师范出身,最喜欢的就是讲台,最拿手的也是讲课。不过,经过三年师范教育的培养,三年学生会主席的历练,他的专业知识、专业能力、协调和管理能力,让他在任何地方工作都会表现突出。正是在乡教办的出色工作,不仅让他得到了很好的锻炼,也让领导看到了他的吃苦精神和工作能力。"在乡教办一待就是6年,2013年一纸调令又到了县教育局工作,至今已有9年了。回到教育局工作后,才真正懂得机关不同于基层,要学习的东西还有很多,接触的人也多了,有市局的,有时还有省厅的领导,幸好咱有牢固的师范三年基础,不然那就真应了那句古话:基础不牢,地动山摇。"谈到毕业后的任何一件事情,刘小明都会把它与中师三年打下的基础联系在一起,可见中师三年对他人生发展影响的深刻性和久远性。

2016年以后,我与刘小明之间的联系多了起来。他曾经问我要过一本我在清华大学出版社出版的《家庭教育:为孩子的成长打好底色》,我给他寄了过去。有了这本书,我们之间的联系就多了起来,有时候他会就书中关于家庭教育的理念与我讨论。2022年,他为上高中的儿子选择文科还是理科而纠结,就和我聊天。我们聊了很长时间,我无法替他帮助儿子选择文科还是理科,但是我给他建议,让孩子选择自己所喜欢的专业就行。其间,他把自己与两个儿子的合影照片发给我看,向我炫耀他的幸福生活。看到他们父子三人笑意盈盈的照片,我真心为他高兴。

谈到他的工作,常年的行政工作多少让他有一点求稳的思想,但我作为母校的一位老师,语重心长地告诉他:"你是沁阳师范撒播在三晋大地上的教育种子,承担着与别人不一样的责任与义务,发挥你当年作为学生会主席的能力优势,让更多山西籍的沁阳师范毕业生联合起来,将学校的文化精髓传承下去,为当地教育的发展做出更多的贡献。"听了我的话,他的脸上流露出当年担任学生会主席时熟悉的神情,激动地跟我说:"放心吧,高老师,我一定会努力做好,不辜负学校的培养和您的期望,不会忘记自己是沁阳师范撒播在三晋大地上的教育种子,一定要开出美丽的花朵,结出丰硕的果实。"

听了刘小明的话,我开心地笑了。我知道,还有许许多多像小明一样优秀的山西籍学生,他们都是沁阳师范撒播在三晋大地上的教育种子,在春天播种,在夏天成长,在秋天收获,在冬天蕴藏,用自己真挚的教育情怀,演绎着三年中师的成长与收获,回报着千里求学的艰辛与付出。

学生感言:

迂回人生,多少起起伏伏。刻骨的痛,苦涩的泪,自然也少不了欢声笑语。想铭记的,想忘记的,记忆中却都留下了痕迹。人生自是一条曲线,曲线自是一种美。每每想起在河南省沁阳师范的三年,总有许多美好的记忆浮现在脑海。这三年,终生难忘;这三年,影响了我的一生。感恩这三年!

——刘小明

中师教育回响

不畏风雪归途的追梦人

> 教育，这首先是关怀备至地、深思熟虑地、小心翼翼地触及年轻的心灵，在这里谁有细致和耐心，谁就能获得成功。
>
> ——［苏］苏霍姆林斯基

每个人的一生都会经历一些特殊的人和特殊的事，或与岁月有关，或与环境有关，或与境遇有关，但无论如何，这些人和事都会成为我们生命中的记忆，与我们相依相随，给予我们的人生特别的意义与启迪。

1997年11月，沁阳师范补录了一批来自山西大同的学生，是学校有史以来招收的离家最远的学生（大同距离沁阳将近700公里）。当时的他们只有十五六岁，为了自己的梦想，在父母的陪伴下来到距家千里之遥的沁阳求学，实属不易。因此，学校对他们特别重视，让时任学校团委书记的我担任他们的班主任，以方便协调相关工作。新生报到后，很多父母拉着我的手，两眼含泪地对我说："高老师，孩子太小，从来没出过这么远的门，以后就交给您了。"看着家长们那一双双渴求的眼睛，听着他们那一句句恳切的话语，我非常自信地说："放心吧，我一定看好他们！"因为对于当时的我来说，首先考虑的是他们的生活和安全问题，这是对家长最大的宽慰，也是最实惠的承诺。就这样，我与这群

第二章 不负韶华:传承中师精神

大同学生建立了一生的情缘,演绎了我生命中一场美好的遇见。

这个学期很短,孩子们过得很愉快,但是有很多人想家。为了能够让孩子们安心学习,学校采取了各种措施关照他们,给他们以温暖,缓解他们的思乡之苦。冬至的前一天,学校让学生处组织班级包饺子活动,冬至那天还专门为他们每人发了一张饭票,凭票到食堂免费打一份饺子吃。周末活动更是丰富多彩,让这些远离家人的孩子有个去处。所以,转眼这个学期就过完了。在放寒假的前几天,孩子们归心似箭,早早就做好了回家的准备,买好了路上的"干粮"。放寒假的那天,天下起了大雪,很大很大的雪。考虑到安全问题,学校派我和同事护送这些远道的孩子们回家。当时的交通还不是太发达,到大同的火车不仅需要到离沁阳30公里外的月山火车站乘车,还要到太原转乘,而且车次也很少,只在晚上才有一趟。那天晚饭后,学校租了几辆大巴车(还有山西其他地市的学生,100多人),把我们送到月山火车站。一路上,鹅毛大雪下个不停,整个世界雪白一片,车也开得很慢。虽然车外天寒地冻,车内却热气腾腾:也许是因为看到了那年冬天的第一场大雪,也许是因为考试结束心情轻松,也许是因为马上就能回到家了,孩子们都很激动,一路上叽叽喳喳,欢声笑语不断。

可到了月山火车站的候车室,我们一下子被惊呆了。巨大的客流量让月山这个小火车站的候车室人满为患,摩肩接踵,空气中弥漫着一股尘土的味道,很难找个下脚的地儿。因为天气不好,不仅多趟列车晚点,而且前面的几趟都因为人满为患而没有停靠,候车室的人越来越多,人们的情绪也越来越焦躁不安。看到这情景,我们一边给孩子们找地方,一边打听列车运行的消

息,一边安慰他们要耐心等待。

经过四个多小时的等待,已是夜里一点多钟,开往太原的列车终于来了。但是,由于车上的旅客太多,列车只是停靠站台,车门却不开,也就是不让旅客上车。这下可急坏了站台上等待上车的旅客,孩子们更是躁动不安,有的甚至哭喊起来,再加上有的旅客在不停地拍打车门,站台上乱作一团。过了一会儿,车门终于打开了,我和同事一边叮嘱大家不要慌乱,一边帮着他们往车上挤。因为人太多,门口很难全部挤上去,只好让那些个子小的女孩子相互帮忙从窗户爬进去。可以说,那是我有生以来第一次放下老师的尊严,放下平日里端起的知识分子的骄傲,放下骨子里认为自己是读书人应有的那些斯文、淑雅,拎着孩子们的行李包往上递,推着他们往车上挤,托着他们往车窗里钻,吆喝着他们行动要快一点,提醒着他们要注意安全,叮嘱着他们要相互帮忙不能落下一个……那个场景真的太壮观了,至今我都难以忘怀。庆幸的是,在师生齐心协力的"奋勇拼搏"下,经过一番推、挤、塞的努力,孩子们都安全地上了车,我和同事最后也挤了上去。直到各班点好人数,确定所有学生全部上了车,我和同事才长长地出了一口气,放下心来。在人挤人、人贴人的车厢内,我们站了大约 10 个小时,终于到达了中转站——太原。

太原的客流量要比月山大得多,候车厅、廊道、洗手间,到处是熙熙攘攘的人群。有人高喊一声,那声音也很快淹没在密不停歇的嗡嗡声中。看到这样的情况,我们找了一个角落把孩子们先安顿下来,并查了查人数,交代班长和团支书,分组待在一起,必须保证一个都不能少。因为没有座位,就让孩子们坐到行李包上等待。到了晚上,候车室内非常寒冷,同学们冻得瑟瑟发

第二章 不负韶华：传承中师精神

抖。最悲催的是孩子们因为年纪太小，没有出门经验，对事情的判断能力有限，放假前想着要回家，激动得花光了身上所有的钱，只带了路上吃的零食。但是列车的晚点和停发，使得他们所带的零食早已吃光，囊中也已羞涩，到了"饥寒交迫"的地步。看到这些，我和同事把身上的钱全部拿了出来，每人 10 元、5 元地发给大家。告诉孩子们先吃点东西，然后到电话亭给家人打个电话报平安，不要让接站的家人着急。

夜里的候车室尽管人声鼎沸，但太原的天气实在是太冷了，冻得人直发抖。我和同事带领着孩子们在那个狭小的空间里不停地原地踏步，想通过活动为身体保持点温度。有几个孩子困得要命，但我安排学生干部分组相互监督，不能让他们睡着，避免被冻感冒。就这样，我们在候车室待了一个晚上。

第二天上午，还没有等来北上的列车，候车室的空气实在不好，各种味道闷得上不来气，我就想出去透口气。刚走到火车站广场，我就被刺骨的寒风吹得打了两个喷嚏。虽然太阳出来了，但是太原的大街上全是冰，大街上的人有不少裹着黄色的军大衣，并且把毛领立起来，围得严严实实。因为太冷，我不敢在外面长时间逗留，赶紧返回候车室。到了中午，终于等到了一趟北上的列车，我和同事带着孩子们再次成功上演了一幕奋力挤火车的场景……

在北上的列车上，沿途经过哪个车站，就把当地的学生送下车，让家长在车站接。过了朔州，就只剩下大同的学生。到了大同，已是晚上十点左右，那些等了两天的接站家长，见到孩子们的激动与感动之情不言而喻。尤其是听了孩子们路上惊心动魄的经历，家长们紧紧地拉住我和同事的手，连声说着感谢的话。

我只是欣慰地松了一口气,总算把孩子们安全地交给了他们的家人。

家长领着孩子们回家后,或许是因为天气太冷(大同当日温度零下 20 多度),或许是因为旅途太累,或许是在太原候车室等车的那晚受了风寒,我感到身体有些不适。那天晚上,我头疼、咳嗽,折腾了一夜没睡。在第二天一早赶往火车站的路上,我吐得一塌糊涂。

到了火车站,我吃惊地看到孩子们和他们的家长站在寒风中,前来为我们送行。那一刻,我忘记了所有的不适,内心充满了温暖与幸福、满足与欣慰,这一切都是值得的!

说实在的,作为老师,曾经在心中想过无数次与学生相处的方式,但大多是课堂、操场这样的场景,压根也没有想过会在风雪交加之夜,与学生在火车上、在候车室度过两天两夜。20 多年过去了,每每想起这段难忘的经历,我都百感交集,所以对于这一班的学生,我印象也特别深刻。因为遥远,不常相见,所以多了一份思念;因为共同经历过风雪,所以多了一份惦记。当然,还有一份更为热烈的期许:希望同学们能够不忘当年千里求学的初心,不辜负自己教书育人的使命,把炽热的情怀和高度的责任感继承下来,发扬开去。

于我而言,97(13)班是比较特殊的。一是他们是我担任班主任的最后一届学生,为我的班主任生涯划了一个圆满的句号;二是他们大多数来自山西大同,是生源地最集中的一个班级,受当时地域、交通、通讯等因素影响,毕业之后的联系非常少;三是在担任他们班主任期间,我正好在河南大学攻读教育学硕士学位,与他们一起见证了我的成长。由于我是在职读书,有一部分精力用在了学习上,所以对他们的管理有很多不尽如人意的地方,但我们之间确实也发生了很多饶有趣味的故事,至今难以忘怀。他们毕业后的那几年,也正是我人生中最忙碌的几年。学校合并升为专科,我自己评高级职称、考博士,学校人才培养评估、升本评估等工作,一直没有消停,尤其是从备考博士到博士毕业,经历了 5 年的时间。其间,我与外界的联系较少,包括他们,但内心的牵挂是一直存在的。我甚至曾经计划过,等到他们毕业聚会时,无论是在沁阳、焦作还是大同,我都会想办法参加。但令我没有想到的是,他们却一直在打听我的消息,寻找我的联系方式,这着实让我感动。

2019 年 11 月 18 日,是一个幸福而美好的日子。那天上午,我正在办公室处理事情,突然电话铃响起,我没有顾得上看来电显示,直接拿起了电话。听声音,对方是一位年轻的女性:"您是高老师吗?"我说:"是。请问您是哪位?"她的声音立刻升高了八度:"高老师! 我是您的学生段佳娜,山西大同的!"

听到这个名字,一股暖流从我胸中涌起。我的喉头发紧,好像被什么东西堵住了。我失声喊道:"佳娜,你好吗?"她是 97(13)班的学生中毕业后第一个和我联系的。一转眼,她毕业已经快 20 年了,也让我牵挂了近 20 年。

"老师,您……您还记得我吗?"她的话突然变得有点结巴。"怎么会不记得,你是我的学生呀! 你和佳莎是双胞胎,你还是那么瘦吗?"她的声音变得哽咽:"老师,想不到您还记得我的样子。真的很感谢您,同学们都很想念您!"说到这里,她已经泣不成声。稍作停顿后,她继续说:"前段时间看到微信圈里转发您的文章,同学们都非常激动,纷纷托我打听您的电话,打算明年

我们毕业 20 年聚会时邀请您参加。几经周折,我终于找到了您的办公电话,抱着试一试的心态,没想到就联系上了。"

其实,我早已两眼发热,往事历历在目,心中波涛翻滚。但我作为老师,不能让这来之不易的"千里一线牵"变得过于伤感,更不能再去渲染这样的氛围。我清了清嗓子,极力地控制自己的情绪,轻声说:"我也很想念你们。20 年了,我一直牵挂着你们,想知道你们过得好不好?工作是否顺利?生活是否幸福?有没有困惑需要老师帮助解决……"

她接着说:"老师,我把您拉进同学的微信群吧?同学们一定很开心的!"我迫不及待地说:"好的,我也很开心。"

就这样,我被她拉进了同学群——沁师大同群。顿时,群里像炸了锅一样:"老师好!欢迎高老师加入!""老师好!猜猜我是谁?我是最顽皮的那个!""能做您的学生是我们的幸运,还记得您第一年送我们回家吗?""高老师好!我是冀晓琳,就是个子高高的那个。没想到今天会发生这么令人惊喜的事情,我们把第一次离开家到沁阳遇到的妈妈找回来了!好开心!""我是刘艳芳,至今都感谢您给我登上舞台的机会!""我是吴丽君,照片里站在您旁边的那个。""我是李国平!""我是杨华!""我是李杨!"……同学们你一言、我一语,把我的思绪带回到 20 多年前那段令人难忘的岁月,让我重新想起了那次令人终生难忘的风雪归途。

整整一天,我都沉浸在回忆当中,沉浸在同学们不停问候的信息中。其实我不需要被感谢,作为教师,保护学生平安是应尽的责任,但我真的为他们这么费尽周折地找我感到特别欣慰。那天我们约好,2020 年,也就是他们毕业 20 年聚会时,我一定参

第二章 不负韶华：传承中师精神

加。对此，我特别感谢段佳娜，是她代表同学们联系到了我，让我的心灵找到了另一个期盼已久的归宿——97(13)班。

2020年，是不平凡的一年，一场突如其来的新冠肺炎疫情打破了人们正常的生活节奏，也让我们原来的约定化为泡影，毕业20年聚会的夙愿未能如期实现。虽然我为此感到非常遗憾，但对他们的思念与牵挂不会中断，并且随着时间的推移，这份牵挂会一直延续。

在我写这本书的时候，一直在纠结究竟该把他们中间的哪些人写到书中，想必他们每个人的故事都是一首动人的歌谣，但我不可能把所有的人写到书中，就想起了那次难忘的风雪归途，因为那一次，他们每个人都在，索性就直接把那次经历写入书中，这样他们每个人都可以看到书中的自己。从另一个角度来说，那次风雪归途，对他们而言，也是一次难得的经历和一段美好的回忆，曾经留下了他们艰辛求学的痕迹，成为他们追梦路上的一段美丽风景。

2022年5月，我联系段佳娜、段佳莎这两位双胞胎姐妹，想了解一下班里同学们的工作和生活情况。虽然远隔千里，但师生三个的激动之情即使是在电话里还是难以掩抑。"记得第一次过新年，学校组织我们山西学生包饺子。那时候的我们都不会，在老师的悉心指导下，我们从和面、拌饺子馅等，一步步开始慢慢做起。所以，在沁阳上学，我们学会了怎么包饺子。虽然用时很长，品相也不是太好，但我们吃的是那么香，可以说，是学校让我们在寒冷的冬天感受到了人间的温暖，是老师让我们感受到虽离家千里但依然有人疼爱，所以，中师三年我们都很开心。"在谈到当年上学时的情景，段佳莎情不自禁，感慨万千。

　　因为毕业分配时难以将姐妹两个同时安排到学校工作,段佳娜就在当地的住房公积金中心工作,段佳莎在一所公立小学任教,曾讲授语文、数学等课程。"当我站在三尺讲台上,面对着那一双双渴求知识、清澈又明亮的眼睛时,我深切地感受到了老师这两个字的分量,因此我懂得了什么是为人师表,在教师工作中如何努力进取,不断学习,不断地用新知识去充实自己。在教学实践中,我发现作为一名教师最重要是有爱心。爱心是熊熊火焰可以点燃孩子们的美好梦想,爱心是指路明灯可以照亮孩子们的光辉前程,用爱培养的孩子会更加优秀。就像歌曲中唱的那样'长大后我就成了你',像当年老师们爱我一样,我也爱着我的每一个学生。"虽然她只是通过电话线传递自己的体会和感悟,但是我依然能够感受到她的兴奋与激动。最让我欣慰与感动的是她在教育教学过程中对学生的那份仁爱之心。

　　有一年,她担任一年级的数学课程,班里有一个小姑娘是单亲家庭,孩子从小和爷爷奶奶一起生活,没有感受过妈妈的爱。已为人母的段佳莎知道后,非常同情孩子的遭遇,想多给孩子一点爱,所以每次走到孩子身边时,她就用手去拉着她的小手,嘘寒问暖。过了一段时间,每次只要她刚一伸手,孩子便会反手抓住她的手,让她感觉到孩子是多么渴望有人关爱。从那以后,她就像对自己的女儿一样,给小女孩买学习用品,并从生活上关心她,慢慢地,小女孩开始跟她撒娇,就像在自己的妈妈面前一样。"有一次,我跟小女孩开玩笑说,你当我女儿吧,她高兴地看着我喊我妈妈。其实听到孩子喊妈妈,我心里很不是滋味,她是多么想有个妈妈。令我感动的是,孩子多次写作文的时候都会写到我,让我更加深切体会到作为老师具有'仁爱之心'是多么重要。

第二章 不负韶华：传承中师精神

后来，我不再为那个班级上课，可是每年教师节，孩子们还是会来看我。从教已 20 年了，我就是教着感受着，走着快乐着。"谈到自己的教学经历，段佳莎轻声慢语中流露出满满的自豪，也表露出她的知性与优雅。

为了更多地了解她们的境况，一向不关注微信朋友圈的我特意翻看了段佳莎的朋友圈。这一翻不要紧，竟然翻出了一个很大的惊喜，因为我看到了当年露着小虎牙扎着马尾跑来跑去的小佳莎，竟然摇身变成了一位美丽端庄、长发飘飘的优雅女人，她伏案泼墨、专心书写的唯美神情与韵致，着实令我欣喜万分。尤其是她写得一手漂亮工整的小楷，更是让我心头一震，眼前一亮，兴奋不已。我知道她上学时就喜欢写字，但却不知道她现在竟然写得如此有力道。在聊天中得知，她毕业后一直没有中断练字，35 岁时正式拜师学起，经过坚持不懈的努力，考取了国家级书法教师。"非常感谢在中师时学校让我们练字，不仅让我找到了自己的兴趣爱好，也让我养成了一个良好的习惯，我现在每天都练字，让自己的业余生活非常充实，也为自己的课堂教学增添了色彩。"谈到书法，段佳莎更是一脸的陶醉，那淑雅的表情就像她写的字一样，隽秀而端庄。

段佳莎提出要为我写一幅字，还要每年为我写一幅扇子，让我尽管享用。2023 年春节前，我欣喜地收到了段佳莎为我写的对联和扇子，作为老师，看到学生的成长，心中的欣慰不言而喻。加之我特别崇拜字写得好的人，所以，看到她的字，我对她更多了一份喜欢，非常自豪地向同事、同学、朋友炫耀着我的喜悦与幸福。

段佳娜虽不在教育战线，但却工作踏实，取得了很好的成

就。还有王慧、李杨、白雅丽……我无法在此将他们一一列举，但他们都给了我为师的自豪与骄傲，是我精神上最大的欣慰。

一场风雪，一程相伴，一生情缘，让我们的师生情更加浓厚，也让他们的求学生涯更加丰富，人生的旅途更加精彩。

学生感言：

时光荏苒，转眼间师范毕业23年了。忆师范时美好时光，往事历历在目。在师范生活中那些难忘的经历，毕业多年后仍能清晰记得，第一次烧煤球炉，第一次集体回家，第一次包饺子等好多事情，让离家千里求学的我们至今难忘。感谢母校的培养，感谢老师的关怀！是母校教我们学会了生活，是老师教我们懂得了做人的道理，是岁月让我们获得了最好的成长。

——段佳娜、段佳莎

第三章 最美遇见：赓续师生情缘

  缘分是一种很奇妙的东西,陪伴于无形,感动于无声,是心灵与心灵的对话、灵魂与灵魂的交流。互诉的是心声,交流的是情感,相通的是心灵,滋润的是生命。人与人的缘分,最美的就是相遇、相知,能以心交心、以情暖情。人与人之间的感情有很多种,师生情、朋友情、手足情……任何一种缘分,都值得我们且行且珍惜,因为茫茫人海之中两人能够相遇实属不易。所以我不止一次地告诉自己,要珍惜生命中所遇见的每一个人,他们都是上天为我们安排的缘分,甚至是一种永恒的缘分。

  师生间的缘分更是特殊,与其他缘分有着不同的相遇方式。师者付出的是心、是爱,收获的是满足、是牵挂;学生付出的是汗、是泪,收获的是成长、是未来。老师与学生在课堂中相遇这种缘分,不仅仅是知识的传递,更是一种生命情感的交融,在校园生活中愈加醇厚,将为学生的成长打上难以褪去的人生底色。多年之后,学生会带着这种底色,在自己的天空中自由翱翔。当然,随着时间的推移,岁月会为他们的成长抹上更加丰富、更加鲜艳的色彩。但这种底色不会因岁月的流逝而褪却,师生之间的情分也会成为人生永远都无法抹去的美好记忆。

  由于当年的中师生都是地方生源,大部分学生毕业后按照

"县来县去"的政策都回到了家乡当老师,所以有不少学生毕业后以不同的方式与我继续往来,赓续着师生间的不解情缘。他们中有的成为我女儿的老师,演绎了宛转轮回的别样情分;也有的成为我的同事、我的邻居,还有的成为我的家人;更有一些人走了和我一样的专业成长之路,与我有着学习、学术上的交集,让师生之间的情缘多了一份赓续的意义和价值,这或许是我作为一名教师最大的收获和荣幸。

第三章 最美遇见：赓续师生情缘

师道精神的传承

只有在教师的能力和情绪跟自己的学生的能力、力量和情绪相接触的最高境界上，才能产生一种真正的、欢乐的、引人入胜的教育学，师生之间才能有真正的、精神上的相互沟通。

——[苏]阿莫纳什维利

"缘，妙不可言。"有时候，人与人之间的缘分不仅奇妙地发生了，而且还会以一种特殊的形态去循环、去轮回：你对别人好，别人也会对你好；你有成人之美的善意，可能他人也会回报于你的善行。即使他没有用显性的实际行动回报你，甚至忘了你，也没有关系，"赠人玫瑰，手留余香"，你会因为自己的善良而获得一种心安，也算是精神的回报吧，这对一个人的身心健康非常有益。尤其是作为老师，更要有成人之美的善念。教师职业的终极目的本来就是帮助每位学生成为最好的自己，为学生的健康成长保驾护航。如果在学生发展的关键时期、关键节点，给予他们一些指导、一点帮助，也许会让他们获得成长，帮助他们走出困境，甚至可能会改变他们的命运和人生方向。如此一来，老师与学生之间的缘分，就会大大加深，不断赓续。

于我而言，做师范老师的优越性就是女儿从幼儿园到中学的老师中，有不少是我的学生，与我用这种特殊的方式赓续师

缘,89级的李葆霞就是其中一位。因为我是她的老师,她是我女儿的老师;我教了她一年,而她教了我女儿5年。我陪她度过了中师的最后一年,见证了她从学校走向社会的过程,完成从学生到老师的身份转换;她作为班主任,陪伴我女儿度过了整个小学阶段,让女儿顺利度过了小升初,成为我女儿生命中的重要引路人。也因此,让我们的师生缘成了两代人的宝贵财富。

李葆霞出生在20世纪70年代的一个农村家庭,是我入职沁阳师范后教的第一届学生。她的父亲早逝,母亲体弱多病,家里过着捉襟见肘的日子。像许许多多的农家子女一样,她的家人听说上中师包吃住,免学杂费,三年毕业后可以直接分配上岗,就极力劝说她报考中师。对她来说,上中师不仅仅可以拥有一辈子的铁饭碗,更重要的是可以减轻家庭负担,还可以为这个家庭赢得一份周围人的尊重。所以在家人的劝说下,她报考了中师,首选沁阳师范。

对于李葆霞这样的家庭,当时能考上沁阳师范的确是一件很不容易的事情,也是一件极其光荣的事情。为了能够实现自己和家人的愿望,她挑灯夜读,废寝忘食,终于在1989年以优异的成绩考入了沁阳师范,成为我师范教学生涯中的第一届学生。

中师的管理模式、学习方式与初中不同,多以自主学习为主。在这样的学习环境中,尤其是经过初中紧张而奋力的拼搏后,不少学生想到的是只要拿到毕业证,就可以端上铁饭碗,不想再吃学习的苦,便失去了学习的动力。常言道:气可鼓而不可泄,一泄不可收也。为此,有一些同学进了中师后,一泄气就再也提不起劲了,终日不知道自己想干啥、该干啥,于是常把苦闷、无聊挂在嘴边,虚度了大把的青春年华。然而,就在别人徘徊、

第三章 最美遇见:赓续师生情缘

消沉的时候,李葆霞却一直保持着清醒的头脑,丝毫没有懈怠。她从小爱读书,当时学校图书馆的藏书非常丰富,极大地满足了她对书的渴望,因此,图书馆就成了她课余时间常去的地方,也成为她中师三年里的精神栖息地。"只要有空余时间,我就到图书馆去读自己喜欢的书,读书是我让自己保持上进的最好方式。非常庆幸自己在青春年华拥有中师学习经历,自主、自律、自强,受益终生。它不仅照亮了我的人生世界,还让我的生活拥有了诗和远方。我知道我不是班上资质最好的学生,但我一直都走在努力与成长的路上。"谈到读书,她的脸上洋溢着甜美的微笑,眼里散发出一种动人的光亮。其实,即使她不说,单从她现在的气质、装束和言谈举止,我就已经感受到了她是一位带着书香的知性女人,自带优雅与魅力。

在我担任他们的舞蹈课教师期间,根本没什么舞蹈基础的李葆霞并没有太引起我的关注,只是听说她的歌声很动听。临近毕业汇报演出前,她找到了我,告诉我她想独唱一首歌曲《高天上流云》,觉得一个人唱有些冷场,恳请我帮忙编排伴舞。"说实在的,您作为音乐毕业班的舞蹈老师,在汇报晚会前排练节目的时间非常紧张,况且您还怀着6个月的身孕,请您帮忙为我编排伴舞时我心中有些没底气。但令我没想到的是您那么爽快地就答应了。随后,您便马上确定伴舞人员,设计舞蹈动作,加班加点带大家排练。这个过程和效率完全超出了我的意料。"李葆霞讲的这件事我也记忆犹新,因为他们是我教的第一届沁阳师范学生,在他们身上发生的事情我印象深刻,念念不忘。当时我的情况的确如她所说,身体不太方便,但当我看到她那祈求的眼神,能够感受到她想在毕业汇报的舞台上一展歌喉的愿望是多

么强烈,想用她甜美的声音给老师和同学们留下美好的印象,为自己的中师生活留下美好的回忆,以此作为自己向母校三年培养的谢礼。无论是从人生关键点的仪式感来讲,还是从学生的专业成长角度讲,作为舞蹈教师,为学生的毕业汇报演出编排个节目,都是我分内的事情,也是我义不容辞的责任,我便很爽快地答应了她。那天的毕业汇报演出上,她那悠扬的百灵鸟般的歌声,在翩翩起舞的优美画面中显得更加动听。那画面真的犹如高天上的流云漂浮在舞台上,甜美的歌声萦绕在人们的脑海中,余音绕梁,回味无穷,让李葆霞以及她的同学们为自己的中师生活完美谢幕。

毕业后,李葆霞被分配到沁阳市第一小学担任音乐老师。就在她从教的第一年,便遇上了焦作市学生艺术节沁阳选拔赛,她充分发挥自己的专业特长,以初生牛犊不怕虎的精神与胆识个人独立承担了6个节目的编排、训练。"合唱节目一个人一个人地过关,专门跑到焦作为舞蹈节目制作配乐,功夫不负苦心人。经过两个多月的辛苦付出,作为新任的音乐老师,我所编排的节目出师告捷,合唱、舞蹈都获得了沁阳市学生艺术节幼儿组一等奖的第一名,还代表沁阳市参加焦作市学生艺术节的比赛。这次获奖让沁阳市第一小学和我自己都崭露了头角。"谈到这件事,她脸上洋溢着自豪的喜悦,甚至还有些激动,可以看出她为艺术节曾经付出的努力和心血。这些荣誉,对于一个刚刚走上工作岗位的老师来说,是多么欣喜的一件事情。当然,她在沁阳市中小学艺术界的"横空出世",也令许多优秀的音乐老师猝不及防,也有人扬言说非要看看是谁这么能耐拔了他们的头筹。

"于我而言,比赛的成绩带给我的不仅仅是自豪,同时也让

第三章 最美遇见：赓续师生情缘

我清醒地认识到自己的专业水平还有很大提升空间,应该能取得更好的成绩。"李葆霞在激动之余略带遗憾,认识到自己仅靠中师一年音乐侧重班的学习和工作中的努力,难以持续培养学生的高水平艺术素养。可以看出,年轻时的李葆霞心性有多高呀!

在教了三年音乐课后,她决定继续进修,并顺利考入河南师范大学脱产进修班,但由于家里人思想保守等方面的原因,未能成行,为此她十分遗憾。"也就是那个时候,我做了此生一个重要的决定,改教语文,因为我认为自己教音乐不够专业。尽管校长很舍不得我这个所谓的'音乐人才',还派了几个人给我做工作,并告诉我教语文是要当班主任的,工作会很累。但我很坚定地说:'别人能做到的,我也能做到!'校长叹了口气,摇了摇头,没有再说话,从此我便成了一名语文老师。正如校长所说,教语文、担任班主任比音乐老师要累得多,但我从没后悔过,因为于我而言,这样的工作更得心应手。"李葆霞未能如愿到河南师范大学进修我也为她感到遗憾,但她悠然转身教语文我也并不吃惊,一方面是因为那时候的中师毕业生可以说教什么课的都有,另一方面是因为她无论是在上中师期间,还是毕业以后,都一直保持着读书的好习惯,尤其是对国学的学习与研究从未中断,所以教起语文来并不困难。事实证明,她的语文课教得非常出色,做过的各种级别的优质课、观摩课数不胜数,曾先后获得河南省名师、河南省骨干教师、焦作市优秀班主任等荣誉称号。

我与李葆霞的缘分比较特殊,应该说,她是89级学生中与我联系最多的学生,其主要原因是我的女儿。1998年9月,我女儿考上了沁阳市第一小学(当时升小学需要考试),分到了当时的

(2)班。于我而言,孩子去哪个班都一样,我也没有去打听哪个班好,哪个班主任好,顺其自然。快开学时,李葆霞给我打电话,说她是(1)班的班主任,想把女儿要到她的班,她会尽力培养,以此表达当年我为她编排歌伴舞节目的谢意。听她这么一说,我很惊讶,也感到很温暖,就同意了她的建议,于是女儿就进到了她的班,她成了我女儿的班主任,我成了她的学生家长,我们成了家师关系。关系转换,意味着我们的角色要发生变化。作为学生家长,我马上进入自己的家长角色,主动配合她的工作。倒是她一直对我很客气,从来没有以班主任的口气对我这个学生家长"发号施令"。后来我才知道,学生想进她的班并不是一件容易的事情,因为她的教学水平高、责任心强,班级管理非常有经验、有办法,所担任班级的考试成绩每次都在同年级的最前面,不少家长强烈要求让孩子能够进入她的班。因此,我更为她主动让我女儿进她的班而感动,特别庆幸自己能有这样的学生。

女儿上小学的第一天晚上,我接到了李葆霞的电话。她在电话里激动地跟我说:"高老师,我今天特别开心。感谢您让我对自己的工作有了更多的自豪。"我一头雾水,不解地问道:"为什么突然说这样的话?"她在电话里说:"上学的时候,您就一直教育我们要热爱自己的职业,要为自己将来成为一名老师而自豪。今天课堂上,我又一次感受到您对自己当老师的热爱与自豪。"我连忙追问:"到底发生了什么?"她说:"今天我让孩子们介绍自己的家庭。您女儿在介绍您的时候,高高地挺起胸脯,把头向上一扬,一脸骄傲地大声说道:'我妈妈是一名光荣的人民教师',让我仿佛又看到了您当年谈到自己职业时自豪的样子。"这是在女儿上小学后我与老师的第一次交流,还是班主任老师主

第三章 最美遇见：赓续师生情缘

动打给我的电话，内容并不是孩子的学习成绩，而是师生两人对教师共有的职业认同感和教育情怀的认知与感慨。

女儿上小学三年级时，应李葆霞之邀，我参加了一次女儿的家长会。报到后，我去见了她，交流了一下女儿学习等方面的情况。接下来，她提出了一个要求，想让我在家长会上介绍培养女儿的经验，以及为女儿成长所付出的心血。没等她说完，我便极力拒绝，主要是担心自己的发言会砸了她的场子。试想，一个不给孩子改作业、不接送孩子、不参加家长会的家长怎么能介绍家庭教育经验呢？她非但不答应，还恳切地央求我："高老师，您一定要支持我的工作！您是我们学生家长中学历最高的，又是一名教师，能不能从教育理念的角度谈谈家长应该对孩子采取什么样的教育方式？"看到她一脸的诚恳，我又想到了当年编排歌伴舞时的情景，她是我的亲学生，我实在不忍心拒绝，只好硬着头皮答应了她的要求。在家长会上，我从教育理念、儿童心理特点与基础教育改革要求等方面，谈了自己的一些想法，尤其是家长应该如何关注孩子的心理需求和成长规律。但是，我只字未提学习和考试的事，也没有给家长提供任何提高孩子学习成绩的经验和"秘方"。对当时我的发言，李葆霞和在场的任课教师是否满意，或者说满意度有多高，我实在不敢求证；家长对我的发言有没有质疑，我也不敢去询问。我只是想让家长知道，如何让孩子快乐成长，因为于孩子而言，成长比成才更重要。

女儿上小学三年级时，有一天放学回到家，进了门不吭声噘着小嘴，然后"嘭"的一声关上了自己房间的门。见状，我赶紧过去问她缘由。原来，学校要举行合唱比赛，老师让她伴奏，但是她感觉领唱的女同学唱得不如自己好，所以不想伴奏，想领唱，

还自信满满地说一定让班级获得一等奖。她带着祈求的口吻跟我说:"妈妈,班主任是您的学生,您能不能给班主任打个招呼让我领唱,我保证不会给班级丢脸。"

我态度非常坚决:"不行!老师这样安排自有她的道理。如果你觉得不妥,可以自己跟班主任说。"她有点儿难为情,嗫嚅地跟我说:"我担心老师会认为我想领唱是为了出风头,表现自己。"我笑着说:"怎么可能呢?如果我是老师,知道了你的想法,一定会很高兴。因为你这是对班级负责。"她没有吭声,开始做作业,我回到厨房开始做饭。

第二天放学后,女儿一进门就兴奋地对我说:"妈妈,老师让我当领唱了!"我惊讶地问道:"是吗?怎么回事?"女儿一脸自豪地说:"是我自己努力争取的。"我十分好奇地问道:"你是怎么做到的?"女儿连说带比画地跟我讲了事情的原委。原来,前一天的语文作业是写一篇日记,女儿把自己想当领唱的想法和理由写在了日记里。老师看到后,下午排练时让她试着唱了几遍后,最后决定让她担任领唱。我为孩子感到高兴的同时,也有一点儿疑惑:班主任会不会念及与我的师生关系而改变了主意?

晚上我给李葆霞打电话询问原委。她连连解释道:"高老师,让孩子领唱真的不是因为您的原因。我只知道她会弹钢琴,没想到她的歌也唱得那么好。下午她试唱效果真的很好,同学们一致同意让她领唱。我应该感谢她的勇敢,感谢她对班级的责任心。"她说完后,还好奇地问我:"高老师,您昨天已经知道了孩子的想法,为什么没有告诉我呢?"我非常诚恳地说:"你是班主任,班级工作肯定由你来做主。我现在是你的学生家长,应该无条件地支持你、配合你。因为支持老师就是支持孩子的成

第三章 最美遇见：赓续师生情缘

长。"我说完后，师生两人在电话的两端不约而同地向对方说了一声谢谢。正如女儿所言，他们班的合唱在比赛中获得了一等奖。

女儿小学毕业后，我见到了李葆霞，我们聊到了孩子在学校的表现。她兴奋地告诉我："孩子在音乐上天赋的确很高，不仅在三年级的合唱比赛中的领唱非常出色，而且利用《四季歌》的旋律创作了我们的班歌，朗朗上口，大家都非常喜欢。"听了她的话，我为女儿高兴，也对她给予女儿表现的机会表示感谢。

女儿上小学五年级时，向我提出来她不愿意上六年级的想法，想考沁阳二中的实验班。实验班中招前在全县范围内招生，每年招生400名。听了女儿的想法，我一方面为女儿有自己的想法而感到高兴；另一方面稍微有点纠结，她本身就早上了一年学，再少上一年小学，会不会年龄太小了点。我跟李葆霞说了这件事后，她十分肯定地告诉我："她肯定能考上，您要相信她的实力。"最终，女儿以优异成绩考上了实验班。直到现在，女儿提起小学班主任，仍然念念不忘，我想这是对我们师生情缘最好的阐释。如果李葆霞一定要回报我的话，这就是她对我最好的回报。其实，从学生家长的角度而言，我一直对她心怀感激，感谢她对我女儿的培养，因为女儿的成长才是我生命中最重要的事业。

每次想起与李葆霞的缘分，我就会想起爷爷经常讲的一句话："做任何事情都要尽力。就像农民种地，你糊弄地皮，地皮将来就会糊弄你的肚皮。"套用现在比较流行的一句话："出来混，迟早是要还的。"当农民如此，当老师也一样。假如你不好好教学生，学生将来就不可能去好好回报社会。如果学生将来真的成了你孩子的老师，那我们所坑的就是自己的孩子；如果学生将

来为官一方,那我们可能坑的就是一方百姓。

毕业 30 多年来,李葆霞始终保持着读书学习的习惯。我每次见到原来的学生,或者是沁阳的老师,都会询问她的情况,也会把她教学取得的成绩与当年对我女儿的培养讲给他们听。2016 年 10 月,我到沁阳一小参加家庭教育进校园公益讲座,与她再次在课堂上相遇,得知她一直在从事国学、心理学、家庭教育等方面的学习,深感欣慰,瞬间开启了我们师生之间新一轮的教育理念、方法等方面的共鸣与碰撞,感觉到了师道精神的传承,这也意味着我们之间将会再续师缘。

学生感言:

坚持读书学习、不随波逐流的三年师范生活,给了我踏上讲台的信心和底气。从教 30 多年来,不改初心,勇毅前行,也让我看到了可以更加优秀的自己。千教万教教人求真,千学万学学做真人;小学很关键,为学生终身发展奠基,是我作为一名小学老师矢志不渝的坚守。从教学改革到特色培育,从未停止过前行的脚步。尤其是近年来,带领学生"读千古美文,养浩然正气",通过诵读、践行国学经典,培养了一大批德智体美劳全面发展的学生,受到大家广泛赞誉。我想做一名好老师,因为我曾经是一代中师生,是一批好老师的学生。星光不负赶路人!我要在三尺讲台上遇见最好的自己!

——李葆霞

第三章 最美遇见：赓续师生情缘

"眼界"成就教育梦想

其实，任何一份生命都有它生长的创痛与成长的过程，这些过程仿佛是种子，在日后的生活中都会彰显出来，于是我们的生命便在这许多的历练中越见成熟。

——三毛

小时候曾经在课本上、影视作品中，看到过许多穷人家孩子发愤图强的励志故事，也听说过现实中很多穷人家孩子自强自立的进取精神，所以，我曾立志要努力拼搏，用知识改变自己作为农家孩子的命运，改变家庭贫穷的状况。但是，在童年时期，我曾经有过对自己生在农村、长在贫寒之家的些许遗憾，直到遇到李秀波之后，我才知道自己的童年是多么的幸福，因为无论是从家庭经济状况还是成长经历，与她比起来，我真的是幸运多了，甚至觉得周围的人都很幸运。尤其是她的成长故事与励志精神，成为我教学中的典型案例，也是我为人为师的学习榜样。

我曾经问过李秀波："报考师范的理由是什么？"她淡然地笑了笑，说："自己的眼界。"我不解地问："为什么？"她缓了一口气，说："一方面，由于我的伯父是老师，对我有些影响；另一方面，上学时所有老师都对我很好，从小学开始就一直当班长，经常给同学们辅导作业，帮老师批改学生作业（那时农村的老师家

中有地要耕作,农忙时节顾不上改作业),潜移默化中,当老师就成为我的人生梦想;最主要的原因,是因为经过三年中师的学习,我就可以走上工作岗位,既实现梦想,又可以挣钱贴补家用,帮助家里分担责任,何乐而不为呢?也可以说,是眼界限制了我的想象,在我身边,所看到的就是老师,最崇敬的就是老师,所羡慕的也是老师,听到的也多是老师对我的教诲。对于当时的我来说,其他行业离我太遥远,对我来说太陌生,所以我从来没有想过。"我十分理解李秀波当年的选择,因为尽管当时的家庭条件限制了她的眼界,但却成就了她当老师的人生梦想。

　　说起李秀波,我与她的缘分有些特殊,她既不是因爱好体育而自愿选择体育班,也不是由于我的挑选被迫来到体育班,更不是退而求其次第二志愿报的体育班,而是由于休学才到体育班的。她是来自济源山区的一名学生,学习成绩非常优秀,但家庭条件不好,父亲因公致残,母亲患铁骨瘤,兄弟姐妹4个,都在读书,她排行老大,生活非常困难。从入学的第一天起,她就想着能够靠自己的努力获得奖学金,以便为家里减轻一些经济负担。为此,她刻苦学习,废寝忘食,可以说是到了"三更灯火五更鸡"的地步,每天早早起来在走廊的灯光下背书;她热爱班集体,积极参加班级活动,希望得到老师和同学们的认可。但令她没有想到的是,考试的时候,由于自己的毛笔字不太好而与奖学金失之交臂。因为她从小学到中学成绩一直都很好,每年都被评为三好学生,也获得了许多奖状,是老师心中的"宠儿",也是同学们羡慕的对象,所以,众人心目中"好学生"的优越感弥补了她由于家庭原因带来的种种困扰。而到沁阳

第三章 最美遇见：赓续师生情缘

师范后的第一次考试就出现了这样不尽人意的状况，这对原本多愁善感、性格内向的她来说，是个非常大的打击。用她的话来说，这个打击是"致命"的，使她一下子变得神情恍惚，不愿与人交往，甚至忘记了很多事情。从心理学的角度来说，她其实就是患上了"自闭"和"抑郁"的心理疾病，因此不得已而申请休学。就在她休学的那段时间，学校进行了选专业分班。"数学是我的弱项，因此我断然不会去选择的；语文班人数太多，老师又因为担心我的身体而婉拒我进入该班学习；我没有什么兴趣爱好与艺术特长，也不好进到别的班级。加之我是学期中间过来的，插到哪个班被拒绝都有理由。"李秀波说到当时返校选班时的境遇，虽然脸上露出了无奈的尴尬，但没有抱怨、没有哭泣，让我看到了她宽厚包容的人生态度。

她当年返校的时候，学生处的领导找到我，把她的情况一五一十地向我做了说明，希望我能接收她。听完她的情况，我欣然接受，一方面是同情她的遭遇，另一方面觉得不应该放弃任何一个学生。其实，当年她也曾经担心我会拒绝她去体育班。有个细节我记得特别清楚：当她找到我时，我正好抱着孩子上楼，她抢着要帮我抱孩子，我说："不用，我自己来。"她一把抓住我的手，脸上带着无助的祈求："老师，让我去你的班吧。"我心里顿时一酸，马上答道："我已经答应学生处了，一定会让你去的，放心吧。"她这才慢慢地松开了手，连连说："谢谢老师。"

就这样，特别喜欢文科的李秀波，却阴差阳错进了我所带的体育班，这对于从小体弱多病、不爱运动的她来说无疑是个天大的意外。失去奖学金的阴影还没走出，进入这个班对她来说无疑是"雪上加霜"。事后我们谈到这段经历，她告诉了我她

当年进我们班之前的想法:"我是无奈才进到了体育班。刚进到班里,仰望着您这位'严厉的美女班主任',想到体育课上的各种尴尬情景,我感觉前路一片漆黑。但是,我不想退班,也不能退班,只想早点工作,早点挣钱贴补家用,接济弟弟妹妹上学,这个强烈愿望让我无路可退地留在了体育班。"听了她的话,我对她不再仅仅是同情与怜悯,更多的是理解与尊重。

　　进到我们班之后,她基本不说话,也不与人交往,一直处于沉默、孤独的状态,只知道拼命学习文化课,但是却逃避我的体育课,因为她没有参加体育活动的积极性,也没有体育方面的特长。这一切我都看在了眼里,但我没有强迫她上我的课,而是选择了宽容,允许她可以在旁边看,也可以自己玩。我鼓励她积极参加班级的集体活动,让她多与同学交流,并再三叮嘱她,有什么事,尽管跟老师说。同时,我也动员其他同学,主动与她交流,于是,班上找她说话的同学越来越多。经过一段时间的相处,她不仅开始与同学交流,也会主动跟我分享一些她的想法。在生活上,我尽可能给她一点帮助和照顾,班级的困难补助名额,每次都有她的份。有一次,她想请假回家,但是没有路费,我就给了她路费,让她回家放松一下。从家里回来后,她用书包给我带了一点山楂,我说我不能吃酸的东西,让她留着自己吃。她说这是她专门在山上为我摘的,她母亲再三交代她一定要让我收下,里面有一封她写给我的信,希望我能看一下。就这样,我连山楂带信都收下了。她走之后,我打开信一看,被深深地震撼了。在信中,她向我讲述了自己的身世,那是一个超出我以往所有认知经验的最为苦难的经历。看完信,我才意识到她之前为什么会有那么大的压力,为什么非要拿奖学金。同时,她也向我讲述了来到我们班以后她自己内心世界的变化,为什么对我会有那么大的感激。

但是,她仍然害怕考试。进我们班第一个学期临近期末考试时,她又开始恐慌,表现出极度的不安,我就破例允许她不参加考试,让班长带着一名女同学送她提前回家,开学以后再补考。也就是那次缺考,让她走出了阴影。她自己也意识到:"其实考试没什么,'天外有天,人外有人',优秀的,毕竟是凤毛麟角,那么多成绩不优秀的学生,不一样开心地生活着吗?"

尽管她已经开始慢慢接纳自己,但是仍不能很好地与其他同学交往,更谈不上与同学打成一片,所以很难融入这个班集体中。为了鼓励她与别的同学交流,让她体会到班集体这个大家庭的力量,我曾经找她谈过一次话:"多和同学交流,这不仅是与同学建立友谊的方式,也是锻炼自己的机会,更是你今后当老师的必备素质,因为老师是靠'嘴'吃饭的,凭'说'站在课堂上的。如果不与人交流,就无法练就你的口才,也难以养成你大胆讲话的勇气,将来站到讲台该怎么办?"那次谈话后,她开始慢慢与同学交流,后来就融入了班集体,大家也都非常关心她,积极主动帮助她。

1995年7月,我不再担任体育班的班主任,但我仍然关注着她的状况,在生活上继续给予她一定的帮助,一直到她毕业。在此期间,她逐渐走出了自我封闭的困境,变得开朗了许多,话也渐渐多了起来。毕业之后,她回到家乡的一所小学当老师,我又鼓励并支持她读完了自考大专。2001年我到济源招生,专门到她所在的学校去看望她,遗憾的是没有见到她,但听校长说,她工作非常踏实认真,课讲得很好,很受学生欢迎。第二年,我再次到济源招生,又去了她所在的学校,她刚好在。看见我时,她

一路小跑,边跑边喊我,内心的激动与欣喜不言而喻。当然,我也一样。那次见面,我感觉到她变了很多,精神状态非常好,尤其是语言表达,远远超出了我的想象,绝对是一名优秀语文老师的口才。"毕业分配到我的母校时,我的小学老师们曾说我变了,比小时候爱说多了,我自豪地说:今后我要靠'嘴'吃饭,不会说怎么行呢?"我相信,任何一位老师听到学生这样说都会由衷地感到高兴的。

后来,我们没有再联系,但我心里一直牵挂着她,只要遇见或者联系济源的学生,我都会打听了解她的情况。2014年5月,在写《成长中的教育故事》一书时,我想起了李秀波,就给她打了一个电话。接通电话后,我们俩都很激动,她说话的声调以及隐含的欣喜与幸福我能够听得出来。她激动地在电话里说:"高老师,真的非常感谢您没有放弃我,同学们没有歧视我,让我从当时的困境中走了出来。现在想想,还是自己当时把分数看得太重了,太想拿到奖学金了。不过,那段经历让我得到了很好的成长,让我学会了自我调节、自我疗愈,尤其是让我学会了坚强,学会了积极面对生活中的各种境遇。我现在很好,走过来之后发现真的没什么,什么困难都不可怕。"听了她的话,我非常高兴,也非常欣慰,因为当老师这么多年,尤其是当班主任期间,我从没有放弃任何一名学生,也从没想过放弃,这是教师的底线。

李秀波接着告诉我,她的教学成绩一直都很好,所带的班级一直很优秀,市优秀班主任和文明班级,走到哪个单位都能被评上;她还是济源市的第一批骨干教师和学科带头人,是河南省的第一批农村骨干教师,早在2007年就评上了中级职称;她有一个

第三章 最美遇见:赓续师生情缘

幸福的家庭,有一个很爱她的老公,陪着她一起面对一个又一个难关;在她的帮助下,她的妹妹、弟弟都上了学,妹妹毕业后在城里当老师,弟弟现在城里做生意,她还帮助弟弟、妹妹在城里成家、买房子……总的来说,她现在生活幸福,身心健康,工作顺利。谈话期间,我听到了她在学校时从来没有过的那种自信的语气,也听到了她在学校时从来没有过的爽朗笑声,似乎也看到了她对过往生活的一种真切体悟,以及对未来美好生活的热切向往。放下电话后,我内心感到特别的欣慰,为自己当年的不放弃,也为李秀波现在的放得下。

2016年11月份,我到济源做调研,十几个学生要一起请我吃饭。因为教过的学生人数太多,不可能都让参加,但我特意叮嘱班长,一定要通知李秀波参加,我很想见见她。我刚到饭店门口,李秀波第一个冲过来,上去就紧紧地抱住了我,十分激动地说:"高老师,我真的好想您!"我马上问她:"秀波,好吗?"她连连说:"我很好,非常感谢您和同学们对我的帮助……"那次见到李秀波,她不仅形象"洋气"了很多,而且也非常健谈,还不停地与其他同学聊着工作上的事情,还有生活中的一些趣事,好像在她身上从来没有发生过什么不好的事情。看到这些,我打心里为她高兴。

2018年10月,我在济源学习,几名学生请我吃饭,李秀波也在场。因为那天是我的生日,所以我记得特别清楚,把酒言欢的场景至今仍历历在目。我吃完饭刚回到宾馆,她就打来电话,说她在宾馆的大厅等着我。接到电话时,我有点意外,因为我们刚见过面,是不是她有什么事情找我。更令我感到意外的是,我进大厅就看见她和一名男子站在一起在等着

我。一见到我,她就向我介绍,说那是他爱人。其实,她不介绍我也能猜出他们的关系。她爱人也是一名中师毕业生,一直在乡下教书。可以看出,那是一位本分十足的男人。一见到我,他爱人一直说着感谢我的话,她也不停地说:"高老师,刚才人太多,我不太会表达,专程带我爱人来感谢您,同时也是让您见见他,对我的生活也放心。"其实,我不需要她以这么隆重的仪式来感谢我,关心、爱护、呵护学生,指导学生的成长,都是为人师者应尽的责任。不过看到她与她爱人幸福恩爱的样子,我十分高兴,也为她专程带她爱人来看我而深受感动。

两代教师在一起聊天,自然离不开课堂和学生。当谈到学生时,她立马两眼放光,兴奋地说:"高老师,您教会了我理解和体恤学生。我以自己的亲身经历告诉他们为人处世的方法,指导他们如何面对人生的挫折和无奈;我告诉他们人与人之间是有差异的,接纳自己的不足,努力去寻找自己的专长,我们的人生一样会充满阳光、雨露和鲜花……"她是这样说的,也是这样做的。她曾经带过的班级有个小女孩,从来不做课间操,别人做操,她站着不动。看到这样的情况,作为班主任的她没有批评,也没有责怪,而主动问小女孩为什么不做操。小女孩告诉她说自己学不会,从一年级开始就学不会,就这样一直站着。经过了解,她才知道,原来小女孩第一次学广播操时由于动作不协调被老师批评,还惹得同学们哄堂大笑,让她感觉自己很"笨",也很"没用",从此丧失了自信心,所以她就不想做操,直至后来干脆不做操。为了消除小女孩的心理障碍,李秀波允许她可以不去做操,并安排她每天整理教

第三章 最美遇见:赓续师生情缘

室。看到她整理的教室干干净净,同学们都很感谢她为班级服务,老师也表扬她的勤快和热心。有了这样的存在感和价值感,小女孩慢慢开始变得开朗起来,并主动跟着同学学习广播操,并慢慢开始与同学们一起做课间操,积极融入班集体的活动。这件事看起来很小,但它让学生获得存在感,从而激发学生学习的积极性,也让爱的种子在学生心中生发出更加强大的力量。

那次见到李秀波之后,我想起自己多年前曾经发表在《中国教育报》的一篇随笔——《爱的诗意栖居》,其中有这样的一段话令我记忆深刻:教师应该以"随风潜入夜,润物细无声"的教育关爱,给学生以信任、依靠、温暖和战胜困难的勇气,尊重每个学生的独特个性,真诚地关爱每个学生,赞赏每个学生的点滴进步,支持每个学生的创造行为,宽容每个学生的缺点过错,理解每个学生的喜怒哀乐,让学生能在教师的眼神里读出爱意,从教师的言语中听到尊重,在教师的笑容里感到关怀、理解和宽容。让爱的雨露从教育的精神与行动中流出,充溢我们的教育生活,滋润每一颗心灵,也滋润我们共同的生活世界。让每一颗纯真的心灵在教育中诗意地存在,让每一朵独特的精神之花自由盛开。这就是教育的魅力,教育的真谛;这就是教师的职责,教师的初心。

星光不问赶路人,时光不负有心人。虽然李秀波之前经历了很多,承受了很多,但命运没有亏待她,经过多年坚持不懈的努力拼搏,她现在已经成长为一名优秀的小学语文老师,还获得了济源市政府在教师节表彰的"优秀教师"的荣誉称号,是我们班最早晋升中小学副高级职称的。所以,我非常欣

慰自己当年的不放弃,也感慨秀波这么多年的自我成长,在挣脱命运的束缚中获得了破茧成蝶的蜕变。她自强不息、顽强拼搏的精神,为当代大学生、甚至为我自己树立了学习的榜样和典范。在很多时候,我都会拿她的事例讲给其他学生听,她也多次成为我书中的主人翁,我想用她的事迹鼓励学生珍惜自己的青春年华而积极进取,用她的精神去激励学生要以阳光的心态去面对学习和生活中的困难挫折而坚韧不拔,并要有战胜困难的不屈精神和顽强毅力。可以说,她一直是我教学中典型的优秀案例,从她的专业成长和心路历程来看,我笃定地坚信,她的未来会更美好!

学生感言:

再回首,中师三年,不仅塑造了我坚强的品格,也滋养了我的精神成长。当学生的时候,我不优秀,我不喜欢运动,我不擅长绘画,也没有音乐细胞,有时连节奏也听不出来,老师却给了我更多的包容与爱。工作后,我不是单位里的领军风云人物,我依然像笨笨的蜗牛,我只是默默地耕耘着,但工作和生活也从不曾亏待过我这株不起眼的草。遥想明天的明天,只因心中有爱,有梦,我这只傻傻的老蜗牛将欣然陪伴更多的小蜗牛去散步,去发现教育最美的风景。

——李秀波

第三章 最美遇见:赓续师生情缘

热爱是一种力量

如果一个教师把热爱事业和热爱学生结合起来,他就是一个完美的教师。

——[苏]列夫·尼古拉耶维奇·托尔斯泰

2014年9月9日,习近平总书记在同北京师范大学师生代表座谈时的讲话中强调:"好老师的道德情操最终要体现到对所从事职业的忠诚和热爱上来。"所以,对教育事业的热爱,不仅是教师职业道德的体现,也是促进教师专业成长的最强力量。于我而言,我因喜欢而从事教育,因执着而热爱教育,因热爱教育而享受人生,因享受人生而幸福快乐。因此,我让自己始终保持积极向上的心态,希望能够把这份热爱传递给我的学生,让他们也有一份对教育的热爱,对教师职业的热爱,对学生的热爱,对课堂的热爱,当然,也有对生活的热爱。

热爱,是我与陈玉萍之间讨论最多的话题,也是我俩交流时经常用到的词语。所以,热爱就成为我们俩缘分的见证。谈到师生之间的缘分,应该说,陈玉萍是我在沁阳师范学校的学生中与我联系最紧密、最频繁的学生,没有之一。虽然我没有当过她的班主任,在中师时也没有真正站在教室给她讲授过某门课程,但从某种程度上讲,我与她的师生情分却反而更为亲近,主要是

因为我与她之间有着好几重的关系。

陈玉萍是1995年考入沁阳师范的,选修美术专业。我们俩频繁交往是从1996年7月我任职学校团委书记时开始的。当年中师的所有管理工作都是日检查、周统计、月评比,所以团委、学生会的干部都会在每天上午大课间的时候到相应的部门领工作。当时她是班里的团支书,也是学校团委宣传部的部长,每天都会到团委把前一天检查的结果上交,再从我那里领当天的工作任务,然后安排给宣传部的其他干部。所以,虽然我不是她的任课教师,但是我们几乎每天都要见面,在一起相处的时间自然也就多了起来。陈玉萍工作很认真,也很有灵性,我们工作配合得非常默契。但是,引起我对她关注的却是一个偶然的机会。一次早饭后,我路过他们班卫生区,见她一个人蹲在地上捡着什么。一问才知道,原来是她让打扫卫生的同学先去吃饭,自己在等劳卫部的检查人员,顺便就把扫地时笤帚上掉落的小颗粒籽捡起来。虽然是一件很小的事情,但我从她身上看到了一种严谨而负责的素养,也看到了一份善良。我顺便拐到食堂,帮她买了个菜夹馍。她当时的感动溢于言表。也正是这件事,让她与我之间的关系更加亲近了一些,她在团委的工作也更加努力。尽管如此,我们之间的关系也仅仅是纯粹的师生关系,她也只是我众多学生中的一个,而真正让我们的关系变得更加多重和亲密的是在她毕业之后。

1998年7月,陈玉萍作为优秀毕业生结束了她的师范生涯,但并没有马上被分配工作。当时团委只有我一个人,各种活动忙得团团转,所以我就向学校申请,能否从毕业生中招募一名优秀学生临时帮忙。学校同意了我的申请,我就从团干部中选择

第三章　最美遇见：赓续师生情缘

了陈玉萍留在团委帮忙，就这样，我与她做了一年多的同事。对我们两人而言，从师生变成同事，都需要角色的转换。她非常聪明，在工作上很快完成了从学生到办公室干事的角色转变，但在身份上却一直以学生的姿态与我相处，而且更加的虚心与努力。朝夕相处，耳濡目染，不但让我们的交往更加频繁，关系也愈加密切，我也越来越喜欢她。一方面，她对工作认真负责，做事非常踏实，与人相处也落落大方，工作做得非常到位；另一方面，她风风火火工作的样子，勤勉努力的工作精神，尤其是脑袋后面高高扎起的马尾走路时一甩一甩的样子，让我感到似曾相识，想到了曾经的自己，所以心里越发喜欢。

那一年，正是我攻读硕士学位期间备考学位课程的时候，所以，我白天工作，晚上备考。作为体育专业的本科生，多年丢下的英语是我最薄弱的课程，跨专业的教育学核心课程学习对我来说也不是一件简单的事情，所以自然需要比别人多下一点功夫。于是，我工作之余基本上都是在看书，尤其是背英语。看着我整天忙工作、忙学习，有时候晚上加班还要带着孩子，她有点心疼，一脸不解也略带怀疑地问我："高老师，您为什么要这么拼？"我笑着说："因为热爱！我特别热爱自己的工作，我想做得更好！"她接着问："您工作这么忙，这么长时间没有接触外语了，能考过吗？"我非常认真地跟她说："我热爱学习！备考是学习知识的最好方式，保持热爱，没有什么不可能。我希望你能热爱自己的职业，热爱学习，尽快地通过自学拿到专科文凭，趁着年轻，多学点东西。"在我的鼓励下，她开始准备参加成人专科的函授考试。于是，我们一块儿工作，一起学习；一块加班，一起努力。后来，我顺利通过了申请硕士学位的全国外语统考和学校组织

的专业课程考试,她也顺利考上了专科学历的函授,我们俩一起在办公室高兴得手舞足蹈。她满怀感激地对我说:"感谢高老师的鼓励,让我懂得了'热爱'是最大的动力,只要热爱,没有什么不可能。"我笑着说:"不要感谢我,要感谢中师教育,它培养了我们对教育热爱的情怀。"我之所以这样说,是因为中师的校园文化就证明了这一点。学校特别注重对学生职业理想与信念的教育,培养他们热爱小学教育的职业情怀。这种专业素养的培养不仅通过德育目标的管理、课程教学的渗透、校外活动的实践,还通过生动的校园文化得以实现。学校的宣传橱窗、讲座报告、主题演讲等也是提高学生专业信念的重要途径。尤其是多种形式的教育实践活动,在接触小学实际、加深对小学理解的过程中逐步培植了中师生稳定的专业思想,以及投身小学教育事业的职业意愿。[①]

一年的时间说短也短,但又似乎很长。虽然她也只能帮我打打下手,但是却每天寸步不离地跟着我,和我一起加班,和我一起熬夜,和我一起出差……我们在一起经历了太多的事情:年关将至时,寒风刺骨,师范学校考核评比,我们俩坐在皮卡车的后车厢里,抱着材料从焦作到沁阳往返数趟;学校首次举办18岁成人仪式时,我们俩一起晚上加班筹备,希望能为每一位18岁的学生顺利跨过从少年到成人的这道门营造良好的氛围,让他们的青春更加具有仪式感;我们还曾冒着严寒一起深入山区开展基础教育发展状况与师资队伍建设的调研;陪着参加艺术节表演的学生在舞蹈房训练到深夜;带领学生参加舞蹈比赛一举夺

---

① 王建平.中师生何以成功——对中师教育办学传统的整理与反思[J].湖南第一师范学院学报,2016(4):30—34.

第三章 最美遇见：赓续师生情缘

魁、辅导学生技能竞赛获奖……一桩桩、一件件，有困难，有收获，都是一起面对，所以，我们之间的关系已经远远超过了师生、同事之间的关系，甚至有种患难与共的朋友之情。

1999年8月，陈玉萍分配了工作，开始了自己的教师生涯，在一所小学教语文。我曾经问过她："学的美术特长为什么要选择教语文？"她笑着说："在小学，美术不是主课，教语文也是包含了更多的热爱在里面，可以做孩子们母语的启蒙人，感觉挺有意义的。"她说的话我能够理解，的确如此。2007年我做博士毕业论文时曾经到过多所中小学做过调研，尤其是农村的中小学基本没有专职的体音美教师。体音美课程被边缘化，即使有体音美教师，也不可能只教这些课程；或者体音美课程形同虚设，要么是为了应付检查列在教学计划中、排在课表上，但现实中却经常被其他所谓的"主课"挤占，要么课表上根本找不到这些课程。所以，她选择教语文，我虽然有些惋惜，但也很赞同。

之后，我们之间的关系更加密切，加之她家也在沁阳，我们两家所住的小区相距不远，来往也就频繁了一些。尽管后来我搬到了焦作，但我们俩的联系却20多年一直没有中断，在人生转折的重要环节，我们彼此都一直在场。尤其是我读博士期间，因为没有收入而经济拮据，她主动慷慨解囊给予我极大的支持；她在工作中遇到了困难，我义不容辞帮她出谋划策。就这样，我们一直保持着联系，相互支持与帮助，关系自然也就越走越近，就像自己的家人一样，她也习惯地喊我爱人"叔叔"，我女儿喊她"玉萍姐姐"。后来，学校升格整体搬迁，我也搬到了焦作工作和生活。虽然我们的物理距离远了一点，但心理距离却始终未变。作为老师，我一直关心着她的成长，她的每一次进步我也看在眼

里。初为人师,面对学生起哄,她手足无措;所带班级期末成绩一塌糊涂,她悲观失望。于是,她打电话跟我说,第一次对自己是否能胜任教师这个职业产生怀疑。我笑着开导她:"好老师都是在讲台上站出来的,刚走上讲台出现这种情况也是难免的。你之所以会对自己的工作不满意,说明你在乎课堂,在乎你的学生。所以,热爱你的课堂,热爱你的学生,静下心,沉住气,老师相信你能行。别忘了,热爱是一种力量,保持热爱,没有什么不可能。"那次通话后,她重整旗鼓、重拾热爱,迈开探究的步伐、守好课堂的阵地,走进了学生心里。

"做语文老师,就做那个教会学生阅读、带着学生思考、和学生一起遨游在中华浩瀚文化长河中的语文老师。教学的自信力来自教师深厚的学养,一个有胆识的教师必然是好学深思,也是能够身体力行的。"在一次谈话中,陈玉萍跟我说起她当老师的感悟。她是这样说的,也是这样做的。教学中注重查阅资料,精心构思巧妙导入,用心设计教学环节,磨好每一节课,力求做到精益求精,只为给学生最完美的课堂呈现,让他们充分汲取师者给予的知识粮仓与精神盛宴。后来,她在焦作市首届小学语文教师素养大赛、沁阳市小学语文优质课比赛等教学能力比赛中多次获奖,教学成绩在全市名列前茅。"这个时候我才理解了高老师当年的教诲,才明白了'保持热爱,没有什么不可能'的道理。因为热爱是一种最强的动力,促使你变得更加优秀。只有自己足够优秀,才能带出更优秀的学生。"当她跟我说这些话的时候,我从她的表情和语气中感受到了一种热爱,一种坚定,一种力量,还有一种享受与满足。

其间,在聊到当班主任的感悟时,她兴致勃勃地跟我说:"做

第三章 最美遇见：赓续师生情缘

班主任,就做那个把每个学生放在心里、教会他们做人、护佑他们成长的班主任。对教育事业充满热爱和信心,对孩子有一颗关爱的心,是做好班主任工作最有力的保障。就像上中师时老师关爱我们那样,我也热爱着我的班级和我的学生。我要做给留守儿童温暖怀抱的妈妈,做学困生知识登攀的拐杖,做学生心理疏导的及时雨,做学生健康成长的引路人……"的确如此。半夜里,家长一个电话,她会陪着家长一起寻遍大半个沁阳城找到因夫妻吵架而离家出走的孩子;校园集体舞比赛,她自己掏腰包给班里孩子租演出服装,给孩子们展示自我风采的机会;备战运动会,她早上6点带着班里的学生训练,印制横幅悬挂赛场为孩子们鼓劲加油,让他们体会到拼搏与成功的快乐;双休日,她打印好基础字词过关题,挨家送到学困生的手中,嘱咐他们珍惜时间、学会赶超,帮助他们树立自信。用她的话说:"有时也觉得很累,但看到孩子们的成长会觉得欣慰而有成就感。"从她的语气中,我感受到了一种因热爱而带给她的坚定与力量。

2012年2月,陈玉萍被任命为一所乡中心小学副校长,分管教学、德育等工作并兼任三年级语文教师。角色的再次转换,让她感觉就像面对一团捋不开的麻,上课、听课、开会、迎检、活动、测试,每件事都很重要、每件事都想做好,却哪一件都没有做好。接到她的电话,我说:"我知道你会给我打这个电话,但没有想象中的早,说明你已经很努力了。作为教学的熟手、管理的'小白',首先你要明确定位,之前是自己教好课就行,现在需要带着老师们一起教好课。其次,工作再忙,不要离开讲台,只有站在课堂,你才是教师。"然后,我跟她说,"热爱可抵万难、热爱可赢万难,老师相信你能行啊。"挂电话之前,我听到电话那头的她长

嘘了一口气,还有一句"加油"!我笑了,仿佛看见了电话那头她重整旗鼓再出发的模样。我也知道,她能做好。没过多久,她就给我发来了她的工作清单:第一,以身作则守好课堂,备好课、上好课、做示范课;第二,补齐短板突出重点,把中心小学"诚信"品牌做实做强;第三,以点带面齐头并进,以中心小学带动辖区9个成建制小学(教学点)共同发展、提质增效。为此,她早上6点半出发(全乡9个小学跑一圈至少一天),调研课堂、分析学情,与老师谈心,为老师鼓劲。下午5点,返回中心小学到班里给学困生补习,然后梳理当天的工作,作总结、思对策、抓落实。到了暑假,我又接到了她的电话,仅仅一个学期,她们学校的统考成绩排名从原来的倒数跃至全市前列(农村学校排名第二),学校也被评为沁阳市教育教学先进单位。她在电话里非常激动地跟我说:"高老师,是您让我相信:教育的坚持终将美好,热爱会让我感受到坚持的快乐。"这或许就是传承吧,我坚持着我的热爱,学生也坚持着她的热爱。

2013年10月,她到焦作师专参加新任校长任职资格培训,我们在课堂中相见,终于成为真正的教学式师生关系,让我当之无愧地成为她的老师。那天的课堂很安静,她安静地端坐在教室里,认真地听,一脸的欣喜与激动;我从容地站在讲台上,动情地讲,满腔的热爱与激情。有一天中午快下班前,我接到她的电话,约好中午一起吃饭,在1号教学楼前的湖边见。下班后,我径直往1号教学楼方向走。穿过大学生活动中心的大厅时,远远地就看到了她站在教学楼前面的桥上,正在朝这边张望,脑后仍然扎了一个马尾,虽然没有当年扎得那么高,但看上去依然很精神。最让我感动的是,她手里捧着一大捧鲜花,我知道,那是她

第三章 最美遇见：赓续师生情缘

送给我的生日礼物，因为她还记得那天是我的生日。这么多年来，每到我生日，她都会为我送上温馨的祝福。其实，那天上课的校长班有十多个我的学生，但她特别了解我，不想让更多的人知道，就叫上了几个在团委工作过的学生，我们小聚了一次。

2014年2月，因表现突出，她被调至沁阳市第二小学任职副校长。有了农村学校管理工作的经验，她变得更加成熟，处理和解决复杂问题的能力都已经有了很大提升。偶然见到曾经的同事和学生，说起陈玉萍，大家对她最多的评价就是："她有一股子干劲儿，热爱工作、享受工作。"2020年5月，我受沁阳市委宣传部邀请去做家庭教育讲座，她偷偷地订了束鲜花，在我讲座结束时送上台。看到那束漂亮的鲜花，还有那个扎着马尾笑容满面的送花人，我激动不已，满心欢喜。当我跟大家介绍说她是我21年前的学生，台下顿时掌声如潮。师生相见，相谈甚欢，有说不完的话题，当然离不开各自的工作。其间，她自豪地跟我说："高老师，我在我们学校开展'习惯养成'教育，持之以恒，为学生终身发展奠基。学校90%左右的学生能做到周一至周五不使用手机（刷视频、玩游戏等）；所有学生均能在下课铃响起10秒钟内将上课物品摆放到位……"从她滔滔不绝、绘声绘色的讲述中，我看到了她的成长与进步，感悟到热爱带给她的力量。由此，一股幸福与喜悦的暖流从我心底油然而生，让那次的相见更加有温度。

尤为难忘的是2020年的春天，新冠肺炎疫情突然来袭，改变了我们的生活方式，也改变了孩子们的学习方式。我看着日日攀升的疫情数据，心里焦灼不安，千千万万个医护人员"舍小家为大家""逆向而行"的无私奉献和勇于担当的精神让我热血沸

腾,来自世界各地的华人和国内热心民众纷纷出力捐物的感人场景令我热泪盈眶。在这个特殊的时期,每个人都是抗击疫情的战士。我是一名教师,无法像医务人员那样战斗在一线,也无法像科研人员那样研制疫苗,但我有自己的专业知识和实践经验,我可以做些什么?疫情就是战情,危机也是机会。教育更是如此。作为焦作市家教中心的主任,我首先想到的是如何上好抗击疫情这堂家庭教育课?可以培养孩子的哪些基本素养?蕴含着哪些家庭教育的契机?如何安抚孩子那颗幼稚而焦虑的心?如何助力孩子应对"停课不停学"的新学习方式?如何指导家长在这个特殊时期科学育儿……于是,我与家教中心的志愿者们连续奋战两个多月,以"家教战'疫'"为主题,通过微信公众号平台推送家庭教育原创文章,为疫情下的家长提供家庭教育参考;通过教育电视台等多种媒体和平台举办家庭教育讲座,为"停课不停学"的孩子们提供学习指导和心理支持。其间,由于我们的公益课堂和原创文章受到了社会各界的高度关注,不少中小学教师也纷纷加入到我们的队伍中来。

陈玉萍是中小学教师中第一个主动加入到我们队伍中来的志愿者,她结合学校工作的案例,在公众号平台推送三篇文章均获得众多家长和老师上万的点击量,其中《疫情下的"三多三少":助力家长应对网课》被《河南教育》录用,发表在 2020 年第 5 期。用她的话来说:"写文章的初衷是响应高老师号召,也是职业的本能,想为疫情下的孩子们做点事。但文章的发表是我想都不敢想的事情,这是我发表的最高级别的文章,也是最有意义的文章。当然,做这件事的意义与影响也是我没想到的,每次想到我也能在国家危难之时尽一份绵薄之力,还是很有存在感的。

第三章 最美遇见:赓续师生情缘

感悟最深的就是对事业的热爱也是一种爱国情怀的彰显。看来,热爱的力量可以触及任何地方。"听了她的话,我想起了老一辈革命家谢觉哉所说的话:"爱国的主要方法,就是要爱自己所从事的事业。"的确,热爱的力量的确很有渗透力,只要保持,一定会有收获。

2021年,新冠疫情再次来袭,她义不容辞加入我们的志愿者活动;2022年,她又一次加入焦作市家教中心与焦作市妇联联合举办的"守护我的城——家教微课助抗疫"活动。每次她加入,我都十分感激:"感谢你支持老师工作,支持家教工作。"她都会笑道:"高老师,我也是老师,我也有这份责任,我也热爱自己的工作,所以我这是在做自己应该做的事,因为我的学生和家长也有这方面的需求。"

冬奥会闭幕后,我经常回味其中一句很励志的话:"唯有热爱,可抵岁月漫长,唯有坚持,可让世界惊叹。"体育精神是这样,现实生活也是同样道理,教育事业更是如此。在教育这条道路上,更需要热爱的力量。

人生最美是相遇。我们从师生到同事、到朋友、到亲人、到知己……我们相互关心、相互影响、彼此支持,共同成长,心中始终充满着对教育的热爱,一起走过了20多年的漫漫人生路,成就了我们各自今天的样子。应该说,从教33年来,由于热爱我与许多学生结下了深厚的友谊,能够与像陈玉萍这样的学生长年交往是我人生的一大幸事。热爱课堂、热爱学生是两代师者共同的坚守,我们的下一个20年,还将继续……

学生感言：

热爱，是最好的老师，是最强大的力量，是一切快乐的源泉。这种力量，会在你失落彷徨时，给予你前行的动力；会在你生活黯淡无光时，给予你温暖的希望。教师的工作是平凡的、琐碎的，却是有意义的、有价值的。"保持热爱，没有什么不可能！"这句话影响了我 20 多年，也让我在日复一日的从教生涯中明白了教书育人的真正内涵，时刻保持对教育事业的一颗初心、保持对学生的热爱不变。快乐工作、健康生活，保持热爱，奔赴山海，用心把平凡的事情做好，这是中师教育给予我的精神食粮和制胜法宝。

——陈玉萍

第三章 最美遇见:赓续师生情缘

传言中的"姑侄"关系

教育不在于传授本领,而在于激励、唤醒和鼓舞。
——[德]第斯多惠

日常生活中,每次遇到跟我同姓的人,内心就会不由自主地产生一种亲切感,难怪中国人会说,同姓的人"五百年前是一家"。果然如此,尤其是对那些不是"大家族"的姓氏,同姓的人见面,亲切感更强。我和95级的学生高明之间就是这样的关系,我对他的第一印象较为深刻就是因为姓氏,加之他个子高、眼睛大、皮肤白,而且他后来还成为我的"高姓"学生中令我比较关注的学生之一。因此,在他上学期间,有不少老师和学生都传言他是我的侄子。有了这个传言,我们的心理距离似乎更近了。尤其是在他毕业之后,我们来往频繁,关系也越走越近,就像自己的家人一样,真的有点像传言中的"姑侄"关系了。

高明出生在一个教师家庭,父母都是乡村教师。在他的童年时代,他们家就住在村办小学的空教室里。于高明而言,这是一种幸运,使得他的童年完全在校园中度过。教室里朗朗的读书声,上下课有节奏的铃声,成为他童年生活中最深刻的记忆。"早上我在乡土气息浓郁的读书声中醒来,自己拿着毛巾到学校的压泵前洗脸;上午我挨着教室'听课',时而被育红班的老师随

机提问,我理直气壮地大声回答,然后转到下一个教室;下午躲到草丛里,看着大桐树下被校长训斥的学生,然后学他们一起搂着大树作为惩罚;晚上,父亲在案板上铺张报纸开始备课,母亲坐在床上就着窗台改作业,我躺在床的角落里翻着破旧的小人书,最后无聊地睡去……"讲起自己童年时的生活,高明回忆满满,同时有一种近水楼台先得月的满足感,还有一份作为教师子女能够在校园里随意出入、轮班听课的得天独厚的优越感。当然,讲到童年时的一些"糗事",他也会不好意思地自嘲一番。

就这样,在耳濡目染中,高明对校园有了特殊的情感,对教室有了莫名的敬畏,对教师这个职业有了美好的向往。"小学五年级时,父亲作为我的语文老师,第一次在作文课上讲《我的理想》。他启发引导同学们各抒己见,我的理想也越来越清晰,越来越神圣,最后我的作文题目就是《我的理想——人民教师》。"自此,当一名教师,就成了高明的人生理想;上师范,就成了他实现理想的必经之路。

升入初中后,需要步行半个小时到邻村读书,但为了自己的理想,高明越发勤奋,每天早起晚归,没有因为路程远而迟到、早退或请假一次;为了这个理想,他越发努力,因为他知道,只有比别人付出的更多,才能实现自己的理想。

但天不遂人愿,命运给高明开了个大大的玩笑。"初二那年,我突然不能走路了,每走50米,腿疼脚麻,需要蹲到地上休息片刻来缓解症状,然后站起来再走50米。父母因为工作原因,一心扑在班里学生身上,没有在意我的病情,只是说缓缓就好了,直到我寸步难行,才开始问病求医,从镇医院到县医院,从市医院到省医院,一路走来坎坎坷坷,不仅花光了家里微薄的积蓄,

第三章 最美遇见：赓续师生情缘

也让父母在讲台和医院之间奔波而心力交瘁……"经历如此磨难，高明并没有怨恨父母，因为在他的心中，老师的职业是神圣的，不可以随便请假；他也没有放弃学习，因为在他看来，自己的理想也是神圣的，需要努力去实现。

"也许是父母作为教师的敬业精神和我自己坚强不屈的意志感动了上天，莫名其妙袭来、各级医院都查不出原因的怪病，一年后却又莫名其妙地离我而去了，真的是人间奇迹。"谈到当年的病情，高明仍然充满着一脸的困惑与不解。然而，疾病虽然痊愈了，但那段时间给高明造成的影响还是不小的，至今谈起来仍然让他感到匪夷所思。不过，经历了一年的疾病折磨后，他更加珍惜学习的时光，用加倍的发奋学习来弥补因求医而耽误的功课，学习成绩也迅速提升。初三那年，他已经在班里稳居榜首，并先后在县里举行的英语、物理、化学等各科竞赛中多次获奖，还获得了河南省数学奥林匹克竞赛二等奖，这对于农村学生来说，可谓屈指可数。当年5月，他参加了全县三科联赛，因成绩优异被县一中提前录取。但是，中招填报志愿时，他没有在一中和师范之间有任何犹豫，坚定地只填了沁阳师范一个志愿，因为他心中只有当老师这一个理想。

当然，像高明这样的学习成绩，被中师录取是必然的。1995年9月，高明满怀喜悦地走进了自己理想的起航地。"走进沁阳师范，我觉得这里的一切对我来说都是新鲜的：宽阔的校门，对称的办公楼，神圣的教学楼，别致的图书楼，神秘的实验楼，整齐的宿舍楼，让我找到了理想的支撑点；绿草茵茵的操场、古色古香的广播站、藤蔓围绕的读书长廊、陶行知汉白玉像、手捧书本的少女、刻在巨石上的'铸师魂'……让我找到了理想的方向，觉

得这里的一切都是令我向往的：和蔼可亲的师长、团结友爱的同学；严谨而不乏热烈的课堂，人多却井然有序的阅览室；规整的三笔字、有趣的简笔画；学生自治的学生会、活动丰富多彩的团委、类型众多的社团……在这样的氛围里，我觉得自己呼吸的每一口空气都是顺畅的，我接触到的每一个人、经历的每一件事都是美好的。我投入其中，拼命汲取着师范教育带给我的精神滋养。"谈到当年刚入师范学习的情景，高明依然心潮澎湃。

但是，现实与理想碰撞时，往往会发生一些令人猝不及防的事情。在学习上一向自我感觉良好的高明，在课堂上却感觉吃力，跟不上节奏，这让他顿时慌了手脚，不知该如何是好。"同学们的反应速度和知识的广度令我望尘莫及。课下细问中考分数，令我倒吸一口凉气，原来自以为优秀的我，其实只是一只来自农村的井底之蛙，分数在班里根本排不上，致使学习上一向自信满满的我陷入了深深的自卑之中。"谈到这件事，高明有点自惭形秽，觉得自己不再优秀，有些同学的学习能力让他佩服，也让他"压力山大"。为了舒缓他的情绪，我赶紧接了个话题："其实你已经很优秀了，只是他们当时的考试成绩比你好了一点而已。那只是师范的起点，不是人生的终点。"虽然高明点头笑了笑，但是仍然对那些学习成绩好的同学佩服有加。

我认识高明是在团委举办的讲座上。每年的新生报到后，学校都会指派我举办一次讲座。每年的讲座内容大致一样，主要讲如何调整心态适应中师生活。不过我没想到高明能记得那么清楚，在我们聊天时，他竟然把我在讲座中提到的一段话学给了我："你们虽然来自不同的学校，但你们能够杀出重围坐在这里，一定都有属于自己的一段光荣的历史，一定都是原来学校的

第三章 最美遇见：赓续师生情缘

尖子,一定都是你们老师手里的宝。但从另外一个角度讲,进入师范后,你们相当于进入了一个新的赛道,必定会有人领先,有人暂时落后,如果你是落后的那一个,你该怎么办？所以,你们进入师范的第一课,必须是找准定位,瞄准方向,重新出发……"说实在的,高明复述这段话时,我非常吃惊,问他何以记得如此清晰。他告诉我："'找准定位,瞄准方向,重新出发'这12个字,让当时的我豁然开朗,又找回了自己,开始了自己新的目标。"

高明的话是否是为了给我这个当老师的面子,我没有细究,但是我记得当时在报告结束后,他曾经举手提过问题,并进行了自我介绍。正是因为那时听到他姓高,长得比较清秀,个子高高的,所以就记住了他,也开始了解他、关注他,并且得知他学习非常努力："课上知识消化不了,课下就多读几遍；白天时间不够用,晚上就悄悄努力；学校作息安排是早上6点上操,我每天5点就起床,站到昏暗的路灯下背心理学；中午午休时间不回寝室,独自在校园的连廊上练数学题；晚上10点熄灯,我就着楼道昏暗的灯光背哲学……"高明讲起当年的学习劲头仍十分激动。虽然当时也听过他的班主任讲起他学习努力的事情,但直到看了他当年的日记,我才进一步了解了他的努力程度,尤其是在寝室走廊上背哲学的场景："期末考试前,数九寒天,狂风怒吼,寒气逼人,手被冻得僵硬,左右手轮换着拿书,另一只手揣进怀里暖一暖,尽管身体也打着哆嗦,但心里依然热血沸腾。忽听'咔嚓'一声,不知哪棵倒霉的树被折断了'手臂'……"看到这段话,我非常感动,也明白了他的学习成绩能够从班级后面冲到了全年级前列的原因所在。

成绩不会辜负努力,分数不会亏待勤奋。第一学期期末,高

明的考试成绩排到了全班第九名。"第九名,这么多年我清晰地记着这个数字,因为他带给了我激动与喜悦,让我实现了艰难超越,看到了自身的潜力,让曾经无视和嘲笑我的人投来佩服的目光,让担心我的父母长长地出了一口气。最关键的是,这个第九名,成为我敢于向上追求更好成绩的强劲动力,也成为一个让我敢于追求更加精彩人生的转折点。从此,我的师范生活进入了多姿多彩的快车道,在努力中拼搏着各种拼搏,在充实中收获着各种收获。"讲到当年考到第九名,高明兴奋无比。在我们看来,虽然第九名在班级里还不算特别优秀,但是在那群优秀的学生中,能考第九名真的是不容易,的确是优秀中的优秀。

第二学期,团委工作部招聘学生干部,高明报名参加了竞选,并顺利入选,当上了组织部副部长;第三学期,他被选入了学校舞蹈队,登上了他以前想也不敢想的大舞台,代表学校参加焦作市舞蹈比赛,并获得一等奖的好成绩;第四学期,学校举行数学竞赛,他精心备考、用心刷题,斩获第一名;第五学期,作为学生干部、学习尖子,他光荣地加入了中国共产党……

其实,我与高明越来越熟悉是在他入选团委干部以后。他工作上的踏实肯干和学习上的刻苦努力,都是我所希望的学生干部的模样,所以自然对他多了一份关注。在一次团干会后,我把他留了下来,询问他的学习情况。他十分紧张地用微小的声音告诉我:"还行。"我继续问他:"年级能排多少名?"他似乎听出了我问话中的关心,慢慢地抬起了头,声音也提高了一些,说:"上学期末30多名。"听了他的话,我特别高兴,就问他:"成绩不错!你有没有想过上大学?"听了我的话,他有点蒙,半天没有说话。"其实,我当时真的想也没有想过将来还能上大学。但当我

第三章 最美遇见:赓续师生情缘

看到您那信任的眼神,却不敢实话实说,就支支吾吾地说:'想是想过,但是我的成绩又不拔尖,不现实吧?'"多年以后谈到这件事,高明才实话实说。其实,当时我看着他一脸的狐疑,就语重心长地对他说:"大学的校园环境、学习条件、毕业后的平台,比咱们学校要好很多。在大学,你能学到更多、更广、更深的各种知识。直白地说,你明年毕业后,只能当个小学老师,最高也就是初中老师。当然,当个中小学老师也很好,但如果你上了大学,你的人生起点就会发生很大的变化。大学毕业后,你的选择会更多,层次也会更高。"看到高明的眼睛泛起了亮光,仿佛对大学有了一丝的憧憬,我就趁热打铁引导他:"大学校园里的每一种事物都是新鲜的,比如说,在我们的校园里,每一个同学都有自己固定的班级,固定的教室,而大学里大家是没有固定教室的,你可能上一节课后,要收拾东西,到另外一个教室,甚至另外一栋楼,上另外一门课程⋯⋯"

"真的吗?"我的话音刚落,他脱口就问,似乎觉得那是多么不可思议的事情。"当然是真的,我们学校每年都有同学取得被保送上大学的资格。不过,从你目前的成绩来看,还有一些差距。但你要看到,你能取得现在的成绩,并没有用上你所有的时间,也没有用百分之百的精力,你要参加社团,耽误时间;舞蹈队训练,也要占用晚自习时间。如果你能把这些时间用在功课上,我想你的成绩一定能提高很多。我看好你,你一定行。"为了鼓励他,我走到他跟前,拍了拍他的肩膀,说了句:"加油!"

就这样,高明离开了舞蹈队,团委的工作我也让其他同学帮他分担一些,让他可以有更多的时间复习功课。自此,高明走上了艰难的备考之路,拼尽全力,把一切可利用的时间,都用到了

学习上。他除了吃饭睡觉跑步,就是朗读背诵做题,语文、数学的书本和试卷,成了他师范最后一个学期的全部生活内容。"每次当我撑不下去时,都去找您倾诉苦恼,并从您朴素的语言中获取力量。"谈到当年的备考,高明感慨万千。那时候看到他那么努力,我也特别愿意为他提供帮助。有一次,他告诉我宿舍人太多,每天需要加班学习不太方便,不仅影响别人休息,自己也休息不好,这让他有些苦恼。得知这一情况后,我就把同事的宿舍借过来,让他住在里面,这样方便复习应考。

　　高明没有辜负老师们的期望和自己的努力,在前几轮选拔考试中分别排名34、27、15,每一次都很惊险,但却很幸运地进入下一轮。接下来几轮复赛,他一次比一次成绩好,分别考到了年级的第8、7、6名,最后侥幸入围(前5名),获得了到郑州参加保送考试的资格。"虽然入围,但我知道我还没有冲进前三名(基本上每年可以考上的也就3个人左右),接下来两周冲刺复习,我更是夜以继日,想方设法比别人多学几分钟,多背几行字,多做几道题……每当我太累太累时,就会想起您信任的目光和有力的手掌,瞬时疲劳全无……进考场前,我分明听到了'我看好你,你一定行'这句话,顿时信心百倍。1998年4月16日,星期四,我永远不会忘记的日子,成绩揭晓。我以总分202.5的成绩,获得全校第一名,按照志愿被保送到河南师范大学计算机科学系。我始终牢记您说的那句'我看好你,你一定行',正是这句话改变了我的人生轨迹。"高明如此说,我当然很高兴。但是,没有他的努力拼搏,我再多的鼓励和帮助也起不到任何作用。

　　带着对师范生活的留恋,带着对未来大学生涯的期盼,高明走进了梦寐以求的大学校园。到大学报到后,他马上就给我写

第三章 最美遇见:赓续师生情缘

了封信,告诉我大学生活带给他的新鲜感,以及他对未来生活的美好憧憬,内心的兴奋与激动之情跃然纸上。因为有了中师教育的经历,所以他对大学生活的适应,比高考入校的同学更快一些。课堂上,他集中精力,快速笔记,听课效率高;自习课,他能够合理安排,将专业学习与课外阅读有机结合;生活中,他严于律己,宽以待人,与同学相处融洽;社团活动,他积极参加,努力展现自己,赢得了同学们的称赞和老师的认可。因为入校时他已经是预备党员,所以得到了辅导员的重视,并被任命为学生支部组织委员,负责整个年级的党员发展工作。然而,一个月后,他写信告诉我,有一件事令他非常苦恼,那就是英语课听不懂。因为中师没有开设英语课,所以,只有初中英语水平的他怎么可能听得懂大学英语。我立马回信给他,把我备考研究生学位英语的经验告诉他,让他不要气馁,重新把英语捡起来,把高中缺的课程补上去。就这样,无论他在大学里遇到什么事情,我们都会以书信的方式交流。纸短情长,这些书信不仅延续了我们的师生情缘,也成为我和高明人生中的美好回忆。

一个学期过去了,高明的英语勉强及格,这让一向要强的他无法接受。"我狠狠地对自己说:我必须赶上去!所以,从第二学期开始,英语书、单词本、四级题集从来没有离开过我的书包,学英语几乎成为我课下自习时间的全部生活。我早晨6点起床,在楼前的花园里背单词;中午午休,在空空的教室里对着课本抠语法;晚上回寝室前,我要做几道四级真题;单词背过忘了再背,不厌其烦;四级题库,做一遍又一遍,毫不气馁……"高明拿出了他中师考大学时的劲头,终于啃下了英语这块硬骨头,圆满完成了他的大学学业,并荣获了校优秀学生干部、优秀党务工作者、

社会实践先进个人、优秀毕业生等多项荣誉。

毕业后,高明被分配到焦作市第一中学任教,真正开始了他的教师职业生涯。因为当老师是自己的梦想,所以当上老师的他无比兴奋,怀着满腔热情走上了被自己奉为神坛的讲台。但初登讲坛,他又遇到了新的问题。"我惊奇地发现,大学学的知识在高中无用武之地,而实际教学中所需的知识,大学却未涉及。"但是,经过中师教育的他及时调整自己的心态和思路,积极面对一位新手老师所遇到的现实问题。"我用最短的时间补全了高中教学所需的知识技能,并融入大学所学与之相通的知识,解决了知识调整更新储备的问题;教学方法上,我充分发挥自己的语言优势,把枯燥的理论知识,类比到学生喜闻乐见的实际生活中,让学生轻松学会记牢理论知识;在课堂拓展中,我积极收集计算机、网络的前沿学习资料,并融入课堂教学,不但让学生拓展了知识面,还增强了他们对计算机新知识新领域的向往。"

但是,高明慢慢发现,信息技术课在整个高中课程体系中的地位很尴尬。既不参加高考,也不参加会考,甚至每学期对学生的学习效果都没有一个基本的考查评价,是一个十足的副课中的副课,以至于信息技术课被学生们戏称为好玩的电脑课,信息技术课老师也时常被班主任们强行"病假"。是心安理得地接受这个现实,还是勇敢地去改变这个现状?他陷入了又一个迷茫中。

"尽管信息技术课的地位如此不高,但放眼长远,信息技术带给学生的影响却是巨大的,是别的学科无法替代的。因为信息化时代的到来已经在越来越快地改变着当今的世界,不管是工作、生活,还是学习,人们都离不开信息化的影子,信息技术已

第三章 最美遇见：赓续师生情缘

经融入人们的生活，为社会发展注入新动力。在信息化的发展背景下，衍生出了大数据技术、人工智能技术、物联网技术等。信息化产业也呈现繁荣发展，如电子商务、电子支付、交通、零售等都需要信息化相互绑定，使得信息技术成为一切生活和学习的桥梁和纽带，也是必备的工具。如果学生在高中阶段没有学好信息技术，当走向大学校园时，才是真正地输在起跑线上。"

迷茫之后，高明又一次给自己找准了定位，重新出发。一方面，他通过努力提升自己的专业素质、优化教学流程、丰富教学手段来吸引学生，提升课堂效率；另一方面，他积极争取学校领导和班主任的支持，不再被动地休"病假"，提高学生对信息技术课重要性的认识；更重要的是，在他的推动下，所在学科组每学期给学生进行一次考核，给学生做一个总结性评价，教学局面得到了彻底转变，信息技术课也慢慢地走上了应有的轨道。

在他的努力下，所带班级学生的学业水平测试通过率百分之百，优秀率超过百分之八十。经过他的不懈努力，课堂教学改革成绩斐然，获得了省优质课大赛一等奖。他也获得了市先进教育工作者等荣誉。

高明到焦作一中报到后，曾专门到沁阳告知我。后来，我到焦作工作，我们离得更近，见面交流的机会更多了。时间长了，关系也就更近了，远远超出了一般的师生关系，就像自己的家人一样。无论我有什么事情需要帮助，高明都跑前跑后。得知我女儿从日本回来，他半夜驱车从博爱赶到新郑机场去接；我婆婆去世时，他一大早把车停在我们小区门口等着我，送我回老家……他在工作和生活中遇到什么事儿，也会跟我说，甚至家庭琐事和教育孩子的问题也会跟我聊聊，工作中有什么烦恼也会向

我倾诉……

可以说,跟高明的缘分一直延续着,真的就像20多年前传言的"姑侄"关系一样,我也欣然接受这个美丽的传言,它让我感到很温暖。

学生感言:

不达目标绝不放弃,不到终点绝不放松,师范教育塑造了我倔强的性格,成为我专业成长的最强动力;师范生活赋予我面临逆境时的坚强支撑,更是我走出困境的灵丹妙药。感谢母校,感恩师长,这种倔强伴随我到现在,成为我前行路上必不可少的支撑。

——高明

第三章 最美遇见:赓续师生情缘

宛转轮回的师生缘

> 教师个人的范例,对于青年人的心灵,是任何东西都不可代替的最有用的阳光。
>
> ——[苏]乌申斯基

可能是在学校待的时间长了,我总是非常享受在校园里与学生相谈甚欢的情景,也非常期待能够有更多的机会与更多的学生在校园中有更长时间的相处,可以亲眼看见他们的成长,延伸师生之间的缘分。96级幼师班的张娜满足了我这个愿望,让我们之间演绎了一种宛转轮回的师生之缘,并且是在同一个校园。

张娜从小的梦想就是当一名教师,为此在填报中招志愿时,就毫不犹豫地选择了中师,成为沁阳师范招收的第二届幼师班学生。她之所以选择幼师专业,是因为那个年代幼师特别"吃香",毕业后前途可谓一片光明,不会像普师班那样到乡下去教书,县里的幼儿园基本上是随便进。仅此一点,对于不少家长和考生来说,就非常具有吸引力。

其实,我与张娜也并非真正意义上的课堂教学式的师生关系,她上中师时我不是她的任课教师,但由于她的舞蹈跳得比较好,而当时我在团委工作,经常组织周末晚会、元旦晚会等各种

活动,就认识了她。后来,学校的节目有幸被遴选参加焦作市学生艺术节、焦作电视台春节晚会等各种演出,我负责组织带队,有时候也参与指导,而那时的张娜则经常是表演中的女"C位",这样一来二去就自然和她熟络起来了。张娜为人很谦虚,训练很刻苦,学习很努力,这些品质都让我非常喜欢。虽然我与她之间仅仅是一种组织者与参与者的关系,但我对她的关注度却比较高。不过,从日常与她的交流中,我可以看出来,张娜有点怕我,平时在校园里看见我都是头也不抬,打了招呼就疾步走开。

"您喜欢戴着耳机晨跑,这是中师期间您留给我最深的印象。那时候每天早上六点钟集合跑早操,在我们看来,大清早从甜蜜的睡梦中爬起来,是一件很痛苦的事情,也是一件很没有意义的事情,而您却能一直坚持。当时我就想:'高老师怎么就这么爱跑步,还每天坚持!'其实,关于您跑步的事不止我一个人这么想,好多学生都曾经私下议论过。后来我才知道您戴耳机是在听英语,边跑边听。于我而言,中师不学英语是最开心的事情,您却天天戴着耳机听,我只是想想都能感觉到有多么无聊与枯燥。尤其您还把跑步与学英语两件事情放在一起做、天天做,真是不能理解,直到工作后我才意识到自己的这种想法有多么的'Low'。今天得知您还在坚持天天跑步,我们才领悟到一个人习惯的养成有多重要。"时过多年,张娜谈到中师时对我的印象时如是说。她这样说,我并不觉得奇怪,因为有不少人与她有着同样的想法。我调侃地回应她:"因为我是你老师,你这样说还是客气的,当时还有人认为我行为怪异呢。"听了我的话,她立马替我辩解,一副认真的样子,说:"其实,您跑步这件事后来对我影响挺大的,让我学会

第三章 最美遇见：赓续师生情缘

了坚持。毕业20多年来，我一直坚持学习，并且在我的工作、生活中，无论做什么事，都要求自己有持之以恒的态度。"这一点我深信不疑，因为她一直很努力学习。在不少妙龄少女们做着青春美梦时，她却利用每天的课余时间读书学习，因此，她的成绩一直名列前茅，最终选择了一条与其他同学不一样的路径，找到了发展自己专业更加宽阔的舞台。

中师三年级的时候，张娜得知幼师班有一个保送上大学的名额，这令热爱学习的她兴奋不已，赶紧把这个消息告诉家人，并表明自己要去努力争取这个难得的机会。于是，她开始了艰难的备考之路。"因为日常课程还要正常进行，我只能在课余时间复习备考，加上那时候还有艺术节的演出，所以每天的学习与生活都非常紧张。"谈到当年备考的经历，她依然流露出无奈的表情，从中可以看出她当时有多么的苦恼。我也是在一次艺术节的演出时，才偶然得知了她要考学的事情，当场就非常赞同她的决定，也支持她积极备考。演出结束后，我主动找到她，询问她复习的情况。她告诉自己面临的难处后，我积极鼓励她，并给她出了个主意："好好复习，一定要考上！考上以后人生就会发生变化。不行就跟老师请假，回家复习，毕业时来考试就行了"。严格来讲，作为老师让学生"逃课"复习，并不是一件很妥当的事情，但从当时的情况来看，这是能保证她复习时间的最好办法。"是您的那份鼓励坚定了我的决心，一定要考上河南师范大学！您的建议非常有用，我请假回家安心复习，保证了复习时间。"她考完试后专门到办公室告诉我，说自己感觉还不错。最终，她以优异的成绩考上了河南师范大学音乐系，与我上了同一所大学。考试结果出来之后，张娜主动找到我，告诉我她被录取了，并向

我表示感谢。我当时非常高兴,既为学生获得更好的成长机遇而感到高兴,又有一种成人之美的愉悦感。从此,我与张娜之间的关系发生了质的飞跃:从师生变成了校友,彼此之间也多了一份更深厚的情感。最神奇的是,她考上大学这件事,竟然也间接地为我带来了好运。

当时"中师保送生"考试与录取工作是在全国统一高招考试之前完成,被录取后的张娜兴奋程度可想而知。有一天,我在校园里看见她背着包往外走,问她干啥去,她告诉我准备提前到河南师范大学去转转看,熟悉一下环境,为自己的大学生活做好准备。那时候我正在备考全国硕士学位英语统考,就跟她说:"河师大有很多书店,能不能帮我带一本全国学位英语考试模拟习题的参考书?"她爽快地答应了。"到了河师大,在一排排的老房子里,有一个较为宽敞的书店(记不清楚书店的名字了),看着琳琅满目的图书我兴奋不已,但我不知道该选哪本书。那时候也不像现在通讯这么发达,不能随时电话联系。我看来看去犹豫了好一会儿,最后就在各种资料书中选了一本《全国学位英语统考模拟题》买了下来。说实话,当时我真不懂考研是干什么的,更谈不上是怎么选择的那本书。"她把书带给我后,我利用一星期的时间做完了书上的全部习题,结果出乎意料的是,在考试中有一道阅读理解题竟然就是这本书中的原题!当时在考场上一看到题,我就兴奋不已,在心里默默感谢张娜帮我买的这本书,感谢她带给我的好运,并且非常顺利地答完了这道题。考试回来后,在校园碰见了张娜,我抑制不住激动的心情,给了她一个大大的拥抱。统考分数公布后,我非常侥幸地以61分的成绩顺利通过了全国申请硕士学位的英语水平统考,获得了申请硕士

第三章 最美遇见：赓续师生情缘

学位的机会。我在想，如果当时没有那本书，可能我就考不过了，所以，我从内心十分感激张娜，认为这是她带给我的幸运，由此，我与她的缘分又多了一份深意。"这是我们两个人的缘分，彼此的感动，也许是老天给我一次报答老师的机会！"对于这件事，张娜一直是这样理解的。其实，有时候就是这样，帮别人也是在帮自己，指不定在什么时候，上天会将你对别人的帮助以特殊的方式回馈于你。我经常把这件事讲给周围的人听，把自己的感悟与他们分享：要善待他人，每一份爱都会有回应；要成人之美，赠人玫瑰手留余香。所有的付出都会有回报，有的回报是在当下，有的回报是在未来；有的回报于你自己，有的可能回报于你的家人。我有时也会借题发挥，鼓励周围的人要多努力上进，多读书，因为每一本书都不会白读，每一步路都不会白走，所有的努力都会有回报，只是回报的方式和体现的效果不同而已。

大学毕业后，张娜被焦作大学引进为舞蹈教师。2003年，我到焦作大学办事，电话联系了她。这是她中师毕业四年之后我们第一次见面。"清晰地记得，九月的太阳依旧晒得厉害，学校正在进行新生入校军训。一天，正在操场上，我接到了一个陌生的电话（我没有您的手机号码），原来是您打来的，说要见见我。听到您的声音，我激动得不知所措，飞奔到学校门口去迎接您。这是我第一次知道，您一直关心着我，不仅知道我的工作单位，生活状况，还有我的电话号码，这是我万万没有想到的。"但我与张娜的想法不一样，她不仅是我的学生，也是为我带来幸运的人，在我的内心里对她是有一份感激的，而且这份感激一直记在心里。

2008年7月,我博士毕业后返回焦作师专上班,焦作师专与焦作大学在一个校园,我又很庆幸能和自己的学生在同一个校园工作。虽然她在焦作大学的老校区上班,和我的工作地点不在一个校区,我们也一直没有太多的联系,但是我在心里一直觉得她离我很近,关于她的情况我也基本上都了解,只是不想去打搅她。

2020年暑假,也就是与张娜上次见面时隔17年后,有一天我去打网球,她送孩子去打网球,我们在太极体育中心网球馆门口意外碰到了。那次的见面谁都没有思想准备,两人都十分惊喜,张娜竟有点喜极而泣,趴在我的肩头好一会儿才松开。"当时的我有些不知所措,因为愧疚这么多年不联系,但见到了就鼓足勇气上去和您拥抱,当我要加您微信的时候,您却拿出来手机让我看,说:'我手机里一直存有你的电话号码!'我们加了微信,我不知道此时应该怎样称呼您,高校长?距离远了点;高书记?担心这个称呼降低了您现在的身份;老师?如果您不喜欢这称呼呢?纠结中,我还是选择了'老师'这个称呼,您永远是我心中那个能指引方向的人!"事后谈到那次见面,她仍然非常激动,甚至两眼湿润。我坦然地告诉她:"现在的副校长职位是暂时的,总有一天会退下来;你口中的团委书记是过去的,现在已经不是了。所以,你选择喊我老师是最正确的,也是能够喊的时间最长的。再说,我也特别喜欢别人喊我老师,因为我本来就是一名老师啊!"听我这么一说,张娜立马破涕为笑,神情放松了许多。

在这次见面之后的那年教师节下午,我正在办公室工作,听到几声轻轻的敲门声,就喊了一声:"请进!"门打开了,看到的却是一大捧鲜花。因为这捧鲜花太大了,挡住了送花人的脸。我

第三章 最美遇见：赓续师生情缘

正疑惑间鲜花慢慢移开，露出了张娜的脸。我上去一把接过鲜花，看到上面插了一个心形的卡片："恩师是我生命中十分重要的人，师恩难忘永于心！"我顿时两眼发热，喉头发紧，内心的激动与感动陡然而生。我把鲜花放到桌子上，转身紧紧地抱住她，感谢她在教师节给我的这份惊喜，这是我有生以来收到的最大的一捧鲜花，它让我感受到了身为人师的骄傲。"一份感恩，一束99朵的玫瑰，希望跟老师的师生情一直持续下去，从此不要再间断。"说到这里，张娜给我讲述了这么多年来没有与我联系的原因。

20多岁是人一生中最美好的阶段，青春年华努力拼搏奋斗逐渐走向成熟，但刚刚大学毕业后的张娜，却经历了本不该属于这个年龄所经历的不幸。"我遇到了，就要承受！人生变故的打击影响了我随后的工作、生活。我不是不与您联系，是与之前的同学、朋友都不联系，把自己封闭在自我的世界里，不想让任何人知道我的事情，不想让大家看到一个不幸的我。后来，在度过最痛苦的那一年后，我深陷迷茫。其实，当时我曾经想到您，希望能与您联系，给我指指方向，但我不太清楚您的状况，只是听说您一直在学习、提升自己的学历。同时我也怕自己的一团糟被您看不起，还是没有联系您！"当张娜含泪讲述她的经历时，我除了递给她擦泪的纸巾外，什么都没有做，一句话也没有说，只是一直静静地听着。我想做她忠实的倾听者，给她找到一个情绪的出口，让她把这些年来憋在心里的话都讲出来。她讲完后，我平静地对她说："其实，即使你不告诉我，我也一直在关注你，你所发生的一切我都知道。之所以没有主动和你联系，一方面不想让你再去揭那个伤疤，好让

它尽快愈合;另一方面,我觉得你不联系我,是不想让我知道,或者说还没有到想让我知道的时候,我尊重你的选择,等你想让我知道的时候自然会跟我说。但我是你的老师,无论什么时候都会支持和关心你,怎么可能会看不起你呢?生活给了你磨炼,这并不是你的错误,只是你的经历,没什么不能给老师说的。换一个角度,如果你早一点来找我的话,我只会想办法帮你更快地走出来。"她哭出了声音,边哭边说:"虽然我一直没有找您,但您对我的关爱却从未停止过。其实,那时候我特别期待有一个人能引领着我走出来,身边有这么好的引路人却没有及时联系,这是我最大的失误。"我赶紧安慰她:"你并没有做错什么,你自己就是一个有力量的人,你看,你现在生活的状态多好!事情已经过去,现在你能够坦然说出来,可见你一定成长了许多,强大了许多!不过,以后我们还是要多联系。记住,有什么事找老师,我一定会做你最坚强的后盾!"她的情绪渐渐稳定了下来,心情也变得有所释然,开始与我随心地聊天。那一天,我们聊了很长时间……

　　2021年教师节,我再次如期收到张娜送的鲜花,心形的卡片上面是她隽秀的笔迹:"我的恩师永远年轻漂亮,永远爱您!"我再次按捺不住内心的欣喜与自豪,长年不发朋友圈的我情不自禁地把这束鲜花晒到了微信朋友圈,并配发了一句感慨:"感谢我的老师,是他们教我如何当老师;感谢那些喊我老师的人,是他们教我如何当一名好老师。"

　　2022年的教师节和中秋节是同一天,那天晚上,张娜手捧鲜花拎着月饼,站到了我的家门口……

　　最令我感到欣慰的是,张娜现在生活很幸福,有一个美满的

第三章 最美遇见：赓续师生情缘

家庭，一位爱她的丈夫，一双可爱的儿女。非常有缘的是，她的儿子成了我的小球友，时不时地陪我打网球，让我们的缘分得到了进一步的赓续，更加绵长。张娜的工作非常出色，对舞蹈的热爱，可谓如痴如醉，连续9年参加了焦作市的春晚歌舞类节目编创，积累了不少的舞台编创经验，让她在焦作市舞蹈界也算是小有名气。她也有自己的一个舞蹈工作室，既作为业余时间提升专业素养的场所，也是自己精神的栖息之地。每次与她谈到舞蹈、谈到学生，她都是满脸的痴迷与满足。但我们谈得最多的就是两个学校的发展之路，不仅是学校生存发展的需要，也是对我们两个人新的缘分的期待与绵延。

2021年，《教师法》修订的征求意见稿明确了小学教师本科化的建设目标，二级师范向一级师范过渡是教师教育改革发展的必由之路，焦作市人民政府在焦作师专与焦作大学的基础上申报设置焦作师范学院，并列入河南省"十四五"高校设置规划，培养本科学历的师范生将成为学校未来发展的努力方向。我和张娜虽然在不同的学校，但每次见面却谈论着同样的事情，还在同一个校园做着同样的事情，尤其是想到有一天，我与她要成为一个单位的同事，我俩的内心都无比激动，多次畅想着成为同事后要一起做更多的事情。张娜甚至幻想，假如我们两个人成为同事，我能否再回到20多年前的课堂，与她一起教舞蹈、创编舞蹈、排练舞蹈，这样我们的缘分会更进一层。虽然我知道我回不到原来的舞蹈课堂了，但我深知，我们的缘分只会越来越深，关系也会越来越近，无论是否在一个校园，都是如此。

我特别想对张娜说，也是对所有学生说，老师是这个世界上除了父母之外最希望你好的人。虽然老师和学生没有生理上的

血缘关系,但老师与学生是精神血缘的关系。爱学生是教师的天职!有困难找老师!老师会全力为你排忧解难,同时你也会给老师找到存在感的机会,让老师心有所安。从某种意义上来说,老师和学生之间的关系,本就是一场相互见证、相互成全、相互温暖的缘分,甚至会宛转轮回,而且这种缘分会一直绵延流长、经久不衰。

学生感言:

　　一直以来,我都在寻找一个能指引我人生方向的人,直至现在才发现这个人就是我自己,但老师是那个施与我土壤的人。当我行走在教师队伍中,才深知这份责任与热爱的分量。在每一个思想认知逐步完善的过程中,老师就是那个闪闪发亮的启明星,其身上的光环不时地滋养着每一个学生,在某一个黑暗点来临时,老师都会释放无限的能量,重塑光明,带来希望,让每一个个体都能找到属于自己的那片天空。我真实的感受到,做人师,要不断前行,拓展自己的空间;做教育,用爱去培育学生,用光去温暖学生。在这个过程中,我形成了自律、严谨、积极向上的态度,自己的人生方向也就越来越清晰。感谢母校!感谢恩师!

——张娜

第三章 最美遇见：赓续师生情缘

"第一学历"与教育追求

教师的成功是创造出值得尊敬崇拜的人！先生最大的快乐，是创造出值得崇拜的学生！说得正确些，先生创造学生，学生也创造先生，学生先生合作，而创造出值得彼此崇拜之活人！

——陶行知

"第一学历"，一直是我们就业、应聘、晋级等表格中的必填内容。关于"第一学历"这个概念，从未在国家教育行政部门中正式使用过，但关于"第一学历"重要性的争议却从来没有停止过。不可否认，"第一学历"在一定程度上是个人阶段性学习能力和学习态度的见证，但它有时只是一个起点，因为人的成长是一个不断发展的过程，能力的提升和自我价值的实现可以通过个人后天不懈努力获得。不过，尽管如此，关于"第一学历"的作用与影响，张明丽与很多中师生一样，有着深切的感受。

从外貌看，张明丽人如其名，明亮美丽，一双大眼睛好像会说话一样，格外清澈明亮，映射出她内心的纯净与率真；爽朗的笑声是她的典型标志，甜甜的笑容里透着一股灵气。她生长在一个教师之家，一家5位老师，也因此从小便受到了良好的教育。长大后，她不仅乖巧懂事、学习成绩优秀，而且待人真诚，招人喜欢。由于自幼受家庭耳濡目染的影响，她对教师职业非常熟悉，

天生也有几分向往,但真正影响她报考中师、激发她萌生当老师愿望的是她的叔叔。她的叔叔是沁阳师范的体育老师,在她上小学时,曾带她去过学校,并在那里待了一周。正是这次沁阳师范之行,使年少的张明丽萌发了当老师的念头:"看到校园里那些朝气蓬勃的哥哥姐姐很是羡慕,也向往着有一天能像他们一样在操场上奔跑、在舞台上表演。有一天,叔叔带着我去打篮球,但是由于我个子小、力量弱,使了很大劲也投不到篮筐里,叔叔就在旁边一直鼓励我。有一次,我终于投进去了,只不过是把篮球从球筐里边扔到了球筐外边!虽然我没能按叔叔的标准投篮成功,但对我来说这就是'进球'!这给了我极大的满足感和成就感,让我意识到,只要我努力,还是能够实现目标的。这件事对我的影响非常大,我觉得来这所学校一定特别好,甚至会给我带来好运。也就是那时,我心中就萌生了一个愿望,长大后要去我叔叔任教的学校读书,将来当一名老师。"回忆起小时候跟着叔叔来学校那件事,张明丽依然是十分激动万分,神采飞扬。

在梦想的驱动下,从小成绩优异的张明丽如愿考进了沁阳师范,刚入学时被分在原来的93(3)班。由于师范是她小时候就向往的地方,她本人又积极上进,活泼开朗,很快就适应了学校的学习与生活,并融入其中。加之她叔叔是学校的体育老师,学校很多老师都对她关爱有加,体育教研组的老师们对她尤为熟悉。我是她的体育老师,虽然她在体育方面并没有特长,但她在上学期间的出色表现,使她成为学校的"风云人物",因此我对她的印象也比较深刻。

谈到上体育课,张明丽给我讲了一件事。"上体育课实在跑不动,同学们想偷懒请假,可是感觉您很严厉,所以没人敢去请假。有一次,我来例假了,心中一阵窃喜,想着今天的体育课终于有了一个可以冠冕堂皇请假的理由,我便鼓足勇气,去向您请假。当我跟您说明情况后,您笑着对我说:'可以请假。可是我觉得这不影响锻炼,你还可以试着慢跑,或者在旁边做一些适量的运动。'我听了以后,不好意思再争辩,就又慢跑了两圈,后来发现对身体并没有影响。现在想起来那次请假,一方面让我有点不好意思,感觉自己有点矫情;另一方面,让我学会做事要坚持。"她所说的这件事,我已经记不起来,因为体育课上遇到这样的情况太多了,每个女生在体育课上因"特殊时期"向我请假,我都是这样要求的,建议他们做一些适量的运动。因此,在我的体育课上,少有女生因生理期而请假的。

其实,关于女同学生理期是否能够参加体育运动的话题,不少人与我讨论过。正常情况下,女性生理期期间,适当的体育运动对身体是不会有影响的,当然,个别人出现痛经等不适症状的话就需要关注。不过,每当学生以此为理由向我请假,我就会想到战争期间,敌人不会因为你是女性有了特殊情况而对你网开一面,从而放慢进攻的节奏;我也会想到红军长征路上,敌人也不会因为你有特殊情况而对你另眼相看,从而放慢追赶你的脚步。可以说,在困难面前,当灾难来临之际,所有的生命都一视同仁,没有男女之分,也没有特殊情况。这就需要女性朋友们尽可能不要以此为理由去逃避责任,也不可能以此为理由去拒绝面对困境。所以,我建议女同学要把生理期当成一件很正常的事情,不能因此而有消极怠慢的心理,也不能以此要求别人对自己特殊关照。这也正是当年我给全校女生开设青春期专题讲座的原因所在。因为这是所有青春期女孩子比较关注的话题,也

是她们身心成长的需求。

不过,有一件事我却记忆深刻。当然,多年以后张明丽每次提到这件事还会害羞地捂着脸笑。那是一个关于跑早操的故事。"有一天早上,本来不跑操了,所以我没起床。但学校临时通知又要跑早操,我作为纪律部的部长,还要负责检查各班出操情况。但自己起床慢了一点,难免有些着急,可越急越乱,慌得我四处找不到鞋子,情急之下穿了同学的一双鞋就往外跑。但是由于鞋码太小,提不上去,只能拖拉着鞋行走。我正在教学楼一楼东边儿检查时,您走了过来,为了不让您看见我,我赶忙往柱子后面躲,没想到还是被您看见了,真的尴尬死了。但为了不让您看到我的脚,我尽量把它往柱子后边藏,那个场景那个画面我现在还记忆犹新。虽然您当时装作没看见,但我知道您心里门儿清,早已看出来我起床时的慌乱程度,为这事我羞愧了好长时间。"每次她提到这件事,我都会调侃她:"还好,你没有低估老师的智商。"这时,我们两个就会相视而笑,彼时的尴尬成了此时的趣事。

谈到中师的学习与生活,张明丽颇有感触:"刚到学校的时候,老师们都很照顾我,问我想干什么,愿不愿意做班长。说实在的,我是很想当班长,但又觉得自己能力有限,如果干不好会影响班级荣誉,就谢绝了老师的好意。可我又很想锻炼自己,就跟老师说想干个每天都有点事的工作。后来,班主任让我担任文艺委员,负责每天课前起歌,组织班级的文艺活动。虽然我的歌唱得确实不好,但我很喜欢这项工作,愿意为同学们搞好服务,就愉快地接受了,并积极开展工作,把我们班的文艺活动组织得丰富多彩,大家也因此原谅了我的五音不全,都很支持我的

第三章 最美遇见：赓续师生情缘

工作。"谈到自己上中师时当文艺委员的经历，她一边"吐槽"自己的五音不全，一边哈哈大笑，觉得一个五音不全的人当文艺委员很不符合正常的逻辑思维和班干部的选拔标准。我诙谐地笑着说："这是很正常的事，有个国家的游泳教练从没有下过水，但是他却培养了世界游泳冠军，何况你还有五音呢。"

到二年级选特长班时，唱歌走调的张明丽竟然出人意料地选择了音乐班。我曾经问过她为什么选择了音乐班。她爽朗地笑着说："因为没有其他特长呗，选语文特长又不甘心，天天学习太没意思啦！想着报个音乐班还能每天唱歌、弹琴、跳舞，比较好玩。上了音乐班之后，我才发现需要学的东西太多了。由于之前从来没有接触过，我学起来有点吃力，不过真的挺开心的。"谈到选择音乐特长班这件事，她毫不隐瞒自己的想法。不过，正是因为选择音乐班，让她得到了充分发挥自己特长的机会和平台，并获得了很好的发展。

刚到音乐班的时候，张明丽担任班级的学习委员，后来担任副班长。虽然她唱歌依旧跑调，到毕业也不会唱一首像样的歌，但是她比较擅长跳舞，并且跳得还很有味道，但令她怎么也没有想到的是，她最大的天分竟然是语言；让她最有成就感，甚至影响了她毕业后专业发展的也是语言。因为机缘巧合，她中师读书期间跟着当时教授教师口语的邓老师学习语言，很受邓老师的喜欢。在班级筹备学校第一届学生艺术节节目时，由于参加会议时到得晚，深受大家喜欢的诗歌、小品等节目都被人选走了，只剩下相声类节目没人选，所以无奈之下，她只能和另一位女同学选了相声。没想到的是，在学校遴选节目时，语言类节目只有她们说的相声被选上了，之后成了学校每次晚会的保留节

目。她不仅开创了沁阳师范女孩子说相声的先河,她的节目也成为学校多次演出、参赛的力荐节目,并被推荐参加焦作市的教师节晚会节目的选拔。于是,张明丽成为学校的"语言之星",被推到了学校舞台的中央,主持过学校各类文艺晚会。

中师毕业后,具备语言特长的张明丽经过自己的努力,考取了省级普通话测试员,同时也拥有了专业发展的优势。因此,入职当老师后,一口流利的普通话成为她教学的一张亮丽名片,对她的语文教学帮助很大。至今,声情并茂地朗读课文也一直是她教学的一个亮点,她因此曾荣获国家级优质课一等奖,并在全国教学交流大会现场展示,这都有力地促进了她的专业成长。

其实,我对张明丽更加熟悉是在她毕业之后。尤其是她作为教师的专业成长历程,令人刮目相看。师范毕业后,她回到家乡的一所小学任教。从小喜欢学习的她,一直把读书作为自己成长的主要方式,并没有因为中师毕业有了正式稳定的工作而止步不前,在教学之余,还继续自学英语。后来,她意识到自己学历上的差距,加上爱人到市里工作,而自己由于学历低没有办法调动,就想通过考研提升学历,同时也能解决夫妻两地分居的问题。经过自己的艰苦努力,她自学专科、本科,并于2007年考上了河南大学现当代文学专业的硕士研究生。由于她成绩优异,读研期间曾经入选去台湾静宜大学做交换生。三年的硕士研究生学习历程,让她的专业水平取得了质的飞跃,硕士毕业论文荣获2010年河南省优秀硕士论文。

取得研究生学历的张明丽感觉自己多年的努力终于有了一个令人满意的结果,心想从此可以改变自己由于中师生的身份在职业生涯上遭受的尴尬境遇。但是,现实却给了她当头一棒,

第三章 最美遇见:赓续师生情缘

她曾经引以为豪的中师生身份再次让她的专业成长受到羁绊,成为她就业选择的"痛点"。

研究生毕业之前,张明丽曾经来找过我,给我吐槽"第一学历"带给她的烦恼。"这么多年来,让我感到最落寞无奈的事情就是我的中师生身份,当年我曾经以最好的成绩考进中师,但中师的'第一学历'却成为我考试、就业、晋级的一个绊脚石,即使我努力提升自己的学历水平,也未能幸免。"谈到中师学历,一向活泼开朗的她有点沮丧,甚至脸上流露出些许无奈。

硕士毕业后,为了能够留在市里陪伴孩子读书,她去了市里的一所学校教书。2013年,地方教育局通过人才引进招聘硕士研究生,她欣喜万分,觉得自己终于有了机会,这么多年来努力学习掌握的专业知识与专业能力总算有了用武之地。功夫不负有心人,她以面试第一、笔试第二的成绩顺利入围。但是,命运再次让名列前茅的她因为中师生的身份而伤心难过。"本来招聘的是高中老师,但是因为我的'第一学历'是中师而被分配到了初中。当时我心里特别难过,实在想不明白,如果我只是一名中师生,嫌弃我学历低,我无话可说。可明明我已经取得了硕士学位,怎么还拿中师学历说事呢?"事过多年,张明丽提到这件事仍不能释怀。每当这时,我都会真切地告诉她:"每一本书都不会白读,它会变成你的气质,融进你的血液;每一步路都不会白走,那些曾经的弯路会变成你未来的'垫脚石'。"

我曾经认为命运对这代中师生是垂青的,让他们小小年纪就成为"国家人",有了一份稳定的工作和固定的收入;但命运对这代中师生也有不公平的时候,他们曾经是那个年代成绩最优秀的学生,但拿到的却是层次最低的文凭,致使他们在以后的专

业发展中受到了一定的影响,不少人因为"第一学历"是中师而停滞在人生发展前进的途中,早早定格了自己的命运。所以,张明丽由于中师"第一学历"在专业成长中所遭受的冷遇,并没有使我感到意外,因为中师毕业生中有不少人跟我"吐槽"过这件事,那些后来取得高学历的中师生在谈到"第一学历"时,都有过同样的经历和感受。当然,我也目睹过他们由于中师生身份在职称晋级、专业成长等方面遇到的困惑与无奈。虽然我无法消除"第一学历"中师生的身份带给他们的一些不快,但我依然认为中师生仍然是他们那代人最靓丽的名片。尤其是他们中的不少人,能够继续努力拼搏,通过自学专科、本科,再攻读硕士、博士学位,实乃难能可贵,需要被社会鼓励与认可。对个人而言,"唯第一学历论"对个人发展存在着不小的负面影响,不仅使人的自尊受到伤害,而且前途也会受到阻碍;对社会来说,也降低了人才的流动性和社会运行的活力。因此,打破"唯第一学历论",实属人心所向。

在前些年硕士研究生还比较缺乏的情况下,张明丽作为一个文学硕士,却由于自己"中师生"的第一身份而任教于初中,这难免会让她感到有些无奈,甚至会有一些抱怨。但令我感到欣慰的是,她并没有因此而消极颓废,更没有停止前进的脚步,而是积极寻找专业发展的新契机。"我现在觉得也挺好的,相较而言,教初中没有教高中压力那么大、时间那么紧,我可以利用业余时间学习自己喜欢的心理学,提升自己的业务素质,更好地服务于教育教学,实现服务学生、服务家长,乃至服务社会的夙愿。"

听了张明丽的话,我很认可她的乐观态度与学习精神。很多次,在焦作师专的校园里,我碰见她利用双休日和节假日时间

第三章 最美遇见：赓续师生情缘

来听课。她利用业余时间，自学心理学和教育学等理论知识，考取了国家二级心理咨询师、高级家庭教育指导师；加入中国心理学会，获取心理教师资格证面试官资格，被聘为市家庭教育指导师协会特聘专家；同时，在学校负责学生心理健康教育工作。由于她常年坚持学习，在学生心理健康教育方面也颇有建树，取得了喜人的成绩，受邀到多所学校为家长和学生做讲座及团体心理活动数百场，多次参与机关团体组织的心理疏导和教育活动，赢得了学校、家长和学生的高度认可，并荣获市"新长征突击手"、市优秀青年社科专家、省骨干教师等荣誉称号。

2019年，焦作市家教中心成立时，需要招募讲师团志愿者，我就把张明丽招募了过来。2020年疫情期间，我组织讲师团志愿者撰写疫情下家庭教育的相关文章，她主动要求参加，撰写了两篇文章，其中《学生如何提升网络课学习效率》很受欢迎，被澎湃新闻网站全文转发。之后，家教中心有什么活动，我都会邀请她参加，她也会非常开心地参与我们的一些公益活动。

2021年冬天，她所在的学校成为焦作市家教中心的家校社协同育人实践基地。基地挂牌那天，我在他们学校做了一场家校沟通策略方面的公益讲座，她跑前跑后为我搞服务，还不停地向同事介绍我。其实，我那天最欣慰的是看到了她的成长。之后，我们之间的往来更加频繁，在一起讨论教学业务、学习家教知识、研究孩子成长的机会也更加多了起来。能和自己的学生一起学习成长，是一件很愉快的事情，尤其是我们做着同样的事情，其中的乐趣别人无法体会与享有。所以，无论是见面，还是电话联系，每次和张明丽聊天，我都会有一种来自师生共同成长而他人无法体会的快乐，一种来自命运垂爱使得师生之间因专

业成长而再续情缘的幸福。我相信,在家庭教育这条道路上,我们师生二人一定会一起努力,携手同行,让这份难得的师生之缘成为促进我们彼此专业成长的不竭动力。

学生感言:

弹指一挥间,师范毕业已经 27 年了。每次回到沁阳,一定要到校园里转一转,看看自己曾经学习和成长的地方。看到这里的一草一木,一砖一瓦,仿佛又回到了那段青葱岁月,已到中年的我们似乎又成了充满梦想的少男少女。在这里,我结识了一群可爱的同学,或开朗或羞涩或大气或儒雅,多年后相见,追忆着上学时的点点滴滴,倍感亲切;在这里,我认识了一群令人敬佩的老师,他们各有所长,无论是在校期间还是毕业之后,都关心着我的成长;在这里。我领悟到陶行知"学高为师,身正为范"的含义,激励着我不忘上中师的初心,不负青春韶华,不断学习,积极进取,端正行为,淬炼品德,努力做一名学生心目中的好老师。

——张明丽

第三章 最美遇见：赓续师生情缘

从中师生到博士生

> 我们应该使每一个学生在毕业时候，带走的不仅仅是一些知识和技能，最重要的是带走渴求知识的火花，并使它终生不息地燃烧下去。
>
> ——［苏］苏霍姆林斯基

一个人最大的幸福就是做自己喜欢的事，从事自己所喜欢的职业，这是一个人专业成长的基础，也是他实现梦想的路径。难能可贵的是，他能够在追寻梦想的道路上始终坚持不懈地努力，甚至用"年龄"作为代价去成长。从这个角度而言，在我众多的学生中，李飞跃就是最具有代表性的，也是我最想"显摆"的学生。

我之所以这样说，有几方面的原因：从她的专业历程而言，她是我们班学历最高的学生——在读博士，并且读了一个令我比较羡慕的专业，也是我想都不敢想的专业——古典文学。作为老师，我经常把她作为我"炫耀"的资本。从学理上的渊源而言，她与我之间沾了一点学术上的"亲戚"关系，她的硕士生导师是我西北师范大学的师兄，我们拿的是同样的硕士学位——教育学硕士，某种程度上讲应该是一种专业血脉的传承吧，所以，我从内心对她多了一份亲近。从情理上而言，她是这次第一

个"交作业"的,体现了她在中师学校养成的良好习惯对她后来人生发展的影响,更能证明对热爱学习的她来说,读博士也是顺理成章的事情。当然,最主要的是因为我们有着几乎相同的经历:她从一名中师毕业生,到一名乡村教师,到一名南京师范大学的硕士研究生,再到上海大学的古典文学博士,我能够想象出她所付出的艰辛与努力。因为我曾经当过中学老师,也是自学攻读的硕士学位,大龄攻读博士学位,可谓同"命"相怜,于是就与她有了共情。我常常打趣李飞跃,人如其名,她的专业发展之路就像她的名字一样,真的是不断"飞跃"。总之,对李飞跃,我有一种特殊的情感,把她作为我当老师"炫耀"的资本也不为过,相信同学们会理解的。

客观地说,李飞跃读硕士的确是她给我的一个惊喜,但是也不能否认,她读博士与我有一定的关系,或者说某种程度上是受了我的"蛊惑",所以,每想到这件事,我还有些许的欣慰与得意。事情还得从她毕业10多年后第一次给我打电话说起。

2010年春天,我接到一个电话,电话那端传来一位年轻女子清脆而激动的声音:"高老师,我是李飞跃。您还记得我吗?"我一阵欣喜,激动地说:"飞跃呀,我怎么会不记得你呢?我还教你跳过舞呢!"她显然更激动:"高老师,没想到您还记得我。"我说:"毕业这么长时间没有见过你,你现在哪里?"她在电话那头笑得非常爽朗,边笑边说:"我在南京师范大学读硕士。"我大为惊喜:"看样子你一直在努力学习!什么时候去的?""2008年。""那你怎么知道我的电话?""您师兄给我的。""我师兄?哪个师兄?""赵老师,我读他的硕士!"这的确出乎我的意料,也令我非常激动。一方面,我的学生读了南京师范大学的硕士,对我来说自然

第三章 最美遇见:赓续师生情缘

是一件很开心的事情;另一方面,她时隔12年再次回到校园读书的精神让我有种似曾相识的感觉,共情共景在所难免。尤其是想到我是2008年博士毕业,她2008年去读硕士,我们攻读的都是教育学学位,内心油然而生一种专业传承与精神互勉的欣慰。从此,我们之间的联系多了起来,她上中师时的情景也就慢慢浮现在我的脑海里,我对她成长的心路历程也了解得多了起来。

李飞跃出生在唐代大文豪韩愈的家乡——孟州市的一个农村家庭。虽然她的爷爷出身贫农,但是他胆识过人,在革命战争时期多次冒险为八路军、解放军传递情报、转送枪支弹药,并加入中国共产党。新中国成立后,她的爷爷先后在乡里当干部13年,在村里当书记23年,始终两袖清风、一身正气,为村子的发展作出了贡献,事迹被记载在他们的村史上。她的姑奶、姑姑都是教师,一辈子都在教书育人的岗位上辛勤耕耘,无私奉献。小时候爷爷经常对她说,要努力学习,长大了像姑奶、姑姑一样,做个教师,教书育人,为家乡建设、国家发展做贡献,做个有用的人。她的妈妈在她年幼的时候自考了西医证书,做了一名乡村医生,对于乡村人才的缺乏和重要性非常清楚。因此,当国家实施给中师毕业生干部身份、城市户口和安排工作这样的政策后,出于方方面面的考量,她决定让李飞跃报考中师。"对于这些,我却是懵懵懂懂的,只知道三年毕业之后,自己将成为一名教师,对于当时不富裕的家庭来说,应该是有好处的。"就这样,在家庭的影响下,她报考了沁阳师范。

与大多数的中师生一样,受"一进师范门,就是国家人"想法的影响,李飞跃刚入沁阳师范时学习的热情与中学时期相比,不自觉中退却了许多,学习目标只为达到及格分,顺利拿到毕业

证,可以端上"铁饭碗"。所以她学习上的常用做法就是课上学得粗糙,考前突击自学,每次考试都侥幸通过。中师二年级时,她担任物理课代表,每天负责把作业收齐交给任课老师。一次,在物理老师办公室,正要离开时,老师叫住她,问道:"现在班里同学学习状态怎么样?"她吞吞吐吐,不知如何作答。接着老师说道:"你们来读中师不能就这么混着毕业。你们将来也要教书,给学生一滴水,自己得有一桶水。再说,你们年龄还很小,未来的路还很长,不能仅仅满足于现状,学无止境,要发现体会学习的乐趣。"多年后,想起这些话时,李飞跃感慨万分,真正体会到了老师当时的良苦用心,对物理老师也是感激不尽。

应该说,李飞跃是一位很有灵性的学生,她最大的优点是身上有一股韧劲,只要是她想学的东西、想做的事情,她都会很努力地去把它学好、做好。所以,功课的学习对于李飞跃来说并不是难事,最难的是学习普通话。"不仅平翘舌音不分,最让我痛苦的就是每次读到 si 和 shi 时,我就会卡壳结巴;我还经常会把白云的'云'错发成 yui,我们的'们'发成 mei,等等,不时惹得同学们哄堂大笑,让我尴尬得不知所措,无地自容。"每次谈到学普通话的经历,她就会给我讲这些趣事调侃自己。但她很刻苦,下了很大功夫去纠正自己的发音,也取得了很大的进步,最后顺利通过考试,并且还取得了不错的成绩,增强了她日后走上三尺讲台的自信。

沁阳师范没有风雨操场,所以到了下雨天气,体育课就改为室内课,讲一些体育理论。一年级的一次体育理论课,我给学生讲了毛主席关于体育的论述,并领着学生认真读了《体育之研究》这篇文章,但未曾想过,这篇文章会给李飞跃留下深刻印象,

第三章 最美遇见:赓续师生情缘

成为她选择体育班的一个理由。"我对于毛主席他老人家关于当时'民族之体质趋轻细'的深深忧虑留下了很深的印象,并十分认同体育不仅是为了简单的强身健体,而是可以锻炼意志品质,是为国强种的手段,也是为革命事业作贡献。正所谓'欲文明其精神',就要'先自野蛮其体魄'。由此,自己对于体育的认知不断提高,才促使我在分班时优先选择了体育班。"这就是热爱学习的李飞跃与其他人在认知上的区别,因为很多学生看过那篇文章后早已忘记,或者根本没有去深入思考,但她却记在了心里,并把它作为自己选择专业的理论支撑。这种理由显然比其他人选择专业时的思想境界要高很多。其实,她去体育班也是我的愿望,因为她的身体素质还算不错,短跑参加学校运动会曾经取得很好的成绩,也喜欢打球、跳舞等文体活动,所以我就把她列在了给学生处的名单中。多年以后才知道,在她选择专业这件事情上,我们俩也算是"殊途同归"吧。所以,她进到体育班非常开心,我也心满意足。

因为李飞跃长得比较清秀,所以被我选中参加学校首届艺术节开幕式的节目表演。对于从没有接触过舞蹈、毫无艺术基础的她来说,心中自然是忐忑不安、左右为难。但是,她的灵性和刻苦使她成为班里跳舞跳得比较好的学生,不仅在学校艺术节的开幕式上表演,还跟着我到部队去参加演出。"毕业这么多年了,我一直记得,老师刚开始给我们排练舞蹈时,我面无表情、手足无措、动作不协调的场景。由于自己一遍遍练习还不能达到要求而耽误了训练的进度时,我自己非常灰心,甚至还掉了眼泪。老师语重心长地告诉我,要相信自己,认真用心地去做每一件事,只要肯花费时间和精力,任何事情都能做好。同时,老师

耐心地对我的动作进行矫正,让我一遍又一遍练习,使我终于站在了开幕式的舞台上。排练舞蹈的经历,不仅是对我艺术灵感的启蒙,提升了我对音乐课、舞蹈课的信心和兴趣,而且也让我的性格发生了一些变化,变得开朗活泼了许多。尤其是参加体育运动会,不仅锻炼了我的毅力,也使我变得越来越自信,对自己想做的事情坚持不懈,不再轻言放弃。"谈到当年中师的学习与生活,李飞跃滔滔不绝,有着无限的感慨,因为这些经历,不仅为她以后的教育教学工作打下了坚实的基础,也练就了她日后积极进取的精神品质,才使她的专业发展之路走得更加长远。

毕业后,李飞跃被分配到家乡的一个村小。那是一片丘陵地带,村子不大,校园很小,一排破旧的房子,房子前面是一片空地。空地角落有棵歪脖树,树上挂着一个钟。老师们每天轮流值日,偶尔碰到某位值日老师上课过于投入,就会忘记敲钟,因此上下课早几分钟、晚几分钟并不稀奇。其实,所谓老师"们",一共也只有4名,其他3人都是村里临时聘的。学校没有专门的音乐、美术、体育老师,所以每个老师基本上都分别承担有体音美的教学任务。教室是土房子,课桌椅形状各异,墙壁斑驳脱落,地面坑坑洼洼。每个班级学生人数很少,五六个到十来个不等。还有的两个年级在同一个教室,由一个老师负责。每到下课,教室前面的空地就变成操场,孩子们玩闹中扬起的尘土好似有千军万马,但仍然不影响孩子们张着大嘴吆喝着、欢呼着、嬉笑着、追赶着。每次谈到这段经历,李飞跃都是满脸的陶醉,并没有因当时教学条件落后而沮丧或者不满,反倒因曾经有过这段经历而充满自豪。

第三章 最美遇见:赓续师生情缘

李飞跃的讲述,不禁让我想起了自己童年时对学校的印象:一个破败的庭院,几间残损的土房,还有那几个衣着简朴、亦教亦农的乡村教师。虽然他们没有一个是师范毕业的,也没有正式编制,但是都是尽心尽力教书,让村里也走出了几个大学生。有点遗憾的是,这样的教师队伍,尽管其中大多数人有着对教育事业的一腔热情和对学生的一片爱心,但要想提供给学生一个良好的基础教育,他们却是力不从心的。他们缺乏许多教师应有的基本教学方法和技能,也没有学过教师教育的专业理论知识,那么教学能力可想而知。面对正值学习的黄金时期、对知识如饥似渴的莘莘学子,他们左支右绌,教学显得苍白无力,也难以培养学生的特长兴趣,更谈不上实施素质教育、发展核心素养。这也是我常常为自己没有接受良好的基础教育而感到遗憾的原因所在。所以,李飞跃谈到这段经历时,让我对这些乡村教师更多了几分敬意。

"令我感到欣慰的是,中师学习的音乐、美术、体育知识技能都派上了用场,我给学生编排了一支《摇太阳》的舞蹈,参加了乡里举办的比赛并获了奖。多年后,有学生告诉我,那是她第一次穿漂亮的衣服,还学会了跳舞,是她小学期间最深的记忆。我在想,如果没有当时的学习,就不可能获得那种幸福与欣慰。"听了李飞跃的话,我从她身上看到了一名曾经的乡村女教师那质朴的教育情怀和对学生真挚的爱,也为那些孩子能够有这样的老师感到庆幸。

后来,由于教学成绩突出,李飞跃被调到了镇里的初中,任英语课教师。这对于一个没有上过高中、三年没有上过英语课的中师生来说,确实有点为难。但她却凭着自己超强的自学能

力与刻苦的学习精神,边学边教,坚持不懈,从初一带到初三,班级成绩在同年级一直排名第一。在此期间,她自学了专科、本科的课程,拿到了相应的文凭。但她并不满足于此,还是希望自己的知识能够更加丰厚,看看不同的人怎么看待教育,怎么研究教育。于是,她开始学习教育理论,打算进一步提升自己的学历水平和专业能力。非常幸运的是,这段艰难的英语教学历程,为她攻读硕士、博士学位的考试提供了很大帮助,让她每次英语科目的考试都顺利过关。但令她没有想到的是,"第一学历"给她的专业成长带来的尴尬境遇却一点也不少。

中师生身份带给她的第一次打击是硕士生招考的面试环节。面试时,一位导师盯着她的简历发问:你是沁阳师范毕业?沁阳师范在哪里?是属于中等师范吧?在中师学习期间,有什么收获吗?工作了几年?为何辞职读研?你觉得你的基础和能力能适应研究生生活吗?……一个个看似普通的问题,不经意间却流露出对一名中师生、一个农村教师学习和研究能力的怀疑。好在命运不会辜负优秀的人,李飞跃用自己优异的学习成绩、丰富的工作经验、质朴的教育情怀、睿智的现场答辩,征服了面试老师,顺利被南京师范大学教育科学学院德育原理专业录取。于是,工作12年后的李飞跃,开启了命运的新历程——攻读教育学硕士学位。

然而,虽然已经读了硕士,但曾经引以为豪的一代中师生的"骄子"身份也并没有带给她惊喜,反倒影响了她的就业选择,给了她第二次不小的打击。

顺利通过硕士毕业论文答辩后,李飞跃欢欣鼓舞,一想到就要拿到心心念念了多年的研究生毕业证和硕士学位证书,可以

第三章 最美遇见：赓续师生情缘

在人生的发展平台和机遇上有一个质的飞跃,她按捺不住内心的激动,给我打了个电话,我由衷地为她高兴,对她表示祝贺。但找工作的过程却并没有她想象的那么顺畅,她的中师毕业身份遭到了许多高校的拒绝。"你的第一学历不符合我们的报考要求""我们的面试要求第一学历本科""你的年龄不符合我们的要求""你的教师资格证和你的学历不相符"……面对这些拒绝和质疑,她开始迷茫:"曾经自豪的中师身份,竟如此不堪?难道中师生就真的水平不行吗?一头雾水,备受打击,不知所措。在那段迷茫的日子里,我一直在反思当初读中师是不是错了,想到当年那张被我随意丢弃的重点高中录取通知书,我的心都是痛的。最难过的时候,真的后悔过自己当年读中师的选择。"说这些话的时候,李飞跃向我表达了她对高校招聘条件的不满和自己的无奈。

2011年春天,李飞跃来找我。那一次,我真切地看到了她的沮丧和失望,甚至在脸上露出了"怀疑人生"的表情。还好,她经过无数次的考试、面试,终于在南京的一所高职院校任教,总算让自己有了着落。

2016年,我在南京见到了她,她的工作与生活倒也很安逸,遗憾的是她教的课程并不是自己硕士读的专业,所以她对自己的工作不是特别满意。好在她工作稳定,而且一直在坚持读书学习,日子过得非常充实。谈到未来的专业发展,我鼓励她考考博士,然后就可以到自己想去的本科院校教书,教自己喜欢的课程,做自己喜欢的研究。过了一段时间,我接到她的电话,告诉我她准备考古典文学专业的博士。她考博士我不意外,但要考古典文学专业却让我感到有点意外,因为这与她硕

士的专业跨度有点大;但想到自己的专业发展历程,我又马上变得非常释然,也为她的积极进取精神感到高兴。

第一年,李飞跃没考上,给我打电话时有点泄气,我告诉她气可鼓而不可泄,一泄不可收也。既然选择了,就不要放弃,再考一年,一定会成功的,并现身说法告诉她:"不要放弃,老师考博士就是考了两年才被录取的。"听了我的话,她立马重整旗鼓,继续她的考博路。功夫不负苦心人。2020年5月,她接到上海大学古典文学专业的博士录取通知书时,第一时间给我打来电话,随即用微信把她的录取通知书照片发给了我。看到她的通知书的那一刻,我激动万分,心中的幸福与喜悦一点也不亚于她。随即,我把她的通知书转发到班级群,把这一好消息与全班同学分享。虽然这个消息在我意料之中,但我仍然为她能够在专业发展的道路上有如此之大的"飞跃"而欣喜不已,也感到无比自豪。

并不是说考上博士的才是好学生,没有考上博士就不是好学生,而是李飞跃的这种积极上进、勇于挑战自我的精神难能可贵:学体育—教英语—教育学硕士—文学博士,这是一个怎样的成长之路!从一名乡村教师,到重点大学的博士,她经历了比常人更多的困难和挑战,也在这一漫长的求学历程中成长蜕变,尤其是她在此过程中表现出的不畏困难、孜孜不倦的精神品质,不仅值得每一个同学学习,也让作为老师的我深感欣慰。李飞跃读博士已经三年了,一直在为她的博士论文"烧脑",不止一次给我打电话"诉苦",甚至"调侃"自己,"吐槽"论文。每次她讲完,我都会先安慰她一番,再积极鼓励一下,告诉她,读博士就是学术上的一次涅槃重生,需要付出代价。最好的办法就是坚持,坚

第三章 最美遇见：赓续师生情缘

持才能让她获得新的"飞跃"！同时告诉她，学无止境，在读书这条道路上，唯有秉持"独上高楼，望尽天涯路"的志向，怀着"衣带渐宽终不悔，为伊消得人憔悴"的韧劲，才能取得"众里寻他千百度，蓦然回首，那人却在，灯火阑珊处"的成效。

我期待她能够顺利毕业，如愿找到一所心仪的大学就职；我也期待，"中师生"的身份不会再影响她的就业选择。不过，我也相信，中师生的身份会永远是她专业发展道路上的一个里程碑；我更加坚信，她不会辜负自己曾经走过的每一段路，也不会褪却中师生身份为她的专业成长打下的亮丽底色。

学生感言：

条条大路通罗马，当命运关上门的时候，一定会开一扇窗。我想起中师毕业时，班主任对我们的殷切嘱咐，任何时候都要勇敢坚强自信。是啊，勇敢坚强自信应该成为人生的底色。人生的每段路都有价值，都是命运的馈赠。我是一名快乐的大龄女博士生，不惧怕未来，不后悔过往。细思量，从中师到硕士，走过了12年。从硕士到博士生，又走了12年。往事织成连夜梦，归云闪出满天星。时光的车轮一轮轮碾过，变了沧海，变了桑田，中师教育烙下的底色却不会变。这就是我，一个热爱教育、不忘初心的中师生。

——李飞跃

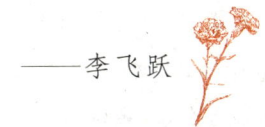

长大后他就成了你

> 教书是一种很愉快的事业,你越教越爱自己的事业。当你看到你教出来的学生一批批走向生活,为社会作出贡献时,你会多么高兴啊。青出于蓝,而胜于蓝,后来居上,这里不也正包含着你的一份成绩在里面吗?
>
> ——徐特立

我特别喜欢《长大后我就成了你》这首歌,歌词用教室、黑板、粉笔、讲台等意象,深情赞颂了人民教师无私奉献的情怀。20世纪90年代初,这首歌传遍神州大地,和"人类灵魂的工程师""春蚕到死丝方尽,蜡炬成灰泪始干""捧着一颗心来,不带半根草去"并列成为对教师的礼赞。在这首歌曲的MTV里,一位教师从山里考出去上了大学,毕业后却毅然回到了山村执教。他有句话说得非常好,要让山村的孩子有书读,因为自己有过没书读的苦恼,他不想山村的孩子再有这种苦恼。所以这首歌无论是歌词,还是画面,都与当时中师生的培养目标、师范学校的文化氛围高度契合,特别的应景。所以,这首歌当时在校园也十分流行,尤其是在中等师范学校,更是风靡一时。那时正值我担任93级班主任期间,所以,天天让学生唱这首歌,希望他们能够像视频中的老师那样,努力学习,报效桑梓。

第三章 最美遇见：赓续师生情缘

沁阳师范的校园中间有一座陶行知先生的雕塑，每次走到雕塑前，我都会毕恭毕敬，因为我对他特别崇拜。"捧着一颗心来，不带半根草去"的赤子之心感动、激励了一代又一代中国教育者。他们为了国家、人民的教育事业前赴后继、无私奉献、任劳任怨。他的"生活即教育，社会即学校，教学做合一"的教育思想，虽历经社会和时代变迁，却仍然备受推崇。当时，全国"师陶学陶"活动轰轰烈烈，沁阳师范作为一个农村师范学校，更是将陶行知先生这样一位伟大的平民教育家奉为教育神坛上的一个圣贤。于我而言，自然会把"人生为一大事来，做一大事去"作为坚定学生服务乡村教育、奉献基础教育的殷切期望，会在班会上给学生讲陶行知先生关于"四颗糖的故事"，在日常教育教学中让学生领悟"千教万教教人求真，千学万学学做真人"的教育意蕴。在我看来，教师其实是最幸福的职业，尤其是当你教过的一个个学生用他们的知识和才华为社会做出巨大的贡献时，会给你带来多大的惊喜与自豪呀！如果学生在若干年后还记得你，还能亲切地叫你一声老师，真诚地说一声"老师，谢谢你的培养"，那种感受才是最最幸福的！尤其是那些心中一直吟唱着"长大后我就成了你"的学生，让教师深切体会到精神血脉延续的一种满足和欣慰，一种他人无法感受的快乐与幸福。但是，有很多学生毕业后很难经常联系，也很难与所有的学生能够有缘再续。所以，作为老师，最好的办法就是选择守望他们的成长，这也是一种幸福。但我内心也十分清楚，他们将来会成为什么样的人，取决于老师把他们往哪引。所以，每当同事问我应该如何培养眼前的学生时，我十分坚定地告诉他："长大后他就成了你。"在学生毕业走向讲台时，我也会叮嘱他们："要教好你的学

生,长大后他就成了你。"

2017年4月,93(3)班的学生聚会时师生一起回忆往事,细数着关于当年的美好回忆,吐槽着一件件青春的"糗事"。有意思的是,在同学们陆续报到时,姚静冷不丁地问了一句:"雒绪坤怎么还没有来?"她话音刚落,大家一起哈哈大笑,因为雒绪坤并不是这个班的。姚静半天才反应过来,若有所思地说:"哦,老师很喜欢他,我一直把他当作我们班的同学。"姚静之所以这么说,是有一定的事实根据的。

在我的心目中,每个学生都是一个独特的存在,关注每一个学生的成长是自己做教师的本分。但是,作为一名教师,在内心里对那些学习好的、表现出色的、比较听话的学生难免会有一点偏爱,这也在情理之中。可以毫不掩饰地说,在93级的学生中,雒绪坤是我比较喜欢的学生之一。他写得一手好字,作业总是做得干干净净,说话做事都十分沉稳,身上有着一股温文尔雅的书生气质。面对着校园里众多青春叛逆的学生,班里有这么一个"青葱少年",任何一个老师都会喜欢的。加之他较其他男生个头稍高了一点,所以,既是班主任又是体育老师的我,就利用自己的"权利",挑选他担任体育委员。一方面可以让他锻炼一下自己,变得外向一点;另一方面他很踏实,我用起来比较顺手。

雒绪坤曾经跟我讲过他在中师时发生的一件事。在一次学校运动会上,他参加了一项3000米的长跑,比赛结束后由于没有做好防护,第二天感冒发烧,双腿发软走不成路,同学们把他背到学校南门口的亢庄诊所打退烧针,然后送他回宿舍休息。"尽管当时有同学和老乡陪着,但想着上师范第一次离开家,第一次在外生病,父母又不在跟前,心里还是涩涩的难受。这时,传来

第三章 最美遇见：赓续师生情缘

了敲门声。当室友打开寝室门时，我看见您提着水果走了进来。我感到非常惊喜：'老师，您怎么会来？'您笑着说：'我的体育委员为班级争光，生病了，我当然要来！'言语中透着满满的关爱，让我顿时感到浑身轻松了好多，感冒好像也好了一样。当时，我从我老乡的眼神中看到的是满满的羡慕。"说实在的，雒绪坤说的这件事我已经想不起来了，因为正如他回忆中我所说的那样，任何一个学生生病老师都会这样做的。但从他的话中，我再次深切感受到学生对老师关爱的期待与需求，老师的关爱对学生的影响与启迪。

和其他同学一样，到了二年级，绪坤也面临着选择哪个班的问题。记得当时学生中流传的一句话就是"体音美不会，去语数班胡混"，所以，当时选择侧重班时，他也感到十分茫然，不知何去何从。"从小在农村长大的我，认为语文在小学是'主课'，自己又没有任何体音美的基础，就报了语文班。想着在语文班'混'两年，只要不'挂科'，毕业后照样参加工作，端上'铁饭碗'，将来教语文还能得到学校、学生家长的重视。"这是雒绪坤谈到当时分班时的真实想法。其实，就分班这件事，我当时曾经专门找他谈过一次心："重新分班后，特长课会增加，不管是语数班级，还是体音美等班级，只要自己有信心、有耐心，任何一个班级都能成就你的特长。无论你选择哪个班，老师都会支持你。你既然选择了语文班，就一定要坚持下去并力争学好。"就这样，他义无反顾地去了语文班。

说实在的，雒绪坤当年从体育班走的时候我是很舍不得的。一方面是因为他是一位很称职的体育委员，也是一位热爱班集体的学生，从工作上讲用起来得心应手，从管理上讲在班里让我

省心省力;另一方面,他学习成绩优秀,字也写得越来越好,我越发喜欢他,特别想让他在我"门下",可以好好栽培他,亲自见证他的成长。但是,我是老师,还是要尽可能地尊重学生的选择。无论他选择什么班,只要他能找到自己的兴趣爱好,并将它作为自己专业成长的道路,能够在这条道路上快乐成长,就是我作为老师最大的满足。所以,尽管有万般不舍,我还是开开心心地把他送到了语文班,专门把他引荐给语文班的班主任和老师,还非常恳切地跟和老师说:"这是我原来的体育委员,聪明、能干,有责任心,字也写得很好,还望和老师多加栽培!"说实在的,当时和老师与雒绪坤都很感动,用和老师的话说:"第一次见一个班主任对学生这么上心。"回忆起这件事,雒绪坤依然满怀感激地对我说:"高老师的鼓励与引荐让我一生难忘,让我改变了自己的想法,摒弃了'混'的念头,认真学习,那一年还获得了30元的奖学金。那时候我有个愿望:长大后可以成为'你'!"虽然我知道青出于蓝胜于蓝,他的字比我的要漂亮很多,他在一线获得的经验和成长要比我多。但听了他的话,我还是蛮激动的,尤其是想到将来他也会热爱课堂,也会关心学生,也会成就学生,我心里还是有一种很强的存在感和满足感。

可以说,虽然雒绪坤的中师三年过得比较平淡,但却比较充实。从表面上看,他可能没有学生会、团委干部那么的风光,也没有所谓的"校园明星"的光环,但是他学习成绩优异,为人踏实善良,博得了老师和同学们的喜爱,曾经多次获得奖学金。尤其是他写得一手好字,文笔也非常好,上中师时曾经在学校的校报上发表过文章,这些都为他以后从事小学语文教学打下了很好的基础。应该说,他当初选择语文侧重班是正确的,当语文老师也是很称职的。

　　师范毕业后,雒绪坤被分配到县城的一所小学任教,我们联系得很少。2001年我去武陟招生时曾经见过他一次,此后一直没有再见过面,但我们彼此一直牵挂,只要见到武陟的学生,我就会问到他的情况。2018年年底,我的著作《家庭教育:为孩子的成长打好底色》在清华大学出版社出版,并荣幸入选教育部中国教育新闻网"影响教师的100本书"。他在微信朋友圈看到这个消息后,就电话联系了我,一方面对我表示祝贺,另一方面与我讨论孩子的教育问题,从此我们的联系多了起来。虽然见面不多,但是20多年前的师生情分一点也没有淡化,对于校园里发生的事情依然记忆犹新。他会经常跟我聊他的工作与生活,回忆一下中师时发生的事情。作为老师,我一直关注着他的成长,甚至愿意为他的成长提供一些帮助,就像当年把他引荐给另一个班主任一样,这也是老师获得存在感的一种体现方式。虽然我没有为他之后的成长提供过什么大的帮助,但我选择守望他的成长。

　　当了老师后,雒绪坤依然像上学时那样,话不多,性格不张扬,但他一直阳光乐观、沉稳能干,所担任班级的教学成绩与班级管理一直被同学与家长所认可。在同学们的心里,他就是一个有光的人,身上的光可以照亮学生的心灵世界和现实生活。我们聊天时,他跟我讲了一件事。2007年他晋升职称没有通过,心理有点落差,情绪也有点低落,一个月下来,他所带的班级没有获得一次文明班集体,校运会上也没有取得名次,班级有几名学生开始冒出不遵守纪律的行为,这大大出乎了他的意料,也让他感到十分不安。"为此,我召开了一次班委会议,讨论这一个

月来我们班成绩下滑的原因。几个班委七嘴八舌都找了原因,但我觉得似乎都不是问题的关键,但又说不上所以然。这时一直没有发言的班长鼓起勇气问我:'老师,您近来肯定有什么事吧?'我一愣:'怎么啦?''依我看主要原因在你!'班长一针见血地说:'我们班的同学们都发现你似乎没有以前阳光了,好像有什么心事,让同学们也没有了学习的积极性和动力。'我突然醒悟,细心的班长一语中的,点醒我这个梦中的老师。尽管平时我告诫自己不把个人杂念带到工作中来,但是我的言行还是出卖了我的心情,影响到了我的孩子们。伏案沉思,为师者,要有光。我们若有光,学生就灿烂;我们若无光,学生就暗淡。于是,我重新整理自己的心情,带着自信的笑容,与学生相遇在课堂。经过一段时间的努力,班级又恢复了正常,我们班的各项工作又排到了学校的前列。"雒绪坤跟我谈到这段经历时,先是一脸歉疚,感觉自己当时不够成熟,因个人心情而影响了学生的学习积极性,挺对不住学生的。后来他转而一笑,告诉我那次座谈会给了他很大启发,深切感受到教师的一言一行对学生的影响。同时体会到,别看孩子们小,他们就是老师的读心器,能够精确地读出老师的喜怒哀乐。这就是我们常讲的:身教重于言教。所以,在接下来的班级管理,甚至学校管理中,他都始终保持着积极阳光的心态,以最佳的精神状态面对工作与生活中的一切,尤其是课堂和学生。

"中师三年对我的影响是终生的,不仅是教学技能的习得影响了我现在的课堂教学,而且行为规范的养成教育也为我的班级管理、学校管理提供了很好的管理范式。我时刻牢记着高老师的那句话:'看到学生成长是教师最大的幸福!'正是这句话,

第三章 最美遇见：赓续师生情缘

让我踏上三尺讲台之后，也复制粘贴给了我的学生，赢得了学生、家长、学校的一致认可。在教育教学中，不管遇到怎样的困难，想着我所做的一切都是为了学生，学生成长了，我就会感到幸福，还有什么困难不能克服？每每在教师节收到学生的祝福短信，或在大街上遇到自己的学生向自己嘘寒问暖，这时总会体会到高老师所说的'幸福'。我怀揣着这句话一路走来，从一线教师到走上管理岗位，收获满满，幸福满满。"这是我们聊天时雒绪坤跟我讲他对当老师的体会。我相信他说的是真心话，一方面因为关于中师教育的影响不仅是他自己有这样的感受，大多数的中师毕业生都有；另一方面是因为那句话我经常讲，也是我对教师职业的认同与体会；最主要的是因为他早已从一个优秀的老师走上了副校长的岗位，用自己的专业成长诠释了教师的初心与使命，用自己的教育情怀验证了他的"幸福"所在。

2021年11月初，我为省级骨干教师培训班教师上课。课间休息时，我的课件播放出了一点小问题，一位学员戴着口罩（因为是新冠肺炎疫情期间，所以学员上课都戴着口罩）从座位上疾步走上讲台为我解了燃眉之急。当他摘下口罩的一刹那，我"啊"地惊呼了一声："雒绪坤！"随后假意嗔怪地打了他一下："你来学习怎么不给我说一声？"他赶紧说："高老师，多年不见，非常想念。看到课表是你的课，特别激动，没给你打招呼是我想给你一个惊喜。"我非常高兴地说："你的出现，就是今天我收获的一个大大的惊喜！"后来他告诉我，他从课表上看到我的名字就开始激动，就想好要给我一个惊喜。所以，上课期间，为了不让在讲台上边讲边走的我看到他的名字，他不停地移动着他的座签，用前面同学的身体挡住我的视线，好在下课时给我一个惊喜。

如果不是课间电脑出了问题,他打算到下课时再给我惊喜。因为看到电脑出了故障,所以他第一个冲上了讲台,及时为我排除。

在那个培训班上,有三名学员是我的"亲"学生,其中还有前面提到的申小光,所以,那次课我讲得非常投入,尤其是想到我曾经教过的学生与我在课堂上再次遇见,那是多么美好的一件事情。虽然这种美好的遇见在学校的培训课堂不止一次出现,但是我的内心仍然无比激动,也感到无比幸福。可以说,与他们在课堂上的再次相遇,是我那天上课最大的收获。然而,最让我感到幸福与满足的是雒绪坤在代表学员发言时讲的那段话:"是焦作师专培养了我,再次回到母校学习,有种回家的温馨之感。25年前,高老师教我如何当老师;今天的课,高老师教我如何当一名好老师。今生做一名中师生,做高老师的学生,幸运也!"那一刻,让我不由自主地想起了自己在教师节那天的感言:"我一直感恩我的老师,是他们教我该如何去做老师;我也一直感谢那些喊我老师的人,是他们教我该如何做一名好老师。此生当老师,幸也!"我想,这也应该算是师生间的一种心灵默契与精神传承吧!

那天下课后,我与绪坤聊了很长时间,聊他的学生,聊学校的发展,聊他这些年来的收获与感受。在他开车送我回家的路上,他告诉我,中师时他最喜欢的一首歌就是《长大后我就成了你》。虽然这些年在基层工作,无论从学历、职称都无法与高校的老师比,但他仍然喜欢这首歌。尤其是当老师的时间越长,越能真切感受这首歌所饱含的教育意蕴,也越享受这首歌带给自己的精神滋养。我知道他所暗含的意思,但我十分淡定地对他说:"成为最好的自己。"送我到小区门口时,他说了一句话:"高

第三章 最美遇见:赓续师生情缘

老师,十分感谢你当时送我到语文班。虽然我没有选择你的班,但我一直感觉就在你的班。"我拍了拍他的肩膀,笑着说:"你永远都是我们班的学生,也是老师最关注的学生。"

他们培训结束后,雒绪坤写了一篇文章《师范记忆中的那抹红》,因为我喜欢穿红衣服,他上中师第一天,见到我的第一次,在中师的第一次师生正式见面的班会上,毕业后见到他的那一次,包括2021年我们再次在课堂上相遇,我穿的都是红衣服。所以,看到那篇文章,我十分激动,也非常感动,感谢他能够记得我,并把我写在他的记忆中。

其实,当初从93(9)班走出去的学生有好多个,雒绪坤只是其中的一个代表。无论他们选择哪个班级,将来走了一条什么样的路,我都会向他们投以关注的目光。写到这里,我突然想到了《麦田里的守望者》,这本书除了其所具有的文学创作价值,还有就是"守望"这个词语的贡献。作为老师,我也把自己的课堂、自己的班级作为一块麦田,每一位学生都是麦田里的麦苗,我愿意用自己的心灵去守望他们的成长。于我而言,守望学生的成长,不仅是自己的专业理念,更是自己心灵的慰藉,也是多年来的一种职业习惯。正如《麦田里的守望者》中主人公一段经典的心灵告白:"我是说孩子们都在狂奔,也不知道自己是在往哪儿跑。我得从什么地方出来,把他们捉住。我整天就干这样的事。我只想当个麦田里的守望者。"①我也想做麦田里的一位守望者,不仅是对雒绪坤,也包括所有的学生。

---

① [美]J. D. 塞林格.麦田里的守望者[M].施咸荣,译.南京:译林出版社,2010:188.

学生感言：

25年前坐在师范的教室，老师教我们将来怎样做一名合格的教师；25年后坐在师专的培训教室，老师教我们怎样做一个优秀的教师。当年老师积极乐观的态度影响着我，我同样以积极乐观的态度教育着我的学生。心中无数次吟唱着"长大后我就成了你"这首歌。是的，中师三年影响了我的一生，我想做和老师一样的老师。

——雒绪坤

第三章 最美遇见：赓续师生情缘

"草根"本色的勤务员

> 一位好老师并不是碰巧去教数学或诗歌而已，他本身就体现着数学或诗歌。好老师和他们所教授的知识已融为一体。
>
> ——[加]马克斯·范梅南

由于当年的中师生招生政策都是"县来县去"，招生计划数也是按照各县人口数的比例制定的。所以，济源作为当时焦作辖区中比较大的一个县（1997年成为省直管市，2017年成立济源示范区），招生计划数比较多。加之当时的济源县多是山区，中小学教师极度缺乏，省里也给予了一定的政策倾斜，招收济源籍的学生比较多。还有一个主要原因，就是山区孩子想走出大山的愿望比平原地区更强烈，而当时也只有上学这条路是捷径。所以，他们大都学习特别刻苦，成绩比较优异，考上的人数自然也多了起来。1993年，学校扩大招生规模，补招了两个班，更多的是照顾农村教师短缺的地区，所以济源的学生相对多了一些。加之我当过班主任，负责学生工作，所以认识的学生比较多，尤其是93级，人数最多。正是由于这些原因，本书访谈的对象中93级的学生比较多，其中93(3)班的最多，93(3)班中尤属济源籍的较多。最主要的是，他们大多纯朴善良，踏实认真，给我留下了深刻印象。

谈到93(3)班,我无论如何都绕不过班长聂小华,他是我和同学们最好的"勤务员"。按照写作的初衷,本书主要访谈的对象是坚守在教育一线的中师毕业生,而小华却已经离开了教育战线,但我依然要把他写到书中,并且放在了最后的压轴位置。一方面是因为2021年我打算写这本书时,他还在一所小学教书;另一方面,即使他不在教育战线,但他对教育的那份情怀一直没变,说起教育,依然有满腔热情。尤其是我在写这本书的过程中,他多次为我的访谈提供方便,帮我联系同学,忙得不亦乐乎。所以,无论他走到哪个岗位,我都会把他写在书中。

1993年8月的一天,聂小华在他父亲的带领下,早上从老家王屋山出发,经过三个多小时的车程辗转来到沁阳师范,参加面试。这是他第一次走出大山,来到外地的县城,所以他感到有点陌生,也有点好奇。尤其是他从小就生活在小山村,在山里长大,住的是窑洞,出了窑洞就是山,大山和蓝天就是他童年的世界。当他看到干净整齐的大校园,高高耸立的音乐楼,标准的400米跑道和从未见过的足球场时,心中又是震撼又是激动;当他看到矗立在校园中间的陶行知雕像和教学楼前"学高为师,身正为范"的八个大字时,不由得暗下决心,到学校一定要好好学习,将来成为一名好老师。

面试合格后,像大多数的中师生一样,聂小华怀揣着自己的人生梦想和家人的殷切期望,于1993年9月1日正式到沁阳师范报到,开始了自己的中师生活。应该说,他一直坚守着上师范的初心,在师范三年的学习与表现都十分优秀,甚至可以说是很"风光"的。这所有的一切,都来自于他身上那股山里孩子的纯朴善良、踏实吃苦、为人憨厚,同时这也成为他以后成长的最亮底色。

第三章 最美遇见：赓续师生情缘

中师一年级的时候，聂小华担任93（4）班体育委员，我担任他们的体育课老师，他的纯朴与憨厚，使我对他印象非常深刻，也打心眼儿里喜欢这个孩子，所以，在二年级分班时，我希望他能到体育班来。

其实，聂小华在分班时想去学美术，将来当一名美术老师，为此，他在暑假的时候还参加了学校的美术培训班。但我十分看重他身上特有的山里孩子那份实在，这是一个人成长的最优良品质，让人觉得非常可靠。加之他从小生活在大山里，练就了一身结实的肌肉，强健的体格，因此他更适合来体育班，同时也是一个班长的合适人选，所以我就主动找他谈，动员他到体育班来，并许诺让他当班长。就这样，他"阴差阳错"地来到体育班，成为我们班的班长。说实在的，他当班长非常称职，可谓尽心尽力，吃苦耐劳，人缘很好，被同学们称为"勤务员"。所以，班级工作交给他，我很放心。同时，我也给了他足够的发展空间，鼓励他大胆工作，有什么困难我来解决。

果不其然，聂小华的班长当得很出色，虽然我们班是体育班，但是在他的带领下，全班同学团结拼搏、勇争一流、纪律严明、卫生整洁，团队活动丰富多彩，常规考核（纪律、团队活动、劳动卫生、唱歌、早操等）总评几乎都是年级前三。相对而言，我们班在组班的时候学生学习的基础没有其他班好，但在同学们的努力下，我们班期末的学习总成绩名列前茅，有几名同学是年级的"佼佼者"：我们班的李娟娟同学是保送上大学的备选人之一（当年仅有5个人保送）；我们班有学校百米短跑男女冠军李景慧、于莉红，也有崔艳青、张东红等一批运动健将，每次运动会我们班都是"主角"；我们班的琚娜娜曾是学校卡拉ok歌唱比赛普通

323

组一等奖获得者;我们班排练的健美操代表学校参加全省的比赛并获得佳绩;我们的节目在首届艺术节上更是独占鳌头;当然,我们班更不缺漂亮的"校花"、帅气的"暖男"。总之,当时的体育班是人人羡慕的班集体,在二年级时我们就被评为学校为数不多的"文明班集体"。所有这一切,都与聂小华的模范带头作用和勤恳工作态度分不开。可以说,他没有辜负我的期望,93(3)班在他的带领下取得了多项荣誉,成为当时同学们眼中的"明星班"。

  从发展特长的角度而言,他的体格和力量在班里居前列,体育委员出身的他在体育课上的表现自然不错。但作为体育老师,我认为我的责任不仅仅是在上课的时候给学生们几个篮球让他们跑一跑出出汗,也不仅仅是通过"跑跳投"提高学生身体素质,而且还要让他们能够学到一些在今后工作中实用的本领。所以,我坚持让他们学习健美操、形体训练、体育舞蹈等课程,寓美育于体育教学之中。因为这些学生毕业以后要到中小学当老师,尤其是有一部分学生要到农村去,他们不仅要具有专业知识、教学技能,还要能够掌握一项实用技能,不仅为自己的专业成长提供有力支撑,也能促进孩子们的身心发展,尤其是在关键时候能够"露一手"。而健美操就是比较实用的,既不像舞蹈那样需要很强的专业基础,也不像广播操那么单调、机械;既有旋律与节奏,又有力量与美感;既锻炼身体,又熏陶情操。再加上我本科选修的是体操专业,健美操、艺术体操等项目是我的强项,自然会成为我们班集体的优势和特色。所以,我要求全班每位学生都要会跳一套健美操。但学习健美操需要一定的身体条件和技巧,身体条件是体育班同学的优势,但健美操快速的节奏加上动作要求较高,大家学起来还是很吃力的,我就要求课堂上

第三章 最美遇见：赓续师生情缘

学不会的同学下课后利用业余时间加强练习。那时候,我们班课余时间在大操场紧靠宿舍的草坪上练习健美操的场景,成为学校课余时间的一道亮丽风景线,引来不少学生的围观和羡慕。有几个当初我动员过而没有来体育班的学生,看了我们的训练和表演后又主动找到我,想加入我们班。

聂小华和大多数农村来的孩子一样,身上有一股韧劲,学习很刻苦,但在舞蹈、健美操等身体技能训练上缺乏应有的协调性和柔韧性,更不要说美感,几乎没有,所以做起动作来有些"笨拙",当年也没少在操场上"加班"。"中师二年级时,我们班最让全校同学羡慕的事莫过于学习健美操。虽然它对于我们这些农村来的孩子来说是个新事物,非常好奇,也很喜欢,但是对于我们13个男生来说着实有点难为情。不过,最终大家都克服了种种困难坚持了下来,并且学得有模有样。说实在的,您坚持让每一个同学都会跳一套健美操,那时候很不理解,走上工作岗位后才理解了您当时的一片苦心。您不仅是在教我们学会一技之长,也是在教我们更好的生存本领,更是在提升我们的审美情趣。这些东西在农村的中小学校非常实用,我们毕业以后很多同学都是因为在学校组织的活动中表现出色而成为先进的。"聂小华讲到这件事的时候很激动,言语中还充满了当年被别的班级同学羡慕的自豪感。

他上中师三年级时,尽管我已经到学生处上班,但我仍然承担他们的体育课。记得毕业前的最后一节体育课,我考试的方法就是让每一个学生陪我跳一支舞。其实,无论他们跳得如何,我都给了他们高分,我想让他们带着这段美好的回忆,开开心心离开学校,高高兴兴参加工作。"高老师,当优美的旋律响起来

的时候,全班同学几乎都哭了,为我们每个人都学会了健美操、交谊舞等别的班级学生不会的技能而幸福,更为这一段难忘的师生情谊而动容。"讲到这件事的时候,聂小华非常激动,声音有点哽咽,我的内心也是满满的感动,当然还有身为人师的那份满足。同时,我真的很欣慰,为我当初让他放弃美术学体育而没有影响他的发展,也为他自己在体育班这个平台上获得的成长。

其实,聂小华刚担任班长的时候,在思想上曾经有过迷茫甚至是彷徨,主要原因就是处理不好学习和班级工作的关系,成绩落下一大截,心中特别着急。看到这种情况,我就主动找到他,和他谈心,为他解决思想上的"包袱",告诉他应有的工作方法。比如,作为一名学生干部特别是班长首先要学会统筹工作,每天干什么、每周完成什么、每月达到一个什么样的目标要有计划,同时分清轻重缓急去做工作;要相信自己的班委,大胆放手让每一个班委发挥自己的工作主动性,这样工作就会轻松一些;学会反思,要反思自己工作中的优缺点,改进不足,这样的工作才有效率;学会学习,学习是学生的本职,作为班长更要起模范带头作用。聂小华后来对我说:"您当时告诫我:作为学生,我们的主业是学习,什么时候都不能丢掉自己的学习,要通过提升课堂效率、高质量完成老师布置的作业来提高自己的学习成绩;教育我当学生干部就是要多奉献,比别人起得早、睡得晚、做得多,现在你付出了,将来必然会有收获。这些话不仅帮助我学会正确处理学习与工作的关系,而且对我之后走上工作岗位也有很大的帮助,可以说是终身受益。"其实,作为班主任,在任何一个学生遇到问题时,我都会帮助他们,因为想方设法为他们"排忧解难"是自己的职责所在。

第三章 最美遇见：赓续师生情缘

聂小华在中师三年级的时候，我到学生处工作，因为我看中了他的管理能力和踏实作风，他也因此当选为学校的学生会主席，站到了学生管理舞台的中央，成为93级乃至全校学生中的佼佼者，也就是王建霞所说的"明星"，并且在毕业时光荣地加入了中国共产党，成为一名预备党员。

中师毕业后，聂小华回到了家乡的镇中任教，立志要报效家乡，为改变家乡落后教育现状作贡献。他的家乡受自然条件的影响曾经是济源经济发展最薄弱的乡镇，教育资源也相对落后，全镇当时在岗600余名教师，接受过专业教育的公办教师不足200名，计划内民办教师200余名，计划外200余名。作为一名刚毕业的年轻人，他始终憋着一股劲，积极投身于自己的教学工作，从向老教师学习做起，坚持优化课堂设计，激发学生学习兴趣，不断提升课堂效率，所担任的政治学科成绩一直在镇里名列前茅，特别是1998年年底，他所教的3个班政治学科期末考试包揽前三名，学校奖励他1个多月的工资，这在当时来说属于重奖。

1999年，随着小浪底水利枢纽工程建设，大峪镇镇区成为移民区，聂小华随着移民搬迁到天坛街道任教，幸运地从山区搬到了城区。虽然是城区，但仍然在村子里教书。2005年，由于学校教学人员紧张，他连续两年担任宋庄学校两个班的语文课、一个班的班主任，并兼任学校政教主任和少先大队辅导员，对工作从不叫苦。在担任太行路学校党务专干期间，学校党建工作被评为济源市教育系统第一届"党建示范校"，他也被评为济源市教育系统"优秀党务工作者"。

聂小华因为勤奋踏实，在工作期间曾经被市里多个部门抽调去帮忙，从事党建、人事、财务等工作，他以优质的服务和良好

的品质赢得了大家的称赞,在大家眼里,他是一个地地道道的"勤务员"。尤其是他所负责的天坛街道党员干部现代远程教育工作多次受到市委市政府表彰,2012年他被评为"河南省党员干部现代远程教育优秀站点管理员",在河南省委小礼堂接受时任省委副书记的颁奖。

可以说,无论是上学期间当班长、学生会主席,还是毕业后当老师,抑或是被借调到政府部门工作,聂小华的"勤务员"本色是有目共睹的。刚毕业时,同学结婚他跑前跑后;同学、同事家里有事,他忙前忙后,尽心尽力;工作中的事情,更是尽职尽责,勤勤恳恳。每次班里有事,他就是通信员、服务员;每次我到了济源,他就是召集者、联络员……他永远都是93(3)班的"勤务员",也是我联系学生的"勤务员",更是朋友、同事眼中的"勤务员"。所以,我把他放在了本书的最后一位,因为他在我心中的分量别人真的无法代替。可以说,我十分感谢他在学校时为班级、为学校做出的贡献,也感谢他毕业后对同学们的关照。

但是,由于多个部门的长期借调,最终耽误了聂小华作为一名师范毕业生的专业成长,这是我不太愿意看到的。我曾想,如果他一直在学校、在教育部门工作,一定会成为当地教育领域的一名领军人物。然而,命运往往不以人的意志为转移,有许多的偶然性,也有一定的必然性,所以我无法用自己的意愿来左右学生的成长。对此,他几次见到我总会说有些遗憾,甚至认为自己的人生不够成功。我笑着跟他说:"所谓的成功只不过是人的一种感受而已,每个人的定位是不一样的。只要你尽心做了自己应该做的事情,能够守住内心的那份挚爱与理性,没有褪却自己的'草根'本色,即使没有什么耀眼的光环,也是一种成功。"听了我的话,他憨厚地笑了笑,点了点头,说:"放心吧,高老师,无论做什么工作,我都会尽心的,我不会辜负沁阳师范对我的培养,也不会放弃自己内心的追求。"

听了聂小华的话,我很是欣慰,内心因为他没能在教育上坚持走下去的遗憾也释然了很多。好在组织上考虑到他的能力和这些年的贡献,为他安排的工作岗位还算不错,我的内心也得到了些许平衡。我相信,无论将来他会遇到怎样的发展机遇和平台,我对他为人的踏实和勤恳始终是放心的,山里孩子身上那份憨厚与纯朴的"草根"本色是不会因岁月的更迭而褪却的,他师范三年修养成的那份教育情怀是不会因为工作岗位变化而改变的;我也相信,随着岁月的轮回,他的人生之路也一定会丰富多彩的。

学生感言:

30年过去了,当年的青春少年都已过不惑之年,我们都还在为自己的理想奋斗着,为自己的家庭和事业奔波着,我也是如此。毕业27年,中间走出去到政府部门工作了13年,但一直是教师的身份,因为编制还在学校。回想27年来走过的路,有过平淡,也有过荣光,将来不论走到哪里,我都会坚持自己的理想,不负中师三年成长,用行动来为母校争光,报答师恩,报答支持我、我深爱的同学们。

——聂小华

后　记

　　有人在研究人与人之间的缘分时,借用量子力学加以阐释和解读,其中有一种缘分属于灵魂的"量子吸引",灵魂的量子吸引,也很好地阐释了宇宙的吸引力法则。这个法则也被运用到心理学领域,被称作"吸引力效应"。它告诉我们为人处事要先吸引对方,才能获得好的成效,而爱是最大的吸引力。也就是说,我的灵魂给你发出爱的吸引,你的灵魂会同时感应到并对我做出爱的回应,让爱诗意地栖居于人与人之间的交往中。

　　师生之间最需要"吸引力法则"。古人有言:"亲其师,信其道。"这就是对吸引力法则在教育教学过程中运用的最好阐释。所以,作为教师,心中有爱,一定会被学生的成长所吸引;心中有爱,一定会在课堂上感染学生,让爱滋养学生的成长,从而使师生之间产生永恒的缘分。

　　从教33年来,我曾经讲授过舞蹈、体育、形体训练与礼仪、就业指导、教育学、心理学、学前教育原理、学前儿童发展心理学、家庭教育原理等课程,遇到过很多学生;曾经担任过三届班主任,其中中师担任过两届,分别是93(3)班[入学时是93(9)班,后分侧重班时是93(3)班]和97(13)班。六年前与93(3)班的学生约定,要在2023年——他们进入中师学习的30年纪念之际,送

后 记

他们一本我自己写的书，讲述他们中师学习与生活的故事，作为见证他们成长的礼物。六年来，我一直在打腹稿，让自己的思绪在中师从教的14年中不停地搜索，寻找生命中那些美好的遇见。

93(3)班是体育侧重班，是我印象中最具有活力的一个班集体，是我作为班主任倾注心血最多的班级，也是我教育教学成就感最强的班级。可以说，他们创造了许多辉煌，成就了我作为教师的那份自豪。尤其是班上同学团结友爱、积极向上、敢于拼搏的精神，给了我莫大的鼓舞与激励。应该说，我对于教师职业的那份自豪感与幸福感，在与他们相处的那段时间最为深刻，而且持续更久。

2017年4月23日，原93(3)班的学生邀请我参加他们的同学聚会，地点选在离原沁阳师范不远的一家酒店。一大早，邓小伟和姚静专门开车到焦作接我，师生见面时的激动和兴奋难以言表。一路上我们激动地聊起了许多往事，仿佛又回到了20多年前。

到了酒店，同学们都排着队站在酒店门口等我。下车见到同学们的那一刻，我内心激动不已，两眼发热。毕业20多年了，他们都已长大成人，虽然有的毕业后没有再见过面，但是，我依然能够一一叫出他们的名字。纪律委员张习磊代表同学们给我送了一束鲜花，班长聂小华代表同学们给我深深地鞠了一躬，表示对我的谢意，体育委员姚静整好队伍向我报告人数……那一刻，感动、温暖、幸福等情感油然而生，我强忍热泪不让它掉下来，免得在学生面前失态，也不想给这样的场合增添过多的伤感，但是，我真的从心底里感到很幸福！

在同学们的交流环节，每个同学都畅所欲言，谈家庭、谈工

作、谈生活,谈沁师三年留下的美好回忆,谈现在的工作成就和生活趣事。其中同学们讲到了中师三年我们相处时的点点滴滴。我没有想到,三年竟然给同学们留下了那么多的美好回忆,不少同学激动得热泪盈眶。有些我能想起来,有的真的记不清楚了。

但是,我没有忘记,刚刚组班时,面对这群活泼好动的孩子自己所花的心思;元旦前给每个同学写了一张明信片,鼓励他们刻苦学习、努力上进;运动会赛场上和他们一起欢呼,获得第一名时与他们相拥而泣;带着他们去郑州参加健美操比赛,让他们第一次走进了省城,令他们激动得在大街上又蹦又跳;还有学生住院做手术时,我在外面因担心和紧张而掉下眼泪……

其间,我送给同学们每人一本我写的《成长中的教育故事》,其中有他们的故事。同学们拿到书后非常开心,并对书中我提到的同学羡慕不已。我笑着说:"不要羡慕,等你们入学 30 年聚会时,我再写本书,把你们的故事都写进去。"同学们听了很开心,一直期待这本书出版。其实,我之所以答应他们写这本书,并不仅仅是为了让他们高兴,而是因为我对他们的成长有无限的欣慰,对那些与他们有着同样命运的一代中师生充满敬意,对自己曾经走过的岁月心怀依恋,对中国基础教育的发展秉持着一种深切的人文幽思,对那些常年坚守在农村的中小学教师满怀崇敬。所以,这本书名义上是写我的学生,其实也是对他们那代中师生综合素养的肯定,以及对他们为基础教育所做出贡献的谢意;同时也是在写我自己,是对自己专业成长历程中那段难忘岁月的一种真情告白,更是对中师教育模式的一种真切记录。

当然,14 年的中师教学生涯使我有幸遇到了很多学生,每一

后 记

位学生都是一个小精灵，他们是时代的化身，是教育的追梦人。对他们而言，当年成为中师生或为一个"铁饭碗"，或为自己的梦想，或为父母的期望，这段中师教育经历对他们的影响是多方面的，令人刻骨铭心、终生难忘。虽然每个人上中师的初衷不同，但我相信，从那个年代走过来的中师生，经历过那个时代教育的洗礼，都会对那段激情燃烧的岁月念念不忘，以后生活中的每一步都是对中师教育的回响。

基于这样的初心，我开始搜寻往日的记忆，于2021年国庆节假期开始收集资料，当面或者电话、微信一一访谈学生。在此过程中，谈起中师阶段曾经发生的故事，同学们的记忆依然那么深刻，讲起来依然那么激动，回味起来依然那么幸福。这些故事虽然发生在二三十年前，但是一点也不遥远，好像就在昨天，历历在目。虽然经过了岁月的沉淀和洗礼，但是一点也没有褪色，反倒像陈年的老酒，经过流年岁月的酿酵愈发醇香。陶行知雕塑、师陶阁、教学楼、琴楼、舞蹈房、运动场……每一处都清晰可见；教学楼上"学而不厌，诲人不倦"，阶梯教室外墙上的"吾爱吾师，吾更爱真理"，"学高为师，身正为范"……启迪人生的励志名言每一条都历历在目；校园里，读书声、歌声、琴声、欢呼声……声声依稀回响在耳畔……

书中选择了我所遇见的中师生中不同群体的代表，有的是我曾经当过班主任的，有的是我曾经教过课的，也有的是与我在学生管理上有直接交集的。由于篇幅有限，而遇见的学生又太多，我无法将他们一一纳入，包括我所担任班主任的班级，我也难以全部呈现，只能在不同类别中选择一些典型代表。还有很多优秀的毕业生，由于我未担任其班主任而不熟悉的，很熟悉却

没有联系上的,改做其他行业的……不能尽数,我只能根据交通、地域、任职等方面选择了一些个案。之所以选择他们为个案,是想给更多的人一种精神上的安慰和鼓励,因为无论是哪个群体,哪一届的学生,他们都是我生命中最美的遇见,都是一代中师生的缩影。由于职业使然,我在书中选择的大多是那些坚守在教育战线,尤其是曾经在农村教育一线工作的中师毕业生,一方面是他们的专业成长历程与当年中师的培养目标高度吻合,另一方面,籍此向那些长年坚守在乡村学校的教师致以最崇高的敬意!但由于篇幅所限,我未能对更多的学生进行访谈,所以他们的美好回忆和"传奇故事"也未能进入书中。有的学生我已经进行了多次访谈,他们也为我提供了素材,我也写好了故事,但是,由于字数限制,在编辑的劝说下,只好忍痛删除。为此,我深感遗憾,也向他们深表歉意。其实,他们每个人都有自己的别样芳华,但遗憾的是我无法将其尽收其中,只能根据访谈情况,随着自己的心性,选择了部分事例,未必能合他们的心意,在此也希望能够得到他们的谅解。值得欣慰的是,书中的人或者事都是他们所熟悉,所经历过的,他们或许会从中找到自己当年的影子,从而勾起他们美好的回忆,这对我来说既是写作的初衷,也是一种精神上的安慰。

最让我欣喜与自豪的是,他们中的大多数从事着教育工作,没有忘记当年求学的初心,有的还勇担使命,已经成长为省级名师、骨干教师,有的成长为校长、副校长,有的评上了高级职称……总之,他们都在成长,成为基础教育主力军中的中坚力量。看到他们的成长,我再次想起了加拿大教育家马克斯·范梅南的一句话:"教育,就是迷恋他人的成长。"是的,教师最大的幸

后 记

福,就是看到学生的成长,在学生的进步与对社会的贡献中体会到一种他人无法体验的快乐。

每每想起那代中师生,我内心就充满无限的感慨。30多年前,我和他们一样风华正茂、意气风发、激情洋溢、豪情满怀,恰同学少年,激扬文字,指点江山,经历了无悔的青春和灿烂的年华。非常荣幸的是,我们相互见证了彼此的成长。多少欢笑,多少故事,校园里点点滴滴的往事,多少次出现在我的梦里,闪现在我的眼前,沉淀了30多年,依然是那么鲜活,那么让我感动。30多年来,有难以计数的学生从我的课堂走向社会,走向农村中小学、幼儿园,成为地方教育的中坚力量,也有人通过读硕士、博士走进大学校园,成为硕导、博导,成为教育理论研究与实践的专家、学者;还有人走向其它领域,或成为行业精英,或主政一方。虽然我们每个人走着不同的道路,有着不同的经历、不同的收获,但是这份师生之间的情意与关爱、祝福与牵挂却无时不在,因为我们的心灵是相通的。琐碎的生活,忙碌的工作,并未冲淡我们的师生之情,倒让我格外地珍惜与他们共有的回忆。可以说,千言万语难以表达我此生因为人师表而获得的内心的丰盈与幸福,教师职业也带给了我无比的自豪与骄傲,使我获得了精神上的满足与灵魂上的安逸。

近年来,不少网站和微信公众号都在为当年的中师生发声,纷纷发出"一代最优秀的学子""拿了最低的文凭""生活在中国教育的最底层"等诸如此类的呼声,甚至为他们鸣冤叫屈。但在我的访谈中,他们都没有后悔自己当年的选择,反倒都是兢兢业业,还有的为自己当初能够选择师范而自豪,也为自己没有忘记初心而庆幸。他们中有不少人还是生活在农村,在艰苦的办学

条件下探索前行,这让曾经是他们老师的我百感交集。在写作的过程中,我耳边多次回响起学校对每届学生的教育格言:"今日我以母校为荣,明日母校以我为荣。"在他们的身上,我深切感受到了一种教育的回响。

"师者,所以传道授业解惑也",这是教师的职业操守。为师之道正是对教师职业能力的反思与探寻。我因喜欢而从事教育,因执着而热爱教育,对教育事业的满腔热情,对教师职业的价值认同,引导着我将自己研究的视角凝聚在深度教学、学生发展、教师成长等方面,从中体验着生命的美好和自身价值实现的满足。因此,从教33年来,尽管有28年的时间在管理岗位上,但是我一直坚守讲台,因为我所有的"素材"都来自课堂教学的成效,来自讲台下那一群群年轻的、充满朝气和活力的鲜活生命,是他们给了我传授知识的场所和展示自己知识与能力的机会,从而获得了自己人生的幸福和存在的价值;尽管我在不同的岗位上担任过职务,但只要有人问我是做什么的,我都会自豪地回答:"我是一名老师!"不同的工作岗位给了我不同的身份,但唯有老师的身份是不变的、是永恒的,所以,当学生见到我问该怎么称呼我时,我都是非常坚决地说:"喊我老师就行。"这样的回答,不仅仅是一种身份的表明,也是一份庄重的承诺:为人师表,教书育人;更是一种荣耀:学高为师,身正为范。所以我时刻提醒自己,要做一个觉悟上有高度,情感上有温度的人。要用有温度的课堂,去滋养更多的学生,因为学生,老师才有存在的价值,学生内心的收获,是老师最大的荣耀。

《学记》有言:"善歌者,使人继其声。善教者,使人继其志。""君子既知教之所由兴,又知教之所由废,然后可以为人师也。"

后　记

　　33年的从教经历和研究之路使我发现,做一个善教者实在不是一件容易的事情,但却是一件很欣慰的事情。"亲其师,信其道""传道授业解惑",教师作为"道"的载体,其所传播的各种道理,在一个学生成长过程中起到的巨大作用不言而喻,而"教学相长"的专业发展之路,可以诠释出一个寻道者的无悔追求。我不敢想象,假如有一天我不再从事教育理论研究和实践探索,我心中会有何感想?或者说我的生活会变成什么样?想到这里,我突然有一种强烈的恐惧,甚至觉得内心有一阵阵的剧痛,好像内心有一种特别重要的东西被抽取了,并且在心头留下了一个很大的洞,有一股内力奔腾着从洞中往外流动,强行将我与教育剥离,与学生分开。回过神来,我再次庆幸自己当年选择老师这份职业。但是,人生的机遇与机缘是无法预见的,就像我与教师教育的缘分一样,与课堂上所遇见的学生一样,我不知道今后的课堂还会遇到谁,他们或许更优秀,但是中师生作为特殊时代的产物,于时代,于教育,于我自己,都是无法替代的礼遇,他们注定要用自己的青春演绎出别样的芳华。

　　我还想说的是,随着岁月的流逝,那一代中师生也会随着年龄的增长一批批退休,中师生的身份也会在教育发展的历史潮流中慢慢消失,但是一代中师生为了改变中国基础教育尤其是乡村学校教育面貌的非凡经历,以及他们的特殊经历所蕴含的宝贵精神财富和教育命运,始终具有不可替代的历史价值和现实意义。把他们人生中最美好的青春年华真实地记录下来,以文字的方式奉献给读者,奉献给教育,奉献给一代中师生,是我以及和我一样的一代中师教育工作者对那代中师生综合素养的充分肯定,是我对他们为中国基础教育所做出贡献的由衷敬佩,

是我作为一位学教育、从事教育、承担过中师生培养任务的老师对教师教育深厚情怀的真情呈现,是我对自己那段难忘的岁月的深情怀念,是我30多年从事教师教育理论研究与实践的专业成长心路历程的真情告白,也是我对中师教育模式对当下及未来师范生培养模式的启迪意义的深入思考和深切感受。

时间真的是个奇妙的东西,在转瞬即逝的30多年教育生涯中,我见证了新中国师范教育从三级师范向二级师范的过渡,我也荣幸地从一名中等学校的老师变成了大学老师。在期许二级师范向一级师范过渡的转折点,我欣喜地看到《中国教师》2022年第9期专门开辟了《中师生》栏目,及时总结中师的办学经验、提炼中师的精神财富,对于继承与弘扬我国师范教育的优良传统、彰显中国教师品格具有重要的借鉴意义。① 尤其是近几年,教育类专业招生遭到冷遇的现实和师范生在校时教学技能培养弱化的状况,不得不让我们深刻反思"培养什么样的小学教师、如何培养优秀的小学教师"这个教育的重要命题。这种现实主义的回归,让作为一名教师、一名师范院校毕业生的我忽然感受到师范教育的发展被注入了一剂强心针,令我心中感到格外自信,脚下也感到十分有力,眼里重新闪起希望的光芒。我深刻感受到,师范教育的发展与时代发展血肉相连,教育人在师范教育改革中一路披荆斩棘的中国精神和文化自信清晰而坚毅,从而更加坚定了我写好这本书的信心与决心。

"爱好由来下笔难,一诗千改始心安。"在此过程中,我再次与自己的心灵进行对话,重温那些发生过的故事,品味其中所蕴

---

① 顾明远.发扬中师精神,培养优秀小学教师[J].中国教师,2022(9):69.

后　记

含的启迪意义,愈发觉得其历久弥新。在这些故事中,对学生的那份真挚情感和对教育的深厚情怀,永远是我成长的不竭动力;而学生身上所具有的那些闪光的智慧和耀眼的魅力,会永远照亮我的人生方向,并有力地促进我的专业成长。

最为感谢的是书中的所有学生,是他们的故事成全了这本书。也感谢那些虽未进入书中、却在写作过程中给了我巨大精神力量的学生,是他们的不断鼓励和支持才有了我思维的拓展与想象的丰富,促成了此书的完成;感谢一代中师生,是他们激发了我写作的灵感,促成了书稿内容的构思。但内容的布局让我纠结了许久,因为我不知该将他们如何进行分类,如何进行排序。于我而言,他们都是我的学生,都是优秀的中师毕业生,没有学历、职务、职称、财富等方面的高低贵贱之分,也没有身份的标签,所以如何安排前后顺序,我无法定夺。为了让书中的内容有一个清晰的框架结构和逻辑主线,我按照"坚守乡村教育""传承中师精神""赓续师生情缘"三部分来划分,顺序也只能按照内容的连贯性排列。所以,无论书中是否把同学们分在了应有的篇章,放在了你心中想要的位置,都请见谅!

感谢我的爱人高开平先生30多年来给予我的支持与鼓励。尤其是我这次写作,他较往日给予了更多的关注,书中大多的内容,成稿后他都是第一位读者。有时候他会坐在电脑前一篇又一篇、一遍又一遍阅览,感慨之余不停地给予我和稿子本身极大的认可,将内心所有的情感化作默默的行动,用主动分担家务作为他支持我的最好方式。所以,无数个苦思冥想深夜写作的时刻,尽管是青灯孤影,但我依然能够感觉到身后那股坚实的力量。

感谢我的女儿高一喆,她是我内心最为柔软的温情,也是我

生命成长的最强动力。不能不说,我之所以能够坐下来静心写作,其中最主要的理由是我想用埋头写作来转移自己的情感,以期化解我对远在他乡的女儿的牵挂与思念。自2020年新冠肺炎疫情席卷全球以来,我只能在视频中与女儿隔空相见,作为一位母亲,我内心所承受的对女儿思念的煎熬之苦不言而喻。尽管写作不可能将之完全转移,但是至少可以有所缓解,尤其是半夜从思念女儿的梦中醒来无法入睡时,披衣写作成为我唯一能够安放自己灵魂的方式,也是安抚我因无法与女儿团聚而产生的内心落寞的一种精神寄托。好在女儿一切安然,这是我内心最大的慰藉。

感谢恩师胡德海先生18年来孜孜不倦的教诲与指导、培养与帮助,96岁高龄的他悉闻我为一代中师生而作,欣然应允为本书作序,用他的文字给予我最大的支持与积极的鼓励;感谢济源市教体局王院成、焦作师专唐霞以及研究团队的成员等为本书的内容结构提出了很好的建议;感谢河南大学出版社对出版本书的大力支持;感谢席兵和马元珍老师为精心编辑本书所付出的辛劳!

每一次的成长,都汇聚了很多人的心血,再次感谢所有支持和帮助我的人!

在此书终于完稿、即将付梓之际,正是人间最美四月天,空气里弥漫着春天特有的花香味。我携一缕馨香、怀一份感激,漫步于幽静的校园小路,教学楼里传出来的歌声、琴声、欢呼声给了我最好的心灵回响。仰望着天空中一朵朵漂浮的白云,我吟唱出心中对教育的热爱与期许,并为一代中师生送上最美好的祝福!同时,我也低头看了一下脚下的小路,不远处柳荫下的长

后　记

椅上坐着正在读书的学生,突然意识到,他们是我当下美好的遇见。我愿意用自己对教育事业的热爱,对教师职业的赤诚,与他们携手共进,一起追逐心中的教育梦想。

高闰青

2023 年 4 月

主要参考文献

[1]塞林格.麦田里的守望者[M].施咸荣,译.南京:译林出版社,2010.

[2]苏霍姆林斯基.苏霍姆林斯基选集:第1卷[M].蔡汀,等译.北京:教育科学出版社,2001.

[3]苏霍姆林斯基.苏霍姆林斯基选集:第2卷[M].蔡汀,等译.北京:教育科学出版社,2001.

[4]苏霍姆林斯基.苏霍姆林斯基选集:第3卷[M].蔡汀,等译.北京:教育科学出版社,2001.

[5]苏霍姆林斯基.苏霍姆林斯基选集:第4卷[M].蔡汀,等译.北京:教育科学出版社,2001.

[6]苏霍姆林斯基.苏霍姆林斯基选集:第5卷[M].蔡汀,等译.北京:教育科学出版社,2001.

[7]高闰青.成长不可错过的四堂课[M].开封:河南大学出版社,2020.

[8]高闰青.以人为本理念及其教育实践问题研究[M].兰州:甘肃教育出版社,2008.

[9]高伟.回归智慧,回归生活:教师教育哲学研究[M].北京:教育科学出版社,2010.

[10]胡晓风,等.陶行知教育文集[M].成都:四川教育出版社,2007.

[11]刘厉红.选择相信:在心理实验中发现教育解困的密码[M].北京:中国轻工业出版社,2021.

[12]司洪昌.嵌入村庄的学校:仁村教育的历史[M].北京:教育科学出版社,2009.

[13]《中国教育年鉴》编辑部.中国教育年鉴(1949—1981)[M].北京:中国大百科全书出版社,1984.

[14]成尚荣.活教育:核心素养的摇篮[N].中国教育报,2017—04—19.

[15]程水栋.百年中师德育传统经验对当代高师教育的启示[J].高教学刊,2017(14):4—8.

[16]顾明远.发扬中师精神,培养优秀小学教师[J].中国教师,2022(9):69.

[17]黄友初,柴亦扉.中师教育的历史变革与现实传承[J].教育评论,2021(4):116—122.

[18]江苏省阜宁师范学校.瞄准农村办师范[J].师范教育,1991(1):11—12.

[19]刘敏华.中师教育50年回顾[J].保定师专学报,2000(1):98—101.

[20]施良方.关于现行三年制中师教学方案的思考[J].华东师范大学学报(教育科学版),1996(3):47—51.

[21]孙刚成,宋紫月.百年中师教育的办学经验和启示[J].黑龙江高教研究,2016(10):15—19.

[22]王建平.论中师教育传统的当代价值[J].教师教育研

究,2016(4):37—41+56.

[23]王建平.中师生何以成功:对中师教育办学传统的整理与反思[J].湖南第一师范学院学报,2016(4):30—34.

[24]王淑芬.百年中师优良传统:解析与承续[J].河北师范大学学报(教育科学版),2012(6):24—28.

[25]席梅红.聚力办好地方师范院校:新中国成立以来中师教育发展启示录[J].高教探索,2020(4):41—47.

[26]于漪.寻找教师之根[N].中国教育报,2013—09—02.

[27]周慧梅,汪冰冰.家庭资本、代际传承与教育选择:以一个乡村教师世家"考中师"为考察中心[J].教师教育研究,2017(6):95—100.

[28]朱旭东.论当前我国教师教育存在的是大问题及其解决途径[J].当代教师教育,2012(3):5—14+21.

[29]赵金坡.声音与回响:我国农村中师毕业生的考察(1979—2009)[D].上海:华东师范大学,2011.